我国旅游产业
效率的影响机理
与提升战略研究

STUDY ON THE INFLUENCE MECHANISM AND
PROMOTION STRATEGY OF
CHINA'S TOURISM INDUSTRY EFFICIENCY

韩元军 ◎ 著

中国财经出版传媒集团
经济科学出版社
Economic Science Press

图书在版编目（CIP）数据

我国旅游产业效率的影响机理与提升战略研究/韩元军著.
—北京：经济科学出版社，2020.4
ISBN 978 - 7 - 5218 - 1492 - 7

Ⅰ.①我…　Ⅱ.①韩…　Ⅲ.①旅游业发展 - 研究 -
中国　Ⅳ.①F592.3

中国版本图书馆 CIP 数据核字（2020）第 070006 号

责任编辑：张　蕾
责任校对：王肖楠
责任印制：邱　天

我国旅游产业效率的影响机理与提升战略研究
韩元军　著
经济科学出版社出版、发行　新华书店经销
社址：北京市海淀区阜成路甲 28 号　邮编：100142
编辑工作室电话：010 - 88191375　发行部电话：010 - 88191522
网址：www. esp. com. cn
电子邮箱：esp@ esp. com. cn
天猫网店：经济科学出版社旗舰店
网址：http：//jjkxcbs. tmall. com
固安华明印业有限公司印装
710×1000　16 开　16.5 印张　280000 字
2020 年 5 月第 1 版　2020 年 5 月第 1 次印刷
ISBN 978 - 7 - 5218 - 1492 - 7　定价：82.00 元
（图书出现印装问题，本社负责调换。电话：010 - 88191510）
（版权所有　侵权必究　打击盗版　举报热线：010 - 88191661
QQ：2242791300　营销中心电话：010 - 88191537
电子邮箱：dbts@ esp. com. cn）

　　本书是国家社会科学基金项目"我国旅游产业效率的影响机理与提升战略研究（14CGL022）"的最终成果。

序　言

欣闻韩元军博士新著《我国旅游产业效率的影响机理与提升战略研究》付梓，应邀写几句话，与青年学者共勉。

改革开放以来，经过前 20 年入境旅游的高速增长和后 20 年大众旅游的繁荣发展，正在进入小康旅游高质量发展的新阶段。与之前的开放红利、人口红利和资源红利相比，未来旅游业的发展需要寻找新动能、培育新模式，以此提升产业效率。这个战略目标的实现，需要市场主体和地方政府的实践探索，也需要学术界的理论建设。

理论建设要回应实践关切，发现问题并提出逻辑自洽的解释体系，而优秀的理论更要着眼于建构与行动，并主动接受实践的检验。针对中国旅游产业效率，我们可以从游客满意、企业竞争力和可持续发展等多重视角加以审视，可以用国际上这样、那样的理论加以批判，写成论文和专著等学者的标签，但是问题解决没解决呢？多数时候没有解决，因为没有从中国旅游产业的实际出发，没有经过实践的互动和博弈，没有让市场主体和一线管理者有切切实实的获得感。很多时候，我们做的只是学术研究，而不是理论建设，更不是好的理论建设。

我的同事韩元军博士在旅游学术研究方面很勤奋，也很认同"服务产业、报效国家"的学术理论。近年来，他作为主创人员为冰雪旅游等原创项目的理论建设、落地实施和宣传推广做了大量的工作，也积累了丰富的研究素材。他积极申请国家哲学社会科学基金研究项目，以具体项目推动学术研究，以理论建设引导项目落地，已渐显自己的学术风格。课题结项有期限，学术研究无止境。希望元军同志和更多的青年旅游学者能够在潜心研究的道路上不断提升，从"要我写"到"我要写"，从同行互认到历史检验，从此岸的学术到达彼岸的思想。

中国旅游研究院院长
2020 年 5 月 23 日

目　录

| 第一章 |

导　论

第一节　问题提出和选题意义

一、问题提出

我国旅游业起步于改革开放，主要是发展入境旅游，以赚取外汇为主要目的，随着我国经济社会发展和老百姓生活水平的提升，再加上1999年我国开始实行五一、十一黄金周政策的驱动，我国国内旅游迎来了爆发式增长，进入了大众旅游时代，外出旅游逐渐成为普通大众的一种生活习惯和消费常态，我国也成为世界旅游大国，据《2017年中国旅游业统计公报》统计，我国国内、入境和出境三大市场地位均于世界前列，2017年我国国内旅游收入4.57亿元，旅游人数50.01亿人次，入境旅游人数为1.39亿人次，国际创汇收入达到1 234亿元，我国老百姓出境旅游花费为1 152.9亿美元，出境人数为1.31亿人次。在这样的背景下，我国提出了实施旅游"三步走"战略，力争到2040年我国跨入世界旅游强国行列。与巨大的旅游经济规模相比，我国旅游产业效率与世界发达旅游国家还存在较大差距，很多省市的景区、酒店、旅行社等旅游业态的生产绩效相对较低，很多传统旅游企业的规模效率、技术效率等不能满足现代服务业的要求，移动互联网、大数据、云计算、现代管理方式等对于新兴旅游业的渗透效果还不太明显，旅游业过于注重经济规模，对于管理创新和技术进步等要素重视和应用不足，从而造成我国旅游发展的静态综合技术效率和动态全要素生产率均处于较低水平，旅游产业效率低下已成为制约我国实现旅游业可持续发展、提升旅游业国际竞争力、迈入世界旅游强国的关键"瓶颈"。

特别是党的十八大以后，我国经济进入新常态，经济发展更加注重发展质量和效率。伴随而来的，我国从大众旅游初级阶段向中高级阶段不断演进，相应的，我国旅游业发展的主要矛盾发生了变化，旅游发展从"有没有"向"好不好"转变，人民群众对于美好旅游体验的追求与旅游发展不平衡、不充分也已成了主要矛盾。为了满足广大群众对于美好旅游体验的需求，从供给侧来说，我国旅游业必须要加快旅游发展方式转变，以旅游供给侧结构改革为主线，不断提升旅游产业供给的效率，从规模经济向效率经济转变，这也是我国迈入世界旅游强国的必由之路。新的形势下，不仅要系统了解国内外对于旅游产业效率研究的最近动态，辨别出新背景下影响我国旅游产业效率的重要因素，更要理解我国旅游产业效率的影响机理是什么？系统地分析怎样才能全面提升旅游产业效率？以上便是本课题进行研究所要解决的主要问题。

从旅游产业效率的学术研究来看，20 世纪 90 年代之后，旅游产业效率问题逐渐成为国外学者的研究重点，与国外相比，国内旅游效率研究起始于 21 世纪初期，它是随着国内经济社会发展与大众旅游市场繁荣而引起关注的。已有研究对旅游产业效率的影响因素进行了较多的分析，研究视角往往偏重于宏观或者微观的单一视角。从宏观角度看，市场化程度、全球化水平、人力资本、资源禀赋、旅游市场规模等会显著影响特定地区的旅游产业效率（林源源，2010；王栋等，2011；Sharon et al.，2012；Tiziana Cuccia et al.，2016），对特定区域内的单个企业来说，网络与信息应用能力、服务人员素质、企业规模与区位等是影响酒店、旅行社、旅游交通、酒店等单体旅游企业效率的重要因素（Christopher，1999；Marianna，2003；Huang and Chi，2005；Ricardo Oliveira et al.，2013），而无形资产、股权制衡度、董事会持股比例等会对我国旅游上市公司效率产生正向影响（许陈生，2007；邢丹丹等，2011；张俊丽等，2018）。效率不高降低了企业效益，限制了我国旅游产业转型升级的步伐，阻碍了旅游业的可持续增长。在旅游产业效率提升战略方面，已有研究重点是围绕旅游业自身发展能力与外部发展环境展开分析（左冰等，2008；周云波等，2010；刘雨婧等，2018；Carlos et al.，2011）。从上述文献情况看，国内外已经围绕旅游产业效率做了大量有价值的研究，但是这些研究还存在三方面的不足：（1）对旅游产业效率影响问题的研究虽然很多，但是大多数是从影响因素辨别和对策建议角度切入，缺乏影响过程、机理和重要影响因素的分析，特别是对于旅游投资、新业态、旅游体制机制、智慧旅游等对于我国旅游产业效率提升至关重要的要素缺乏系统的分析；（2）国内对我国旅游产业效率的研究往往注重宏观视角，缺乏微观与宏观密切联系的系统框架；（3）在研究方法上，往往采用宏观数据进行实证分析和规范分析，缺乏大数据分析、实地访谈、案例分析、实证分析等多种方法的综合应用。本书拟填补这些方面的不足，系统研究大众旅游时代背景下我国旅游产业效率的影响机理和全面提升战略。

二、选题理论价值和实践意义

现阶段我国正处于大众旅游初级阶段向中高级阶段演进时期，旅游经济规模庞大与发展质量不高并存，旅游目的地竞争力、旅游上市公司发展效率等与世界发达地区还有较大差距，符合我国大国旅游经济规模的产业效率提升战略体系还没有形成系统框架，旅游供给侧结构改革亟须深入推进。通过系统研究我国旅游产业效率的影响机理和过程，能够切实提升旅游业发展质量，实现旅游业可持续增长，因此，本书具有重要的理论价值和现实价值。

理论价值和意义：（1）当前，我国旅游业正从劳动密集型向创新要素密集型转变，管理创新、技术创新等高级要素对于我国旅游业提升发展质量和效率至关重要。本书对我国旅游业可持续发展理论进行了新探索，对有效提升我国资本、劳动力、技术以及创新要素等在旅游业中的利用效率和水平具有重要意义。（2）我国虽然已是世界旅游大国，但是离世界旅游强国还有较大差距，特别是旅游公共服务、旅游产业竞争力和旅游管理体制机制离世界旅游强国还有较大差距，国内关于大国旅游经济背景下的旅游产业效率全面提升战略体系还没有深入研究。通过该研究，本书试图尝试构建我国旅游产业效率全面提升的系统框架，为当代旅游发展战略体系构建提供了有益补充。

现实价值和意义：（1）旅游业是现代服务业的代表性产业，涉及吃住行游购娱等众多环节，产业链长、关联产业多、综合带动作用大、环境友好型属性强，通过系统研究我国旅游产业效率的提升战略，为全国其他服务产业提供了产业效率研究的具体产业案例，为我国其他产业提升发展质量提供了经验借鉴；（2）旅游业对地方经济社会发展带动作用大，同时也占据了大量的劳动力、资本和技术等要素，如果旅游过度投资、淡旺季波动显著、劳动力流动大、创新技术应用缓慢等因素频发会显著降低旅游业的发展效率，通过本研究有利于旅游业节约资源，实现资源优化配置和产业可持续发展；（3）当前，我国旅游业正在从经济规模扩张为主向高质量发展为主转变，未来世界旅游格局的竞争主要是效率和质量的竞争，通过本研究可以为政府部门进行科学决策提供智力支持，对于政府出台适宜旅游政策进行产业引导具有参考价值。

第二节　研究思路、框架和主要内容

一、研究思路和研究框架

首先，探讨产业效率与旅游业可持续性增长的逻辑关系，构建产业效率影响旅游可持续增长的系统框架，实证分析了影响我国旅游业增长的要素禀赋、技术进步、制度质量等重要因素；其次，通过案例分析研究了西班牙、美国、日本等旅游发达国家旅游产业效率提升的经验和我国能借鉴的方面，并通过实地调研、大数据分析、模型评价等方法全面评价我国旅游业效率的状况，评价我国旅游业发展地位和阶段；再次，在此基础上，系统评价影响我国旅游产业效率的机理，并且分析了智慧旅游、旅游管理体制机制、旅游投资等重要因素对于我国旅游产业效率的影响和具体对策；最后，通过逻辑分析、层次分析等方法，在系统提出全面提升旅游产业效率的战略思路基础上，分别从企业内部、宏观视角阐述了提升我国旅游产业效率的具体思路。如图 1－1 所示。

二、研究的主要内容

第一章主要介绍问题提出的原因、选题的理论和现实意义、研究思路和框架、主要研究方法、学术观点、创新点以及难点等。

第二章是对国内外旅游产业效率已有文献的综述。在国外研究部分，重点从国外餐饮效率、酒店效率、旅游交通效率、旅行社效率、目的地效率、旅游效率测算方法、旅游效率影响等方面分析了国外最新的研究进展；在国内研究部分，重点分析了旅游企业和旅游目的地的影响因素、影响过程以及

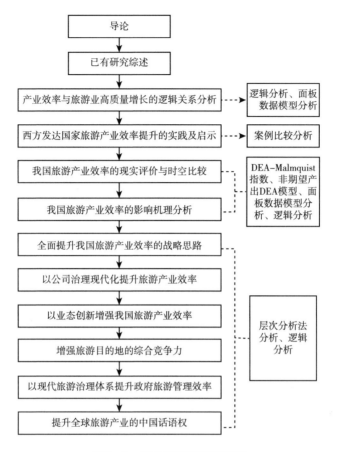

图 1 - 1　研究思路和研究框架

效率提升策略等方面的最新研究进展。

　　第三章是分析产业效率与旅游业高质量增长的逻辑关系。分析了旅游产业效率的静态效率与动态效率的联系与区别，理清影响旅游产业增长的要素类型，分析了产业效率在旅游产业增长中的作用，特别分析了全要素生产率对于旅游经济增长的作用，阐述了宏观因素对于旅游产业增长的作用，实证分析了影响我国旅游业增长的要素禀赋、技术进步、制度质量等重要因素的作用。

　　第四章是西方发达国家旅游产业效率提升的实践及启示。通过对日本、美国、西班牙等旅游经济发达国家旅游产业效率提升经验的总结，了解这些国家旅游发展质量提升的演进过程，探寻那些影响这些国家产业效率提升的重要政策、举措和方案，通过研究这些国家的旅游产业发展历史来寻找亮点，并据此对我国的旅游产业效率提升提出一些建议。

第五章是对我国旅游产业效率的现实评价与时空比较。本章从我国旅游业实际出发，分别从微观上市企业视角、中观城市视角和宏观省份视角分析了代表性单位的静态旅游效率和动态旅游效率。特别是在代表性省份旅游产业效率计算方法上，本章借鉴李江帆等（1999）的旅游消费剥离系数法计算出我国代表性省份旅游业的碳排放量等非合意性产出，重新构建基于旅游收入等合意性产出与碳排放量等非合意性产出的旅游效率评价模型，对我国代表性省份旅游产业效率进行评价和比较分析。

第六章是对我国旅游产业效率的影响机理分析。本章通过构建城市层面的我国旅游产业效率影响面板数据模型，系统评价了影响我国旅游产业效率的因素和影响机理，分析了旅游管理方式、旅游投资、智慧旅游等重要因素对于我国旅游产业效率的影响，并且根据我国旅游发展实际提出了具体对策，从理论和实践上回答了如何最大化利用旅游资源问题。

第七章是全面提升我国旅游产业效率的战略思路。在对旅游产业影响机理进行分析基础上，本章从微观和宏观结合层面构筑我国全面提升旅游产业效率的战略体系。旅游企业层面，企业要通过把握大众旅游时代发展规律，构建起市场和政府协调配合的关系，最终用现代化企业管理制度不断提升旅游企业效率，从而为我国旅游产业从规模增长向质量增长提供坚实的支持。要提升我国旅游产业效率，不仅企业内部要构筑现代化公司管理体系，制度、经济结构、旅游市场秩序治理、旅游宏观经济管理体系等宏观因素的软环境建设上也是不容忽视的关键一环，形成企业内部系统优化与外部宏观环境改善协调推进的综合提升思路。

第八章是以公司治理现代化提升旅游产业效率。从微观企业治理角度切入，以旅游企业治理理论为基础，按照现代化发展方向，通过旅游企业信息化、智慧旅游建设等提升技术效率，通过管理现代化、现代公司治理结构、兼并重组等提升规模效率，通过提升生产力、科技创新能力等提升全要素生产率。

第九章是以业态创新增强我国旅游产业效率。在巨大旅游需求带动下，以乡村旅游、红色旅游、冰雪旅游为代表的旅游新业态呈现不断壮大的趋势，这些旅游新业态通过整合、利用国内的旅游要素和旅游资源，加强了国内旅游资源和商业设施的利用效率，从而能够不断提升旅游产业的综合效率，本章以乡村旅游、红色旅游和冰雪旅游三种新业态为例阐释业态创新对于旅游产业效率提升的作用和意义。

第十章是增强旅游目的地的综合竞争力。在基于波特钻石模型对我国旅游目的地综合竞争力分析基础上，分析了我国旅游目的地建设的主要影响因素，得出了科技进步等对于目的地建设的重要作用，进而提出了基于集聚经济的目的地提升战略思路，特别是在品牌构建和产品创新上需要突破的方面。

第十一章是以现代旅游治理体系提升政府旅游管理效率。本章分别从用发展方式倒逼旅游管理体制改革、以治理能力现代化推进大国旅游市场治理体系构建、基于可持续理念提升旅游发展营商环境、以文化和旅游融合为契机提升旅游综合管理效率等角度切入，不断提升旅游管理效率水平，为我国旅游业提升效率提供体制机制保障。

第十二章是提升全球旅游产业的中国话语权。我国旅游企业国际话语权的增强有利于提升旅游产业的竞争力和效率，为此，本章从旅游企业走出去、全球价值链控制、国际影响力提升、旅游便利化等角度分析提升旅游产业效率和影响力的策略和方法。

第三节　主要研究方法和学术观点

一、主要研究方法

第一，定性研究方法和定量研究方法相结合。本书是研究大众旅游时代背景下我国旅游产业效率提升的现实问题，因此，以定量分析方法为重要方法，同时采用定性逻辑分析方法为重要辅助方法，通过 DEA 模型和 DEA-Malmquist 指数模型从企业、城市和省域三个层面评价了我国旅游产业效率的现实情况，对其中的静态综合技术效率和动态生产率进行的区域分析和比较，通过面板数据模型分析了我国旅游产业效率的宏观影响因素，通过定性理论推理和模型分析方法分析了产业效率提升与旅游业可持续增长作用的关系，为了让分析更加具有可操作性和接地气，因此，在旅游产业效率分析方面特别从微观企业视角切入，分析全面提升旅游企业效率的战略和方法，同时结合目的地、国际影响力和现代旅游治理等宏观因素进行定性逻辑分析。

第二，比较分析方法。本书通过借鉴美国、日本、西班牙等西方发达国家在旅游产业效率提升方面的成功经验，可以对比分析我国旅游产业效率与西方旅游发达强国的路径差异，学习国外在不同经济社会背景下的产业效率提升策略，并从中得出全面提升我国旅游产业效率的重要启示。

第三，大数据分析方法。本书在以上方法基础上，还辅助以大数据分析方法，通过利用 WIND 等金融大数据库，分析旅游上市公司旅游发展效率的现实情况，通过携程与中国旅游研究院的联合实验室平台分析了红色旅游、冰雪旅游等旅游新业态在促进旅游效率提升方面的数据资料，这可以为分析从微观企业和宏观要素相结合全面分析我国旅游产业效率的影响因素和提升战略提供参考。

第四，文献检索法。针对研究内容，通过网络、馆藏机构进行文献检索，并对检索结果进行系统整理。重点收集了以下三方面的文献资料：第一，党中央、国务院、各部委及各地出台的服务业供给侧改革和降低企业用地成本方面的政策文件；第二，旅游产业改革试点地区出台的关于促进旅游业发展、创新旅游体制机制方面的政策文件、评估报告、调研报告等；三是国内外关于旅游产业效率、旅游发展方式、旅游发展质量等方面的学术研究文献。

二、基本学术观点

（1）我国旅游产业效率处于较低水平，亟须加快从旅游经济规模扩张为主向发展质量为主转变，除了提升酒店、旅行社、景区等传统旅游业的资本、劳动等利用效率外，要重视冰雪旅游、乡村旅游、红色旅游等新兴旅游业的开发，充分发挥旅游新业态在资源要素利用中的主动性；（2）我国旅游产业效率的影响过程是一个复杂系统，它既与产业自身的资源投入能力、配置水平和利用方式密切相关，也受地区产业结构、制度、管理体制机制、市场秩序、全球影响力等宏观要素的影响，在不同发展阶段，各要素的驱动力强弱和作用机理会有差异；（3）对于我国旅游产业效率过低现象，应该从旅游管理机制体制改革、产业引导、市场规范化、企业核心能力培育等宏观和微观融合角度，全面提升我国旅游产业效率水平。

第四节 主要创新点和难点

一、主要创新点

（1）本书注重从过程和多因素角度分析我国旅游产业效率的影响机理，初步打开了我国旅游产业效率低下的黑盒子，探讨我国旅游产业效率一些至关重要的影响要素；（2）除了考虑旅游系统内部因素对旅游效率的影响外，还考虑我国旅游业发展中至关重要的发展环境、管理体制机制、旅游目的地竞争力、国际话语权等宏观的外部因素，并且将两者紧密结合起来；（3）从微观企业和宏观要素相结合视角，构建了全面提升我国旅游产业效率的战略体系，有利于提高我国旅游资源优化利用效率，实现旅游业高质量发展。

二、主要难点

由于我国旅游产业效率影响要素涉及企业内部以及政治、经济、环境、文化等宏观要素的方方面面，研究问题综合性强、复杂性强、难度大、交叉学科多，而且影响我国旅游效率要素之间还会产生相互作用，因此抓住影响大众旅游时代我国旅游产业效率提升的关键问题会是本书的难点之一。并且，国内旅游效率提升的省份、城市、行业差异较大，面临的问题和形式千差万别，要寻找到促进这些地区、行业发展的一般规律和路径面临较多挑战，此外，进入文化和旅游融合新时代，针对新形势、新国情、新旅情、新产业动态下的旅游产业效率提升的国内文献较少，系统找出中国走向大国旅游效率提升和高质量发展的一般路径缺乏国内外借鉴经验，这也是本书的难点之一。

| 第二章 |

已有研究文献综述

第一节　国外旅游效率研究述评和新进展

随着旅游产业的迅速发展，旅游效率成为学术界的研究重点之一，本书从学术角度对 40 年来国外旅游效率研究最新进展进行了述评，分析了已有研究出现的新情况、新观点、新方法，为我国旅游效率研究提供了理论参考和支撑。通过文献检索，本章从六大方面总结了国外旅游效率研究进展：旅游餐饮效率、酒店效率、旅游交通效率、旅游目的地效率、旅行社效率和旅游效率影响因素等，这些研究成果对于我国旅游效率研究具有显著的启示意义。

一、旅游餐饮效率研究

国外有关旅游餐饮效率的研究起步相对于其他领域如酒店效率、旅游交通效率来说相对较晚，并且文章数量也较少；最早是瑞恩和乔伊（2010）在同一专营权内对多个餐饮品牌效率进行了研究，在其他因素不变的情况下，测量其投入和产出，研究结果表明在同一特许经营权下的三个餐饮品牌的效率存在明显不同，揭示了在不投入财力和人力资源的情况下，管理层通过对品牌资源的管理避免品牌错位从而提高效率；但是使用单一特许经营可能不成比例的影响着研究结果，并限制能力推广到特许经营行业其他部门的调查结果，未来确定品牌效率与财务绩效之间关系的性质应该是研究的重点。伊瑞萨等（2012）研究了克罗地亚旅游餐饮贸易部门的节能潜力和长期能源需求预测之间的关系，结果显示，如果仔细和合理的需求侧规划到位，旅游餐饮业就有可能节省额外的能源，使用的方法是自上而下的预测模型，这种方法的缺点是需要大量的输入数据对未来的能源需求进行分析和建模。潘超（2015）对印度铁路餐饮和旅游公司的采购过程进行了研究，基于多维度效

用分析中的两因素：利率量和单位价格，比较分析表明拟议社会效用要优于
印度铁路餐饮和旅游公司个人效用和供应商效用，并据此提出了印度铁路餐
饮和旅游公司的采购框架，包括供应链设计者的激励政策。

二、酒店效率研究

旅游酒店效率研究一直是学术研究的热点之一，在定量研究方面，酒店
经常使用 DEA 方法进行效率研究，莫瑞等（1995）对美国 54 家私有连锁酒
店 1993 年的管理绩效评估表明，美国旅游服务市场经营效率处于较高水平。
随后，为了克服 DEA 方法统计数据的局限性，安德森等（1999）使用随机前
沿方法（SFA）进行酒店效率研究，结果显示，美国酒店管理的效率在 1994
年就达到了 0.9 左右，水平较高。

在欧洲，随着可持续旅游发展的呼声日益高涨，酒店的用水可续性问题
得到重视，玛曲等（2017）对西班牙洛雷特德马的大众旅游与酒店用水效率
进行了实证研究，研究结果表明，一是每年吸引成千上万游客的大型高层酒
店在水效率方面也受益于规模经济，即客人容量大和室外游泳池更大的酒店
比床位数少和游泳池较小的酒店相比每晚使用的水要少；二是强调了环境和
商业管理做法的重要性；三是研究酒店业主、经理、工人和客人对环境的关
注很有意义，可据此调整节水措施的实施和遵守程度。

三、旅游交通效率研究

航空公司和机场是地区经济和旅游业发展的重要桥梁，所以对旅游交通
效率和生产率的分析大都集中在这个领域。萨伏（Assaf）发表了系列文章对
旅游交通效率进行了研究，最初采用贝叶斯面板随机前沿模型研究了澳大利
亚机场私有化后的成本效率，根据 2002~2007 年的数据，主要研究澳大利亚
机场私有化后的时期，结果表明，随着时间的推移，澳大利亚机场的成本效
率不断提高，2007 年达到 90.08%，还讨论了诸如私有化、价格上限管制和
资本投资对澳大利亚机场目前的效率水平的影响。随后，他对 2001~2008 年
欧美航空公司的效率和生产率进行了测量和比较，使用正则约束下的贝叶斯
距离边界模型来度量效率，生产率估计是由基于距离边界模型的估计参数推
导出来；基于约束模型的效率和生产率结果表明，欧洲航空公司的效率和生

产率增长略高于美国航空公司。基于航空公司类型的比较表明，低成本航空公司平均比全服务航空公司更有效率。并证实了忽略规则条件会导致不准确的效率结果。此外，他还提出了一个新的动态前沿模型，用于分析所有权和管制对机场技术效率和配置效率的影响，并区分短期效应和长期效应；基于大量的国际机场样本，发现短期内大部分改进来自降低技术的无效率，这主要来自调整产出并在短期内是可以实现的，在短期内，加入经济管制会导致技术效率下降。然而从长期来看，减少配置的无效率会带来整体效率的改善，而削减技术的无效率也会带来类似的好处，从长期来看，技术和配置的效率会随着机场的完全私有化、监管强度减弱而降低。未来的研究可以基于机场经济学研究的两个重要领域即获取机场资本价格的衡量标准，并估算一个完整的成本函数，以验证目前的研究结果，并更好地捕捉机场和非机场对成本贡献的差异。

其他学者对机场效率的研究有以下内容，皮洛曼等（2012）以一个独特的数据集为基础，采用数据包络分析的方法，对拉丁美洲机场的典型样本进行了有效生产前沿的计算。自 20 世纪 90 年代后期以来，拉丁美洲在机场部门实施了各种各样的私营部门参与计划，为评估私营机场的全要素生产率增长率是否高于公共机场，文章计算 2000~2007 年的 Malmquist 指数，结果表明，民营机场的经营业绩超过了公共运营的机场，全要素生产率增长率分别为 2.8% 和 -0.9%。按规模分析，中小型机场（每年少于 800 万人次）的全要素生产率增长率较高。提出进一步的研究应探索衡量效率和收集所提供服务质量信息的替代方法。利普斯等（2013）对日本运输部门的能源效率进行了研究，与美国和其他发达经济体比较，日本的高效主要是由于低活动水平和模态结构，而不是模态能源强度。分析表明，日本和美国以及其他国家之间的主要差异是人均国内旅行总量低和汽车份额低，日本的另一个积极因素是公共汽车的低能量强度。巴罗斯（2014）分析了莫桑比克 2000~2012 年的机场效率，利用随机和固定效应的随机前沿模型估算了一个成本函数，利用贝叶斯随机前沿模型进行鲁棒性检验。莫桑比克的机场是异质的，对机场效率进行了排名，影响因素包括交通和机场的区域分布、偏远和旅游流量在内的几个因素也解释了排名的差异。效率排名的扩展反映了基于估计成本前沿模型的不同绩效水平以及投入和产出的不同组合。这些调查结果表明，机场公共政策应考虑到异质性。认识到异质性的存在，并讨论了这种异质性所带来的管理洞察力和政策含义，但需要进一步研究以证实本结论。苏等（2014）利用基于宽松度量（SBM）模型和 Malmquist 生产率指数（MPI）探讨了 2010～2012 年新西兰 11 个主要机场的效率和生产力变化，研究结果表明，只有奥克兰位于效率前沿，然而，克赖斯特彻奇、霍克湾、英弗卡吉尔和惠灵顿从未达到完全的效率水平。关于规模效率，大多数新西兰机场需要减少其业务规模，以实现最佳生产规模。弗兰达科等（2016）用数据包络分析（DEA）和 Malmquist 生产率指数（MPI）两种方法来对希腊严重经济危机时期（2010～2014 年）机场的运营效率和生产力变化进行测算。调查结果显示，尽管经济危机对该国的社会经济生活产生了巨大影响，但总的来说，机场效率和生产力却得到了提高，主要是由于国际旅游增长等外生因素；MPI 显示，在研究期间，机场的全要素生产率（TFP）年平均增长 0.9%（比审查期间增加 3.6%），这是年平均技术变化（0.5%）和技术效率变化（0.4%）的结果。调查结果还表明，2010～2014 年，65.8% 的机场平均全要素生产率有所增加，增幅在 0.4%～20% 之间。然而，由于希腊机场的运作效率很低，大多数机场仍有相当大的改进空间。

除机场外，伯瑞达等（2014）研究了意大利博尔扎诺自治省索道的经济效益，并将其与可持续性和旅游问题联系起来。研究利用 2002～2008 年的年度数据，采用面板数据包络分析方法计算了上瓦勒岛、博尔扎诺、布尔格拉托、萨尔托斯基利亚尔、瓦尔普斯特里耶、瓦尔韦诺斯塔和瓦勒伊斯尔科七个区域的纯技术效率和规模效率，其中上瓦勒岛、博尔扎诺和萨尔托斯基利亚尔是效率最高的地区。研究结果显示，意大利阿尔卑斯山的这种运输方式可以被视为相对经济上的低效，而且大多数索道意味着规模收益的下降。虽然无法评估索道效率低下的主要原因，但仍有可能评估与投入有关的主要来源，特别是与劳动力成本有关的主要来源，鉴于可以从投入而不是产出中获得潜在的改进，可以通过减少劳动力成本和（或）税收楔形来提高总体效率。此外，政策干预应被引导至在非滑雪季节寻找索道的替代用途，从而保证全年更均匀地利用资源，保证更高的效率。

四、旅游目的地效率研究

在欧洲，帕斯塔那等（2011）基于旅游目的地吸引力视角，对法国旅游目的地绩效进行了研究，分别从法国旅游目的地的住宿条件、自然资源和历史遗迹等方面分析。研究表明，法国各区域在效率方面存在显著差异；旅游目的地管理组织在管理其管辖范围内的旅游景点方面效率不同。最佳实践计算表明，在此期间，几乎所有法国旅游区的技术效率都很低；法国地区主要驱动因素包括海洋、太阳和基于海滩捐赠的战略。主题公园、纪念碑、博物馆、滑雪胜地和自然公园在特定地区的发展也可以提高效率，只要这些景点可以增加游客的逗留时间。贡嘎斯（2013）利用基于方向距离函数的 Luenberger 生产力指标（LPI）对法国滑雪胜地的生产力进行了分析。它允许计算生产力指标，将其分解为技术效率变化和技术变革。结论是，大多数法国滑雪胜地的生产力下降，这几乎总是由技术的变化来解释的。并提出没有投资于新的基础设施的滑雪场必须以质量为基础，提升他们的滑雪电梯、个性化服务（例如在家里提供滑雪材料），并动员他们的工作人员为消费者提供积极和难忘的体验以提高效率。

在亚洲，刘等（2017）采用 DEA-Tobit 模型对中国 53 个沿海城市 2003～2013 年的旅游生态效率进行了评价，结果表明，中国沿海城市旅游生态效率总体为 0.860，这意味着只有少数几个城市具有有效效率，而且大多数城市仍有改善的空间。这一发现意味着旅游业的发展对环境有更大的负面影响，而且在效率方面存在着很大的区域差异。长三角地区的效率值较高，环渤海三角洲地区和泛珠三角地区的效率值相对较低。彭等（2017）建立了一个综合评价指标体系，包括不期望产出和基于统计的测度—数据包络分析模型，以分析单个旅游目的地生态效率的特征和演变。黄山国家公园是中国最具标志性和游客最多的国家公园之一，被选为研究地点。研究结果表明，生态效益不断提高，纯技术效率高于规模效率，而规模效率比纯技术效率与生态效率更相关。此外，旅游业发展、产业结构和技术水平对生态效率有显著的正向影响，而投资水平则呈现相反的趋势。强调废物控制的环境法规并不能有效地促进生态效率。

此外，安科纳等（2015）基于 DEA 方法对旅游目的地网站的效率进行了研究，作为目的地重要营销渠道的互联网为潜在游客提供了大量的信息，同时也使游客和居民扩大了他们作为舆论制造者的传统渠道。这一事实迫使目的地投入了许多资源：时间、精力和金钱；但很少有目的地真正努力量化其沟通渠道的效率。本书提出了一种新的渠道效率验证系统，在此基础上，研究了基于区域目的地的非参数模型数据包络分析，并与主要城市进行了比较。选取的输入变量有结构深度、维护成本和维护人员数量、语言编号、全局排序和 Web 内容更新。

五、旅行社效率研究

旅行社作为旅游产业中的重要行业，也成为旅游产业效率研究的重要领域。巴罗斯（2006）将葡萄牙主要的20多个旅行社作为研究对象，使用 SFA 方法分析经营效率，结果显示经营时间与经营效率成正比，而且20多个旅行社的相对效率都比较高。卡斯（2007）使用 DEA 方法研究了2004年土耳其旅行社的效率，近80%的旅行社是没有效率的。福特斯（2011）分析了位于西班牙阿利坎特的22家具有类似特征的旅行社的相对效率，采用数据包络分析（DEA）技术、平滑引导和 Mann Whitney U 检验。研究发现被评估的22个机构中有7个是有效的，占样本总数的31.82%。尽管如此，平均效率水平还是相当高的（81.33%）。

六、旅游效率影响研究

（一）对旅游企业影响因素、影响过程以及效率提升策略等的研究

阿萨夫等（2011）对斯洛文尼亚的酒店效率影响因素进行了实证分析，研究了民营化、市场竞争、管理任期和国际吸引力等因素对旅游饭店成本效率的影响，使用的方法是创新的贝叶斯前沿法，选取的样本是高动态环境中经营的斯洛文尼亚酒店的数据。研究结果表明，国际吸引力和私有化提高了成本效率，而管理层任期则对成本效率产生了负面影响，市场竞争是否会影响饭店的成本效益尚不明确。为后来的其他国家验证该研究结果和测试其他酒店对效率的影响提供了研究思路。奥利佛等（2013）以欧洲葡萄牙阿尔加维地区的酒店为例，基于随机前沿方法的参数化方法，使用收益函数，从酒店星级、酒店位置、是否拥有高尔夫球场和拥有酒店数量等方面来评估酒店的效率，并发现了低效率相关水平。研究结果表明五星级酒店在使用投入和产出导向模型以及 crs 和 vrs 两种方法时，其平均效率似乎略高于四星级酒店，但在规模效率方面，与五星级酒店相比，四星级酒店更接近最佳规模。

这可能意味着五星级酒店应该进一步扩大规模，以提高效率（并获得更高的投资回报）。就高尔夫的存在而言，拥有高尔夫球场的酒店的平均效率略高于无高尔夫的酒店，而在采用 VRS 模式时，有高尔夫球场的酒店效率则要低得多。在用 VRS 技术计算的效率和规模效率方面，差别更大。最后，在考虑到地点时，效率平均数没有差异，这个外生变量似乎与效率无关。当考虑到 CRS 技术时，我们发现只有迎风酒店和背风酒店在统计学上有显著性差异；似乎大多数背风酒店都比迎风地区的大多数酒店更有效率，尽管迎风酒店的平均效率更高，这意味着迎风酒店的效率差异更大。哈斯如彼等（2014）以突尼斯为例研究了酒店技术效率和环境管理之间的关系，揭示了酒店旅游生产力的变化。实证研究的结果确定了突尼斯酒店效率的几个驱动因素，主要的驱动因素：一是有形的环境政策，例如酒店对其所处的自然环境的尊重，如果管理者帮助保存地点的真实性，他们就会从中受益，似乎酒店所在的地方的真实性增加了一个真实的经济价值，因为它是第一个有效的驱动因素；二是酒店使用清洁或可再生能源，并已实施 ISO 140001 认证工作更有效，这些结果与以前的工作，如斯卡隆（2007）研究一致，强调了建立该认证的真正需要。因此，环境渠道有助于酒店节约资金，提高竞争力，吸引环保消费者。不可见的环境政策，如自动照明和回收瓶，虽然它们积极影响效率，但统计上是微不足道的，因为它们对几乎所有的旅馆都很普遍。此外，环境宣传单降低效率，可能是因为它们对酒店来说太贵了。卢比奥等（2018）从区域角度分析出了酒店效率，并利用两阶段双引导数据评估了西班牙酒店业的绩效，结果表明，西班牙地区的酒店效率较高，最有效的地区是拉里奥哈和加那利群岛，而加利西亚自治区、卡斯蒂利亚勒昂和卡斯蒂利亚拉曼查的效率最低，并考虑了停留时间、国际游客人数、目的地质量、阳光沙滩旅游模式四个环境因素的影响，其中国际游客的数量和停留时间对区域酒店的效率有积极的影响，这可能是因为他们对酒店的入住率产生了积极的影响；在目的地质量方面，研究结果显示其对区域酒店效率有负面影响，这可以用获得和维持质量认证的内在成本来解释，太阳和沙滩模式的优势也与效率呈正相关，这些结果为决策者今后的战略决策提供了更准确的信息。

在交通企业效率影响因素研究上，哈等（2013）研究了航空公司市场结构对机场生产力的影响，将航空公司视为垂直航空公司结构中机场的下游用户。采用标准的两阶段法，样本是东北亚11个主要机场。在第一阶段，用数据包络分析来衡量机场的效率进行随机前沿分析；将得出的效率评分进行第二阶段分析，通过Tobit回归量化航空公司集中度对效率的影响，分析控制机场治理结构、机场竞争等因素。样本机场在1994～2011年平均效率略有下降，2001～2003年、2008～2009年，由于"9·11"恐怖袭击、"非典"疫情爆发和美国金融危机等事件，机场效率大幅下降。此外，中国大陆机场的总体效率得分低于韩国、日本和中国香港的机场，这主要是因为它们的劳动生产率较低。东北亚主要机场的技术效率与机场的分散程度呈负相关，更值得一提的是，机场效率与下游航空公司的市场集中度呈倒"U"型关系：即下游航线的集中度过高或过低都与机场的低效率相关。颜等（2014）研究了政府腐败对美国商业机场效率的影响，其首先发展了一个理论，预测腐败对生产力和机场的可变投入分配的影响，然后，通过估计一个随机可变成本前沿模型，结合机场的技术和分配效率来测试预测。研究结果表明：一是机场在更腐败的环境中生产力低下；二是机场往往在更腐败的环境中使用更多的承包来代替内部劳动。因为腐败的环境阻碍了官僚们努力完成规定的任务、降低政府的监测力度，从而造成严重的机构问题，在将机场管理从地方政府移交给机场当局的情况下，简单地创建以任务为中心的机构作为改革治理结构的方式，以提高提供地方公共服务的效率在科鲁比之下是行不通的。腐败会降低政府的监督力度，而监督力度的降低会导致地方公共服务出现严重代理问题。总之，由于公共政策制定的问责制度低，公共部门在腐败环境中的管理努力可能会减少和（或）偏离生产活动。因此，机场方面的第一个教训是，加强公共政策成果问责制度可以提高腐败环境下公共服务的效率。机场方面的第二个教训是，即使在腐败的环境中，地方公共部门的治理结构也可以有效地提供公共服务，这不仅应当为管理人员提供强有力的激励，以管理生产活动和利用有效的投入分配，而且还应使管理决策不受政治影响。在这一方面，在改革地方公共部门的治理结构时，应更加重视私有化。巴顿等（2017）研究了低成本航空公司的数量对以旅游为导向的区域机场的经济效率的影响，采用综合规划和计量经济框架研究了意大利东北部、斯洛文尼亚和克罗地亚的12个机场8年来的经济效率，以及低成本航空公司如何使用这些机场。有证据表明，更多这样的航空公司的存在可以提高地区机场的经济效率，因此可以导致整体航空旅行费用的长期下降。从长远来看，有可能积极刺激游客流向机场腹地。

在旅行社方面，福特斯（2011）分析考察了这些机构的效率水平与其所有权类型、地点和经验水平之间的关系，结果表明，旅行社的位置是影响旅行社效率水平的唯一因素。这表明，在靠近市中心的地区设立一个机构，对该机构的效率有重大影响。因此，各机构更多地集中在市中心将意味着他们的效率水平有所提高，尽管这可能会使它们的初始费用更高；此外，没有发现各机构的效率水平与其所有权类型之间的联系，也没有发现与其经验水平之间的联系，这些结果表明，经验和群体不会影响到旅行社效率；阿萨夫等（2011）着眼于葡萄牙旅游运营的效率，重点关注公司规模、集团所有权以及合并和收购。一般来说，对企业规模与效率之间关系的研究并没有达到同样的结论，尽管很多人认为大公司往往比小公司更有效。从旅游运营商的角度分析，规模和效率之间的积极关系可能是因为最近的行业趋势。旅游运营商正在寻求新的和创造性的方式来增加市场份额，降低成本，并与供应商建立更强的联系，以面对旅游者预订旅行直接通过在线预订和预订服务日益激烈的竞争。在大多数国家，包括西班牙和葡萄牙，小型旅游运营商并没有在竞争中幸存下来，许多已经离开市场，或与更大的运营商相结合。集团所有权还表明，属于较大群体的运营商更有效率。一般来说，在竞争激烈的市场中，如果与协会有关的额外交易成本和搁浅成本被获得内部资源的好处、规模经济和更好声誉的光环效应所抵消，公司可以通过加入一个集团而获得额外的利润。从葡萄牙和西班牙旅游经营者的角度看，集体所有权对效率的积极影响可能特别大，因为存在着激烈的竞争和协调行动提供的庇护。在西班牙旅行社进入葡萄牙市场之后，收购了几家领先的葡萄牙旅行社，改变了市场结构，加强了竞争，但是合并和收购有助于改善经济表现，很可能是通过帮助公司逐步改善其知识库。他们还帮助公司享有更大的规模和范围经济，并获得更多的市场份额。

（二）对旅游目的地的影响因素、影响过程以及效率提升策略等的研究

在国家层面上，莫鲁库等（2011）提出了一种新的提高效率的知识扩散渠道，可供当地企业利用，以提取关于消费者偏好的相关信息，即与旅游流的直接接触。旅游者具有外部消费者的特点，他们直接到达目的地地区，这对当地企业来说是一个显著的优势，因为后者可以利用新的信息，提高当地经济的整体效率水平。更具体地说，其在一个空间估计框架内，研究了旅游流量作为区域全要素生产力的决定因素，还控制其他无形因素（如人力、社会和技术资本）和可获得性的程度，对欧盟 15 个成员国的 199 个地区以及瑞士和挪威进行了分析，实证结果表明，旅游流量提高了区域效率，无形资产、基础设施和空间溢出效应也发挥了积极作用。古西亚等（2016）审视了教科文组织世界遗产名录在提高旅游目的地竞争力方面的作用。从这一角度出发，以 1995～2010 年意大利地区为例，采用数据包络分析（DEA）两阶段方法对旅游目的地绩效、世界遗产名录的影响进行了评价，采用半参数回归的方法对效率得分的影响因素进行了研究。实证结果表明，虽然文化和环境禀赋对意大利旅游目的地的绩效有积极的影响，但教科文组织遗址的存在产生了相反的影响。在其研究中，不像卡拉古丽（2008）等人提出的对旅游目的地效率产生负面影响的是文化资本的过剩，而是世界遗产名录中所承认的这一文化资本的突出价值对其效率产生了负面影响，因此文化遗产的质量比数量更重要。在供应方面，当地旅游经营者往往高估世界遗产名录的影响，并过度供应住宿能力和其他接待服务。在需求方面，世界遗产的存在使其希望对遗产地进行良好管理，并能获得完整的文化和创造性体验（Richards，2011），从而使他们更接近当地社区所表达的非物质文化资本。这种期望不能被破灭，否则有世界遗产的旅游目的地效率低下，将导致自旅游逗留量的急剧减少，而不是过度供给。因此联合国教科文组织应特别注意世界遗产名录所需的管理计划的可行性及其有效实施，以充分利用遗产福利的潜力来实现社会福利。

在城市层面上，刘等（2017）对中国 53 个沿海城市 2003～2013 年的旅游生态效率进行了评价，探讨了旅游圣塔效率影响因素。一是 GDP 对旅游生态效率、纯技术效率和规模效率有显著的正向影响，GDP 每增长 1%，旅游生态效率、纯技术效率和规模效率分别提高 0.15%、0.11% 和 0.10%。因此，经济水平越高，技术进步越快，旅游生态效益就越高。二是旅游产业结构（TIS）在促进沿海城市旅游生态效率方面发挥着重要作用，TIS 每增加 1%，旅游生态效率、纯技术效率和规模效率分别提高 0.08%、0.04% 和 0.07%。这表明旅游信息系统对旅游生态效率有显著的正向影响，说明旅游信息系统可以促进沿海城市旅游业的可持续发展。三是建成区的绿色覆盖率（GCBUA）对旅游生态效率、纯技术效率和规模效率有显著的正向影响，

GCBUA 每增加1%，其分别提高0.05%、0.13%和0.10%。这一发现意味着城市绿地的生态功能可以产生规模效应，与生态效率产出最大化相对应。四是游客数量（TN）对旅游生态效率、纯技术效率和规模效率有显著的负面影响。TN 每增加1%，其分别下降0.08%、0.05%和0.04%，说明旅游市场规模与旅游承载力已逐步趋于平衡。游客越多，对生态效率的负面影响就会越大。因此，今后政府应适度控制游客数量，增强景区的承载能力。五是综合利用与旅游相关的"三废"产出（CUTRT）对沿海城市的旅游生态效率和纯技术效率具有显著的负面影响。CUTRT 在旅游业中的价值来源于三大污染物的综合利用，表明了政府对改善旅游环境的贡献。这一价值表明，政府应通过技术进步、节能减排等措施，加大环境监管力度。

在省份层面上，卡布妮（2017）采用两阶段双自举方法对中国31个省份2008～2013年的旅游效率及其影响因素进行了研究。在第一阶段，研究结果表明，自举法修正的效率值比原始的有效值要小，这意味着 DEA 直接结果高估了中国省域样本期的旅游效率。事实上，中国的整体旅游效率相当低（0.763）。在区域层面上，东部地区的旅游效率高于中西部地区。究其原因，是由于三大地区在效率水平和经济发展状况上存在差异。在第二阶段，确定了贸易开放程度、教育程度、酒店数量、城市化程度和气候变化对旅游业效率的影响。其中贸易开放成都是旅游业发展的一个关键因素，以进出口与国内生产总值的比率来衡量。贸易开放是一项对外商直接投资、经济增长、旅游业产生广泛影响的重大经济战略。苏鲁贵、雷图（2011）认为，贸易开放解释了旅游需求的演变，因为它降低了母国和东道国之间的交易成本。穆罕默德和安德鲁斯（2008）强调一个国家的出口对外国游客的抵达产生了积极影响，而帕蒂斯和科密（2007）的结论是，双边贸易与游客抵达呈正相关。工人教育水平的显著和迅速提高无疑使旅游业受益，因为它使旅馆能够与教育程度较高的劳动力签约，尽管与其他经济部门的工人相比，高更替仍然导致了较低的任期水平。世卫组织得出的结论表明，教育水平与技术效率呈正相关（Huang et al. , 2012；Ismail & Sulaiman, 2007）。相反，在他们对酒店业的分析中，拉姆等（2001）和邹伊等（2006）得出不同的结论，即找到受过高学历的工人并不比受过较少教育的人生产力高。因此，教育对旅游效率的影响并不是决定性的。城市化是以城市人口占总人口的比例来衡量的，被认为是旅游效率的重要制约因素。旅游业的发展受到城市化的影响，因为酒店业是服务活动的一部分。在评估中国的城市化水平时，应当铭记的是，中国中央政府将城市化作为国家发展的一个战略关键角色，其中旅游业和其他服务部门为中国经济增长做出了贡献（张、罗、肖和吉莱特，2013）。此外，旅游部门的经济分析没有讨论城市化问题。酒店一直是流程效率和生产力优化的重要因素。黄等（2012）将酒店数量作为某一特定区域内市场竞争强度的指标。然而，酒店业是旅游业和旅游业总供给的基本要素。在旅游需求分析中，温度被认为是最重要的气候变量。几项研究得出结论认为，温度可能对季节的长短和环境有积极的影响，而其他的研究则发现，温度对季节的长短和环境有负面的影响。气温是决定探访需求的一个积极因素。结果表明，贸易开放度、温度和酒店数量对技术效率的有正向和显著性影响，与标准经济学观点的结论一致。然而，教育水平和地理定位对旅游效率有显著的负面影响。

第二节　国内旅游效率影响因素研究综述

我国有关旅游效率影响因素的研究起始于 2010 以后，近年来形成了大量的研究成果，主要集中于对旅游企业、目的地等影响因素的研究，旅游企业效率影响因素的研究主要是对星级饭店的研究。旅游目的地效率影响因素研究主要有三大方面：旅游业全要素生产率影响因素、旅游业碳排放效率影响因素和旅游业与城镇化耦合效率及其影响因素。

一、对旅游企业影响因素、影响过程以及效率提升策略等的研究

在我国已有的文献中，对旅游企业效率影响因素的研究较少，且起步较晚。代表性的是韩国圣、李辉（2015）对成长型旅游目的地星级饭店经营效率空间分布特征及影响因素的研究，以六安市为案例，并把影响其经营效率的因素分为微观因素和宏观因素。其中，宏观因素有事业单位数、企业单位数、职工人数、职工平均工资；其对整体技术效率和纯粹技术效率无显著影响，对规模技术效率影响显著，因为星级饭店的规模技术效率依赖于当地主要的消费客源企业和具有一定消费能力职工的需要，其规模发展是一种需求推动型的投资。生产总值、职工人数、职工工资总额等因素尽管对规模技术

效率有正的影响，但是不显著，这可能也与这种需求推动型的星级饭店的"旅游飞地"发展模式有较大的关系。这是目前对旅游企业效率影响因素研究划分最为细致和内容最为丰富全面的研究。

为了进一步研究中国星级饭店经营效率影响因素，张琰飞（2017）通过对 2010～2014 年我国的星级饭店经营数据进行分析，结果显示区域开放、经济水平、旅游人次、产业结构等因素能够显著提升酒店产业效率，与此同时，基础设施、人口城镇化、旅游收入等因素则会降低酒店产业效率。

二、对旅游目的地影响因素、影响过程以及效率提升策略等的研究

我国对有关旅游目的地旅游效率影响因素的研究较多，内容涉及广泛，包括旅游业与城镇化耦合效率及其影响因素、旅游业全要素生产率的影响因素、旅游业碳排放效率影响因素等。

（一）旅游业全要素生产率影响因素研究

通过对旅游业全要素生产率影响因素文章的梳理，根据研究对象的所属区域范围主要划分为区（经济区）层面、省市层面和景区层面，由于每一地区的综合发展情况不同，其旅游业发展处于不同阶段，因此选取的相关指标对旅游效率的影响作用大小不同，具体如表 2 - 1 所示。

表 2 - 1　　　　我国对旅游业全要素生产率影响因素的研究情况

文献	研究对象	研究对象所属区域	指标因素	研究结果
李瑞、郭谦等（2014）	旅游全要素生产率影响因素	环渤海地区	旅游投资、旅游技术、旅游市场因素、旅游产品、旅游资源、旅游政策和旅游项目（产品）因素	①京津冀城市群：旅游投资、旅游技术和旅游市场；②辽东半岛城市群：旅游资源、旅游政策和旅游项目（产品）；③山东半岛城市群：旅游产品和旅游技术
王坤、黄震方（2016）	旅游绩效空间格局演变的影响因素	长江三角洲城市	经济发展水平、产业结构、交通条件、旅游资源禀赋、科技信息水平、市场化程度、对外开放程度、城市化水平	城市交通条件、城市化、产业结构和信息技术对旅游效率的积极影响和空间溢出效应都较为明显

续表

文献	研究对象	研究对象所属区域	指标因素	研究结果
张舒宁、李勇泉（2017）	旅游发展效率影响因素	成渝经济区	产业结构、经济发展水平、交通便利程度、政府对旅游经济的干预程度、城市化水平	都有正向影响，但经济发展水平的影响强度相对最大
郝金磊、尹萌（2017）	旅游发展效率影响因素	丝绸之路经济带	经济水平、自然环境、交通条件、配套设施、接待能力、旅游倾向	经济水平、自然环境、接待能力、旅游倾向等因素提升了旅游业效率；配套设施降低了旅游业效率
刘建国、刘宇（2015）	旅游全要素生产率影响因素	杭州市	产业结构、基础设施、对外开放程度、经济发展水平、服务业发展规模	产业结构、经济发展水平、基础设施、服务业发展规模有显著正向影响，对外开放水平正向影响最弱
徐冬、黄震方（2018）	旅游效率影响因素	浙江省65个县域	经济发展水平、旅游资源禀赋、县域市场规模、城镇化水平、区位交通、政府宏观调控	经济发展水平、旅游资源禀赋、县域市场规模和区位交通为主导因素，资源禀赋和交通区位正向影响力呈增强态势
申鹏鹏、周年兴（2018）	旅游效率影响因素	江苏13个地市	产业结构、对外开放程度、经济发展、交通可达性、劳动力水平	产业结构对江苏13个地市旅游产业效率均具有显著的正向影响，其他影响指标则呈差异化发展
游诗咏，林仲源（2017）	区域驱动因素作用的异质性	广东五大旅游板块	产业结构、旅游资源禀赋、外贸依存度	①产业结构对于粤东地区和珠三角城市旅游效率的影响远大于粤西地区，并验证了已有研究中的旅游资源禀赋影响甚微或不存在影响；②外贸依存度不如原本想象的重要；③旅游接待设施规模的估计系数则表现为较弱的负向作用，并特别表现为从西向东递增的趋势；④城市基础设施条件则呈现出地区差异不大的正向作用

文献	研究对象	研究对象所属区域	指标因素	研究结果
刘佳、陆菊 (2015)	旅游全要素生产率影响因素	沿海 11 省区市	技术进步、城市化水平、对外开放程度、产业结构	①城市化水平有显著正向影响，对泛珠三角影响最大；②对外开放程度呈现显著地负效应或者是不显著；③第三产业比重对环渤海地区、长三角地区是呈现正向作用，对泛珠三角地区呈现显著的负向作用
曾瑜皙、钟林生 (2017)	旅游效率损失度影响因素	中国 30 个省区市	能源技术、旅游产业结构、旅游产业规模、旅游接待能力、旅游吸引力	①高效低损区：能源技术和旅游产业结构负面影响较大；②高效高损区：能源技术、旅游接待能力的反向作用较大；③低效低损区：旅游产业结构、能源技术、旅游接待能力对旅游效率损失度有显著的负向作用；④低效高损区：能源技术、旅游接待能力、旅游产业规模、旅游吸引力对旅游效率损失度的降低产生了积极作用
黄秀娟、林秀治 (2015)	旅游效率及其影响因素	我国森林公园	人口密度、城镇化率、旅游资源水平、森林公园密度、交通发展水平	相关指标起正向作用
曹芳东，黄震方 (2015)	旅游效率及其影响因素	风景名胜区	经济发展水平、市场化程度、交通发展条件、科技信息水平、制度供给、旅游资源禀赋、产业结构	经济发展水平、市场化程度、交通发展条件、科技信息水平以及制度供给因素对旅游效率的影响存在正相关，旅游资源禀赋的影响作用显著下降，而产业结构变化的影响表现为负相关

（二）旅游业碳排放效率影响因素

旅游业碳排放效率及其空间格局演化是多因素共同作用的结果，王坤、黄震方（2015）提出影响旅游业碳排放效率的因素有旅游经济规模、城镇化水平、技术效应、旅游业产权结构和结构效应。旅游经济规模对中西部地区提升作用较强；城镇化的促进作用逐步减弱，且在多数省份开始产生抑制作用；技术效应的提升作用高值区从中东部转移至华北和东北地区；旅游业产权结构对南部地区的推动作用也逐步凸显；结构效应主要对西南地区起促进作用。

贺腊梅等对旅游业 CO_2 排放量及其驱动因素进行了系统研究，在对湖北省 2007～2011 年旅游业 CO_2 排放量及其驱动因素的研究中认为，产业结构效应是 CO_2 排放的主要抑制因素，资源要素投入和环境技术效率变化对旅游业 CO_2 排放贡献度虽小，但对旅游业碳减排起正面影响，且资源要素投入的减排贡献比环境技术效率的贡献略大；以中国 30 个省市旅游业为研究对象，研究结果表明：产出结构效应会抑制旅游业能源利用效率，而劳动替代效应、全要素生产率、能源结构效应能够显著提升旅游业能源利用效率。

（三）旅游业与城镇化耦合效率及其影响因素

在旅游业与城镇化耦合效率及其影响因素研究中，刘雨婧、杨建（2018）分析了张家界旅游业与城镇化耦合效率的影响因素，研究发现旅游规模效应、产业结构、技术水平是正向影响因素，资本效应和交通水平为负向影响因素，文化效应的作用不显著。

| 第三章 |
产业效率与旅游业高质量 增长的逻辑关系分析

第一节　旅游产业效率的静态效率与 动态效率的联系与区别

效率表示给定投入水平下的产出最大化或给定产出水平下投入最小化，强调投入资源的使用效果。回顾效率研究史，西方古典经济理论学派、新古典经济学学派、新古典经济增长理论学派、现代经济理论学派对于效率研究都做出了各自的理论贡献，并不断推进效率研究的发展。

对于旅游产业效率，研究者主要从旅游生产过程中的投入和产出效益对比角度探讨其定义。马晓龙（2008、2012）提出城市旅游产业效率是在特定时间范围内旅游产业实现单位要素投入产出最大化，进而实现生产者剩余最大化的性质。马勇等（2014）从区域特征出发，认为不同地区所处的发展阶段和技术条件存在差异，由此产生不同的产业形态，在旅游发展过程中对投入资源的利用能力也就存在较大差异，而这种差异就演化成了旅游效率。杨基婷（2016）将旅游产业效率定义为在特定的区域内，特定的时间范围内，旅游产业发展过程中一定的投入能够带来的最大化的产出水平。胡亚光（2017）从要素投入产业视角，提出旅游产业效率就是要通过旅游产业资源要素的充分利用，达到以最小化要素投入获得最大化综合效益。基于以上学者对旅游产业效率的内涵定义，本书将旅游产业效率分为旅游产业的静态效率和动态效率。

一、旅游产业的静态效率

旅游产业的静态效率指在特定时间、特定生产技术情况下的旅游产业效率，强调固定时点下的投入产出比，即在要素投入和技术水平给定条件下，旅游产业实际产出与最大可能产出间的差距。在技术水平不变的情况之下，代表最大可能产出的生产前沿面保持不变，旅游产业实际产出越接近前沿面，则说明旅游产业静态效率越高。

旅游产业静态效率可以分解为旅游纯技术效率和旅游规模效率。旅游纯技术效率指在现有技术水平下，规模报酬不变时，旅游产业资源要素的配置效率。旅游产业规模效率则是指在现有技术水平下，旅游产业资源要素投入规模与最优规模之间的差距，反映了要素投入规模的合理程度（王兆峰、杨显，2018）。

二、旅游产业的动态效率内涵

旅游产业的动态效率是指在考虑时间变化因素下，生产技术发生变化导致生产前沿面产生变动情况下旅游产业效率。一般在采用全要素生产率及其分解量来衡量旅游产业的动态效率。全要素生产率是区别于单要素生产率的一个集合概念。旅游产业的单要素生产率包括旅游产业资本生产率和旅游产业劳动生产率。旅游产业全要素生产率及其分解量可以反映不同时期技术水平的差异情况下，旅游产业总投入所对应的总产出水平，强调某一时间段内旅游资本、劳动等投入要素配置动态变化情况。旅游产业全要素生产率可以分解为旅游产业技术进步变化指数和旅游产业技术效率变化指数。

旅游产业技术进步变化指数反映了旅游产业生产前沿面的变化情况。技术进步表现知识、教育、技术培训、规模经济、组织管理等方面的改善，这从侧面反映了全要素生产率中的"要素"不仅仅包含资本、劳动、土地等传统要素，还包括如科学技术进步、管理能力提高等新要素。旅游产业技术效率变化指数反映的是技术水平一定条件下生产效率的变化情况。

三、两者的联系与区别

（一）旅游产业静态效率和动态效率的联系

旅游产业效率不管是静态效率还是动态效率，都反映了在一定要素投入下，实际产出和前沿最优产出的距离，反映了旅游产业资源要素投入的产出效果，可以衡量某一区域或者某一旅游行业的发展效率。旅游产业效率的研究，对于旅游业转变经济增长方式、调整产业结构、促进旅游业高质量发展都具有指导意义。

（二）旅游产业静态效率和动态效率的区别

时点和时期的区别。旅游产业静态效率反映了一定时点上旅游产业效率，如我国 2018 年旅游产业效率就是旅游产业的静态效率；旅游产业动态效率反映了一个时期的旅游产业效率，如 2017～2018 年我国旅游产业效率反映的是旅游产业的动态效率。

技术水平前提存在差异。旅游产业静态效率反映了一定时点上技术水平不变情况下的产业效率。旅游动态效率反映了不同技术水平条件下的旅游产业效率，这是因为由于时间的变化，旅游产业技术水平可能会产生变化（韩元军，2014）。

驱动因素存在差异。旅游产业静态效率即综合技术效率的提升驱动因素来源于纯技术效率和规模效率。旅游产业动态效率即全要素生产率的提升驱动因素来源于技术进步变化和技术效率变化。

第二节　旅游产业增长动力中影响要素的理论分析

一、影响旅游产业增长的要素类型

从生产要素来说，在一定的社会制度和宏观环境约束下，一个国家或者地区旅游业增长的影响要素可以分为初级要素和高级要素。劳动力、资本和土地等基本生产要素为初级要素，科学技术进步、专利发明和管理才能等创新要素为高级要素。

（一）初级生产要素

资本积累是经济增长的决定性因素之一。古典经济学派代表人物亚当·斯密在其著名著作《国富论》里强调了劳动分工、资本等在经济增长的作用；大卫·李嘉图在其著作《政治经济学及其赋税原理》中考察了资本和利润的关系，强调了资本在利润增加上的作用；马克思在其著作《资本论》中也特别强调了劳动和资本对经济增长的贡献作用。从经典经济增长理论作家的著作中，劳动和资本要素作为基本生产要素对经济增长产生影响，因而，劳动要素和资本要素也是旅游产业增长动力中的影响因素。

旅游产业作为国民经济增长的支柱产业，又具有其自身的产业特殊性，旅游产业发展必须以一定的旅游资源为依托。因此，旅游产业增长驱动因素除了要考虑劳动和资本等一般性要素外，还必须考虑旅游资源要素。可以从狭义和广义两个角度对旅游资源进行界定，狭义的旅游资源仅仅包含旅游景区（Brooke，2003）；依据国家旅游局 2003 年颁布的《旅游规划通则》，广义的旅游资源包括自然界和人类社会凡能对旅游者产生吸引力，可以为旅游业开发利用，并可产生经济效益、社会效益和环境效益的各种事物和因素。依据广义旅游资源内涵，杨天英等（2017）将旅游资源分为旅游自然资源、旅游文化资源和旅游服务资源三大类。旅游自然资源是指由于各种地理环境或者生物环境等自然环境构造的自然景观，包括地质地貌景观、地域水体景观、地域生物景观、气候气象景观（王茜，2015）；旅游文化资源是指以文化景观为主体，以满足人们精神追求的文化风情为中间介质，最终上升为高级形态的文化艺术，能够让旅游者产生旅游动机的一切事物（马晓冬等，2001）；旅游服务资源是指通过一定的手段、途径为旅游者提供服务，使旅游者同时获得物质和精神上的享受，对旅游者产生吸引力的旅游资源，包括旅游基础设施、旅游服务人员服务水平等。

因此，影响旅游产业增长的初级要素包括资本、劳动力以及可为旅游业开发利用的自然资源、文化资源和服务资源等旅游资源。

（二）高级要素生产

在新古典经济学家眼里，经济增长驱动因素除了劳动、资本等要素外，还应当考虑到技术进步的作用。这一学派的代表人物索洛（1957）在其经典著作《技术变化与总生产函数》一文中分析促进经济增长要素时纳入了技术进步因素，从此打破了传统经济增长理论中"资本积累决定论"。索洛在书中提出了一个经济增长函数：$Y = F(K，L，t)$，即索洛余值函数。柯布和道格拉斯也提出了一个经济增长函数：$Y = A_t K^\alpha L^\beta \mu$，即柯布-道格拉斯（Cobb-Douglas）函数。在柯布-道格拉斯生产函数基础上，人们发现除了资本、劳动、技术进步等要素对经济增长会产生驱动力外，还有很多要素会对经济增长产生影响，因此会添加新的要素形成新的柯布-道格拉斯生产函数，比如说管理才能。

二、产业效率在旅游产业增长中的作用

经济增长的来源可以分为三种情况：一是要素投入增加；二是效率的提升；三是要素投入和效率的双提高。根据经济学上的边际效益递减规律，依靠生产要素投入的不断增加来促进经济增长的途径是不可持续的，提升产业效率成为实现经济可持续发展的重要途径。

由效率和生产率的定义可知，产业效率的提升是指在投入要素一定的情况下，实际产出相比效率提升前产出更高，距离前沿面更近。换个层面来看，由于产业效率的提升，在相同的产出下，投入要素的成本相比效率提升前更低。

产业效率提升主要从以下几个方面促进旅游业增长：第一，旅游产业效率提升促进劳动生产率的提高。旅游产业效率提升的主要驱动力来源于科学技术进步和管理才能的提升，而这会提高劳动者素质，劳动者不断扩充知识存量，由此引发知识溢出、思想溢出效应，进而间接或者直接提高劳动生产率。第二，产业效率提升实质上是旅游资源由低效率部门流向高效率部门的过程。产业效率的提升会提高资源和生产要素的利用效率，降低旅游资源的损耗，进一步的会改变旅游产业的能源消费结构，优化要素结构，改善供需矛盾。第三，旅游产业效率提升通过降低旅游产品生产成本，进而促进相关关联产业的发展。产业效率提升使得旅游业以更低的成本为关联产业提供中间投入服务，关联产业得到发展，进一步的会扩大本产业的需求，从而为旅游产业的发展提供更为广阔的空间。第四，旅游产业效率提升是市场竞争的一种结果。市场竞争遵循"优胜劣汰"的规则，会倒逼旅游产业的转型升级，提高产业效率，进一步提高旅游生产质量，优化资源的配置。第五，旅游产业效率的提升使关注点由"速度"转变为"质量"。旅游产业效率的提高促使旅游产业的发展方式转变，由过去注重旅游产业增长的速度转变为注重旅游发展的质量，更加主动地关注旅游产业的可持续发展，包括生态环境的保护、居民生计资本的提高、居民幸福感的提升等。第六，旅游产业效率的提升伴随着信息技术的发展与效率提升，信息技术的快速发展重新定义了旅游业的时间配置和空间配置，使旅游业呈现出多业态发展趋势，刺激了旅游业新的经济增长点，改变了旅游业的经营方式、产品结构、服务内容。

三、全要素生产率对于旅游产业增长的分析

（一）全要素生产率对于旅游产业增长贡献的评价模型

在旅游产业增长方式的测度中，左冰和保继刚、宋子千和韩元军将全要素生产率作为其衡量标准，虽然全要素生产率可以很好体现旅游产业生产要素的组合效率，却不能良好刻画旅游产业增长方式的变化。依据全要素生产率提高对经济增长贡献的分析方法，要实现对旅游产业增长方式的刻画，就需要分析全要素生产率增长对旅游产业增长的贡献。赵文军和于津从全要素生产率增长对经济增长的贡献角度对 2000 年以来中国 30 个工业行业的经济增长方式进行了评价。本书借鉴赵文军等的研究方法，以旅游业全要素生产率增长对旅游业增长贡献为指标，对旅游产业增长方式进行分析。

本书以 Cobb-Douglas 生产函数为基础函数对旅游业全要素生产率进行实证研究，其函数表达如式（3-1）：

$$Y_{it} = A_{it} K_{it}^{\alpha} L_{it}^{\beta} \qquad (3-1)$$

其中，Y_{it} 表示 i 城市 t 期的旅游业产出，A_{it} 表示 i 城市 t 期的旅游业全要素生产率，K_{it}^{α} 表示 i 城市 t 期的旅游业资本存量，L_{it}^{β} 表示旅游人力资本要素。根据公式（3-1），旅游业产出的增长率（g_{Yit}）取决于全要素生产率的变化率（g_{Ait}）、资本增长率（g_{Kit}）和人力资本增长率（g_{Lit}），则有：

$$g_{Yit} = g_{Ait} + \alpha\, g_{Kit} + \beta\, g_{Lit} \qquad (3-2)$$

将式（3-2）两边同时除以 g_{Yit}：

$$1 = \frac{g_{Ait}}{g_{Yit}} + \frac{\alpha\, g_{Kit}}{g_{Yit}} + \frac{\beta g_{Lit}}{g_{Yit}} \qquad (3-3)$$

根据公式（3-3），全要素生产率对旅游业产出的贡献率上升，表明旅游业发展方式逐渐趋于集约化，发展质量逐渐提升；反之，表明旅游业发展方式趋于粗放化，发展主要依赖资本、劳动力等投入要素的增加。全要素生产率变动对旅游产业贡献率的计算公式为：

$$RTY_{it} = \frac{g_{Ait}}{g_{Yit}} = \frac{(A_{it} - A_{it-1})/A_{it-1}}{(Y_{it} - Y_{it-1})/Y_{it-1}} \qquad (3-4)$$

其中，RTY_{it} 表示 i 城市 t 期旅游业全要素生产率对旅游行业产出的贡献率。通过公式（3-4）的计算，可以实现旅游产业增长方式变化的分析。

本书测算旅游业全要素生产率投入产出变量选择如下：以年末旅游从业人员数量衡量劳动力投入量，以旅游企业资本存量衡量资本投入量，以旅游企业营业收入衡量旅游产业产出量，研究对象为《中国旅游统计年鉴（副本)》中纳入统计的旅游企业。根据数据可得性，23 个城市分别是沈阳、大连、长春、哈尔滨、南京、无锡、苏州、杭州、宁波、黄山、青岛、武汉、广州、深圳、珠海、中山、桂林、海口、成都、昆明、西安、北京、上海。

（二）全要素生产率对城市旅游经济增长的贡献情况

采用 2002~2017 年全国 23 个代表性旅游城市[①]的面板数据，对旅游业全要素生产率进行测算并分解为技术进步、技术效率变动和规模效率变动。在测算出 2003~2016 年各城市旅游业全要素生产率变动之后，我们利用式（3-4）计算出 23 个城市 2003~2016 年旅游业全要素生产率变动对旅游产业增长的贡献率。图 3-1 显示了 2003~2008 年、2009~2013 年、2014~2016

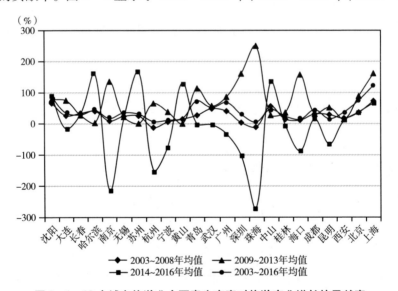

图 3-1 23 个城市旅游业全要素生产率对旅游产业增长的贡献率

注：2004~2016 年均值为旅游业全要素生产率变动率均值除以旅游收入年均增长率。

---

① 本书选择城市为研究尺度的主要原因在于城市是旅游活动的起点和终点，是旅游经济的重要生产单元。

年三个阶段以及 2003～2016 年 23 个城市旅游业全要素生产率变动对旅游产业增长的贡献率变化趋势①。根据上述评价结果，可以发现我国主要旅游城市旅游产业增长方式呈现如下变化趋势和特征。

从总体上看，全要素生产率变动对旅游产业增长的贡献率表现为先升后降的波动变化趋势。从 23 个城市的平均水平来看，2003～2016 年旅游业全要素生产率对旅游产业增长的贡献率平均值为 40%，这说明旅游产业增长动力超过一半以上来自对资本、劳动等要素投入的依赖，旅游产业增长方式显现出粗放和外延型特征。

2003 年受 SARS 事件影响，23 个城市旅游全要素生产率变动对旅游业增长的贡献率平均值为 -38%，2004 年则恢复至 5.23%，2008 年上升至 11.49%，但在随后几年呈下降趋势，至 2012 年降至 5.93%。此后，城市旅游全要素生产率变动对旅游业增长的贡献率平均值呈显著的波动态势，其中，2013 年和 2015 年分别达 11.34% 和 11.69%，2014 年和 2016 年则为 7.27% 和 6.82%。

从空间分异来看，东西部地区城市旅游产业增长方式呈现不同特征。东部城市旅游业全要素生产率变动对旅游产业增长的贡献率分为两个层次：一是上海（13.19%）、深圳（10.55%）、珠海（10.25%）、北京（9.96%）、海口（8.42%）和中山（8.19%）等 2004～2016 年平均值超过 8% 的城市；二是沈阳（6.67%）、大连（5.87%）、哈尔滨（5.1%）、南京（6.39%）、无锡（6.19%）、苏州（6.45%）、杭州（6.12%）、宁波（5.97%）、青岛（6.67%）和广州（6.98%）等平均值在 5%～7% 的城市。中西部地区该贡献率的平均值较高的为昆明（5.49%）和西安（5.79%），成都（4.95%）、武汉（4.82%）、桂林（4.49%）和黄山（4.41%）则低于 5%。综上可知，东部地区城市 2004～2016 年旅游业全要素生产率年增长率对旅游产业年均增长率的贡献明显高于中西部地区城市。

总体上，23 个城市旅游全要素生产率变动对旅游产业增长的贡献率在 0～20% 的低位区间波动，其中深圳 2004～2008 年阶段的贡献率最高，为

---

① 由于 2003 年 SARS 事件，我国旅游业遭受重创，旅游总收入增幅很小或呈负增长，导致部分城市全要素生产率变动对旅游业增长的贡献出现了异常值，因此在计算城市旅游业全要素生产率年增长率对旅游产业年均增长率时剔除该年数据。

18.14%。从纵向时间趋势来看，大部分城市旅游全要素生产率变动对旅游产业增长的贡献率在2004～2008年、2009～2013年、2014～2016年三个阶段呈现出高、低、高的趋势性特征。此外，从三阶段计算结果看，沈阳、大连、哈尔滨、无锡、苏州、黄山、青岛、中山和北京等9个城市的贡献率大于前两个阶段，其中青岛市全要素生产率对旅游产业增长的贡献率在稳步提升，而杭州、宁波、海口、昆明、成都和上海等城市全要素生产率的贡献处于下降通道。

从横向比较而言，2004～2008年，广州、深圳、珠海、中山、海口、昆明、北京和上海等8个城市的全要素生产率变动的贡献率超过10%，集中在经济发达的珠三角和京沪地区，而黄山市低于5%；2009～2013年，低于5%的城市包括长春、哈尔滨、苏州、黄山、武汉、桂林、成都、昆明和西安等，集中在东北老工业基地和中西部地区，而贡献率超过10%的仅有中山和上海2个城市；2014～2016年，贡献率超过10%的城市有苏州、深圳、中山、北京和上海等5个城市。

四、宏观因素在旅游产业增长中的作用

旅游业高质量增长对产业效率以及其他市场、制度因素的要求。除了微观层面的生产要素，特定的社会经济制度环境、宏观经济增长速度以及人均收入水平、闲暇假期制度时间安排、社会旅游意愿等要素，都是驱动旅游产业增长的重要因素。在这里我们分别从经济制度因素、政治因素、社会文化因素三个方面来分析宏观因素在产业增长中的作用。

（一）经济制度因素

旅游经济增长的一个基本前提是宏观经济增长的发展（高艳红等，2011）。宏观经济的增长会为旅游产业的发展提供更多资源资金，其中包括旅游基础设施的建设、旅游人才培养、旅游科技的创新发展等。此外，宏观经济增长会进一步提高居民的收入水平，居民可支配收入的增多会产生除食品外的更多需求，从而可能会产生旅游的消费需求，进而提升旅游市场规模。旅游市场的逐步扩大，会带动旅游产业的发展和旅游产业经济的增长。图3－2表明2001～2019年我国国内生产总值和旅游总收入呈现相同的增长趋势，这进一步证明了旅游经济的增长与宏观经济的增长具有密切的相关关系。

新制度经济学认为在经济增长中，资本积累、技术进步与其说是经济增

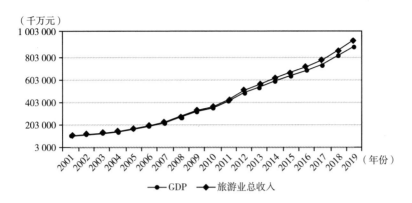

图3－2　2001～2019年我国GDP与旅游业总收入

资料来源：2001～2019年的国民经济和社会发展统计公报。

的投入要素，不如说是经济增长本身，只有制度变迁因素决定经济增长（张鹏杨，2017）。现有学者将制度变迁用市场化水平来代替，那么制度变迁对于旅游产业增长起到什么样的作用呢？研究发现，市场化水平高的区域旅游产业增长高于市场化水平低的地区，以中国为例，按照东部、中部、西部划分，市场化水平呈现明显的差异，东部整体市场化水平高于中部和西部，且其旅游产业增长也高于中部和西部。从国家战略来看，东部强调转型，中部强调崛起，西部强调大开发，从中也可以窥探区域制度变迁强度和市场化水平。制度变迁已成为中国旅游产业增长的重要力量（余凤龙等，2013），对不合理、不完善的体制机制进行改革，提高市场化水平，降低产业交易成本，进而改善旅游产业效率，不断释放改革红利。

（二）政治因素

旅游业作为第三产业的龙头产业，因其资源消耗低，带动系数大，就业机会多，综合效益好，已经发展成为我国经济增长的支柱产业，正在积极培育成国家战略性支柱产业。这既得益于中国宏观经济的高速发展，又离不开国家战略的实施和政策的实行。

近年来，国家出台了大量的政策来支持旅游产业的发展。2009年国务院出台了《国务院关于加快发展旅游业的意见》，成为旅游业在保增长、扩内需、调结构中发挥积极作用的第一个指导性文件。2012年又出台了《关于鼓励和引导民间资本投资旅游业的实施意见》，鼓励民间资本进入旅游业，加快旅游业又好又快发展。同年，又出台了《关于金融支持旅游业加快发展的若干意见》，特别强调了金融业为旅游业注入新的生机，进一步推动旅游业的发展。2013年颁布《国民旅游休闲纲要（2013－2020年）》，为休闲旅游制定了一个纲领性的文件。值得一提的是，2013年中国第一部旅游法《中华人民共和国旅游法》颁布施行，成为中国旅游发展史上里程碑的大事件，使得旅游产业发展更具专业性的有法可依，为实现旅游产业高质量发展提供良好的制度保障。2014年国务院出台《关于促进旅游业改革发展的若干意见》，为促进旅游产业改革，促进经济平稳增长和生态环境改善做了意见指导。2015年国务院办公厅颁布《关于进一步促进旅游投资和消费的若干意见》，进一步明确了旅游产业投资和消费的相关规定。2016年制定了《"十三五"旅游业发展规划》。2018年结合乡村振兴战略，17部委联合发布了《关于促进乡村旅游可持续发展的指导意见》，进一步强调了旅游产业在新旧动能转换、乡村振兴发展的作用，推动了旅游业的可持续发展。从图3－3显示的旅游业近20年的收入增速可以看出，我国旅游产业在2008年受到金融危机的影响，增速明显下滑，在2010年出现了一个大幅度上升。2012年之后，旅游业收入增长速度呈现一个平稳增长的态势，不可否认的是这离不开国家对于旅游产业的重视和政策支持。

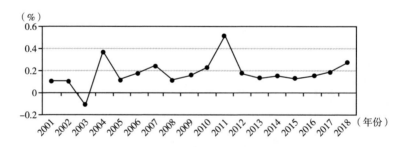

图3－3　2001～2018年旅游收入增速演化

资料来源：2001～2018年中国旅游业统计公报。

　　以上是从国内政策环境来解读旅游产业增长的影响因素。就国际而言，马修·法维拉（2013）认为，签证便利也刺激了旅游经济的增长。越来越多的国外游客更愿意来到中国旅游，签证的便利性，使得不管是短期旅游还是长期旅游对于旅游业发展都是一个重大利好。旅游市场对外资的开放，也使得更多的外国投资者将资金投入到中国旅游市场中去，进一步推动了旅游产业的经济增长。

（三）社会文化因素

2018年国务院进行了部门改革，根据十三届全国人民代表大会第一次会议，将文化部和国家旅游局职责整合组建文化和旅游部。从这一重大部门改革，可以看出文化和旅游之间的紧密关系（李晓标等，2018）。文化资源是实现旅游业竞争力提升的关键因素，旅游文化的整理与挖掘是实现旅游业可持续发展的重要抓手（高艳红等，2011）。现代社会，人们除了追求更高的物质生活，同样向往着更高质量的精神生活，旅游者不仅希望能够"望得见山看得见水"，更希望回归"记得住乡愁"的精神家园，目前国家大力推进的乡村旅游某种意义上是回应了人们对于回归精神家园的诉求。旅游者在旅行过程中，享受到了文化大餐，陶冶了情操，接受了文化教育，带来了心灵上的净化和情感上的深化，会进一步增强对下一次旅游的需求，良性的循环会刺激旅游业的可持续发展。人们对于旅游意愿的增强，会带来人员的流动，人员的流动会带来资金的流动，从而对经济增长带来良好反应。

此外，伴随着国家用工制度、假期制度的改革，人们拥有更多的闲暇时间去参加旅游活动。新中国成立以来，我国休假制度经历了六个阶段：一是1949～1994年，全年休假59天；二是1994～1995年，全年休假85天；三是1995～1999年，开始实行双休制度；四是1999～2007年，形成春节、五一、十一三个黄金周，全年休假114天；五是2008～2019年，形成春节、十一两个黄金周和元旦、清明、五一、端午节和中秋节五个3天小长假的休假结构，全年休假115天；六是2019年3月份，国家对五一劳动节假期时间进行了调整，由3天假期调休成4天假期。从全年休假时间的演变，可以看出人们有越来越多的闲暇时间，为人们的出行带来了极大的便利。

第三节　产业效率决定旅游业增长速度和质量的机理

一、旅游发展方式、发展质量、发展效率的关系

近年来，随着我国经济的高速增长，给旅游业带来了诸多利好，旅游产

业系统投入规模也随之扩大，特别是对旅游产业基础设施进行着大规模的投入。从短期来看，高投入为旅游经济带来了一定的增长，但是随着时间的变化会引发旅游产业投资泡沫化和其他潜在的风险（李俊佳等，2017）。在我国经济由高速增长阶段向高质量发展阶段转换背景下，旅游产业要以长远计，追求高质量的发展，减少潜在风险，必须加快产业转型，加快转变其发展方式，推动质量变革、效率变革、动力变革，推动旅游业高质量发展。那么旅游发展方式、发展质量、发展效率究竟有什么关系呢？我国旅游业发展方式转变决定了发展质量和效率，效率是发展质量提升的决定因素。

（一）旅游发展方式决定发展质量和发展效率

我国旅游业经历了从要素驱动转向效率驱动和创新驱动发展的过程，过去的旅游发展方式注重的是旅游经济发展的速度和增量，忽视了旅游经济发展的效率和质量。我国旅游业发展方式决定了发展质量和效率，粗放型发展方式必然带来低质量和低效率，创新型发展方式则有助于提高发展的质量和效率，转变发展方式，关键在于提质增效。

过去我国旅游发展方式可以从以下几个方面来剖析：一是要素投入。过去旅游业投资如同大水漫灌式发展，生产要素投入贡献度高，不管这个项目适不适合该区域、该景区的应用，都投入资金进行建设，导致各地区旅游项目渐趋同质化，缺乏地区特色、景区焦点，严重的导致资源浪费和生态环境的破坏。二是旅游服务。由于管理经验和服务经验的缺乏，诚信经营理念的淡薄，近年来旅游系统中出现了很多欺客宰客现象，服务质量低下，游客满意度不高。三是旅游产品。具体表现为：旅游产品质量不高，多地出现烂尾旅游项目；中低档旅游产品居多，高档产品较少；产品无特色，品牌意识淡薄等（薛燕，2017）。四是人才培养。我国旅游高素质人才供给不足，在于整个旅游人才培养体系的滞后，旅游高素质人才培养与市场需求严重偏离。五是区域均衡。中西部差距、城乡差距明显，东部地区旅游收入和投资均远超中西部，城镇居民出游人数是农村居民的 2.5 倍，乡村旅游收入仅占总量的 10%，乡村旅游投资仅占总量的 23%（唐任武等，2018）。这是过去粗放型发展方式导致的结果，不注重效率提升和质量，导致旅游产业不能可持续发展。促进旅游业可持续发展，必须围绕全要素生产率这个主题，加强科技创新，提高管理水平，加快调整旅游产业的供需结构、产业结构、市场结构，科学规划，合理利用资源。

（二）旅游发展效率是发展质量提升的决定因素

效率是企业的生命，效率的提升是决定企业发展质量的决定因素。就旅游产业来讲，提高其发展质量，就是提高旅游产业的产品质量、结构质量、生产力质量（钞小静等，2018）。

产品质量是从微观角度来看，产品质量的提高来源于要素质量的提高，这里所讲的要素是指包括资本、劳动、科技创新、管理水平在内的综合要素生产效率的提高。旅游产业存在要素扭曲的现象，使得生产要素配置效率低下，包括劳动力配置、资金配置，进而影响旅游产品的质量。

结构质量是从中观角度来看，其中结构涵盖供需结构、产业结构、市场结构。旅游业供需结构包括人才供需结构、产品供需结构、要素供需结构等，由于发展效率低下，产生人才配置空间错位、产品供给不满足现实需求、要素供给扭曲等问题，这极大地影响了旅游产业的结构质量。旅游产业结构质量实质上是旅游产业结构合理化和高级化程度，产业结构合理化实质上指的是各产业投入和产出之间的耦合质量（关雪凌等，2012），产业结构高级化是指通过对存量和增量资源要素的配置，实现资源要素由效率低的部分转移到效率高的部门，进而提升经济整体效率的过程（关雪凌等，2012）。微观经济学认为完全竞争市场的经济效率最高，也就是说，一个越接近完全竞争的旅游市场，旅游产业的经济效率就越高，经济效率对推动旅游产业的市场结构具有重大意义。

生产力质量是从宏观角度来看，生产力质量的标志是生产力的效率。旅游产业生产率提高，旅游系统所需的使用价值量就越多；生产率降低，旅游系统所需的使用价值量就越少（任保平，2018）。通过加快旅游产业技术创新和优化旅游产业资源要素配置，可以提高旅游产业资源要素利用效率，进而推动旅游产业的高质量发展。

二、产业效率对于旅游业高质量发展的作用

当前，我国经济已经进入了高质量发展阶段，必须摆脱过去依靠要素增长的局面，而是要以效率变革为主线，切实提高全要素生产率。加快旅游产业全要素生产率提升成为推动旅游产业高质量发展的核心问题。

（一）旅游产业转型升级倒逼产业效率不断提升

旅游业转型升级就是指转变旅游业传统的发展模式，走新型发展模式。旅游业的转型升级无非是从消费结构、产品功能、产业链、营销策略等路径进行调整（唐书转，2017）。以产业链为例，旅游业是一个与其他产业关联度非常强的产业，如农林牧副渔业、交通业等。旅游产业转型升级必须建立一个完整的旅游产业链条和产业体系，然而我国很多旅游景区产业链配置还不够完善，比如说交通不方便、基础设施不完善等。改善这种状况，必须升级产业链，包括产业内升级和产业间的升级。升级产业链倒逼提高整个产业效率，改善旅游业与其他产业的融合度、联系度，使得旅游者在食、住、行、游、购、娱中得到综合体验，进而促进旅游业的高质量发展。

（二）产业效率促进旅游业高质量发展

产业效率提高有利于促进旅游业高质量发展，可以从全要素生产率提升角度分析。全要素生产率的提升本质上是科学技术进步和管理水平的提高，例如智慧旅游和全域旅游。

在智慧旅游中，旅游的信息化带来动了旅游发展方式的转变，进而提高了旅游业高质量增长水平，可以从以下几个方面来解析：第一，旅游信息化促进了旅游业与其他产业的融合、旅游业内部融合，事实证明，旅游产业融合会促使旅游业由传统服务业向现代服务业转变。第二，旅游信息化改变了传统的旅游营销宣传方式。通过信息化手段使得旅游目的地营销方式发生改变，旅游地形象宣传更接地气、更具特色，这样使得旅游受众更广，旅游意愿更强。第三，旅游信息化提高了旅游服务的质量和水平。景区服务信息智能化，降低了交易成本，提高了交易效率，提高了旅游不同主体的信息沟通质量，旅游消费者更具体验感。

在全域旅游中，通过从以旅游部门为主的行业管理体系转向以旅游产业为主的社会管理体系（张辉，2017），进而推动旅游产业转向高质量发展。全域旅游推动旅游业高质量发展可以从创新、协调、绿色、开放、共享五个方面来分析。创新发展方面，全域旅游改变了过去旅游业发展的模式，提升了旅游资源的整合，培育了旅游业新的经济增长点。协调发展方面，全域旅游促进了旅游业的供需结构、产业结构的调整，促进了城乡、区域协调发展，有利于完善产业链条，促进规模质量协调。绿色发展方面，全域旅游更加注重旅游业的可持续发展，更加注重旅游资源的合理利用和生态环境的保护，使"绿水青山就是金山银山"理念更具实际意义。开放发展方面，全域旅游使得区域间联系更加紧密，打破了旅游行政界限，减少旅游发展的限制性因素。共享发展方面，全域旅游使得城乡居民都能够享受到旅游改革红利，提高居民的收入水平和生活质量。

第四节　产业效率等创新要素推动旅游业从传统服务业向现代服务业转变

一、传统服务业和现代服务业的特征对比

（一）传统服务业的内涵和特征

传统服务业是指为居民日常生活提供各种服务的行业，其需求在工业化以前就广泛存在，其生产方式也是传统的，在前资本主义时代它已是国民经济的重要组成部分，传统服务业可以认为是可增进和改善人体体能的服务。传统服务业包括交通运输业、邮政业以及零售业，其具有如下特征：传统服务业更多的是劳动密集型产业，如家政服务、零售服务、餐饮服务等。劳动密集型产业对于劳动者素质要求没有现代服务业高。服务业对于技术知识的要求并不突出，对从业者的技术和知识要求也不高，它所提供的服务主要是满足消费者的基本需求。传统服务业更多的是靠要素驱动发展，忽视了效率驱动发展。

（二）现代服务业的内涵和特征

对于现代服务业的内涵理解，国内外学者都给出了不同的定义，但至今未形成统一的定义。根据《科学技术部关于印发现代服务业科技发展十二五专项规划的通知》，现代服务业指以现代科学技术特别是信息网络技术为主要支撑，建立在新的商业模式、服务方式和管理方法基础上的服务产业。它既包括随着技术发展而产生的新兴服务业态，也包括运用现代技术对传统服务业的改造和提升。其具有"五高三新一强"的特征。

"五高"指的是高知识和技术含量、高素质人才、高附加值、高集群性、

高垄断竞争性。高知识和技术含量是指现代服务业既是先进技术的使用者，又是创新者和推广者。高素质人才是指现代服务业要求从业者具备较高的素质和良好的教育背景、专业知识基础和技术以及管理才能。高附加值是指现代服务业由于具备高知识、高技术含量、高素质人才的特征，所以现代服务业产品可以实现价值增值（黄志龙，2011）。高集群性主要表现在现代服务业具有知识资本集群、人才资本集群、空间集聚的特征。高垄断竞争性的是指由于现代服务业提供的产品差异化强，无形性高，定制化多，现代服务业产品的供给者几乎面临的是一条相对陡峭的、需求价格弹性相对小的需求曲线，这说明现代服务产业具有垄断竞争特征，对于那些高技术含量的现代服务业而言，寡头垄断的市场结构也会存在（李燕，2011）。

"三新"指的是新技术、新业态、新方式。新技术是指大数据、网络和VR等技术以及各种信息平台的搭建。新业态是指在新技术采纳和市场需求影响下，逐渐形成的新的服务业业态。新方式是指现代服务业发展以高价值增量、低资源浪费为核心的新服务方式。

"一强"指的是强辐射性。强辐射性指的是现代服务业具有强相关性，产业关联性非常强，对其他产业具有很强的带动性。

二、产业效率对于旅游业作为现代服务业的作用

旅游业作为传统服务业，面临着发展方式的转变、产业结构的转型。旅游业如何由传统服务业向现代服务业转变，必须发挥产业效率的作用。产业效率的提升来源于科学技术的进步，经营管理方式的转变，由此对提高旅游业的发展起到了重要作用。

（一）技术进步对于旅游业作为现代服务业的作用

技术进步对于旅游产业效率提升具有巨大的驱动作用，信息化、人工智能、大数据、云计算这些新技术正在催生产业效率的提高，进一步地改变着旅游业的发展方式，推动旅游业向现代服务业转变。

旅游信息化包括旅游企业信息化、旅游电子商务、旅游电子政务。旅游信息化提高了旅游业的生产效率，加速了旅游业由传统服务业向现代服务业的转变。旅游企业的信息化提高了旅游企业的运行效率，改变了企业经营方式，加强了企业综合竞争能力。旅游电子商务提升了旅游供给效率，提高了

旅游资源的流动速度，有利于提高旅游市场资源配置效率。旅游电子政务加快了旅游信息资源的共享，方便了旅游管理者对旅游人员、旅游业务、旅游事件等的管理，提高了旅游公共服务的效率。

人工智能在旅游业中的应用使旅游突破了文化和语言的障碍，使旅游人员的国际省际的流动速度加快。由于文化和语言的差异，对于出境游的旅客来说更是一个难以逾越的鸿沟，而人工智能的出现改变了这种状况。再如，人工智能对于解决景区排队等问题也具有重大意义，通过刷脸购票、刷脸入园等方式可以减少景区服务的用工成本，提高服务效率。

大数据在旅游系统的应用推动了旅游发展模式的变革，提高了旅游服务的效率。旅游大数据平台——携程、去哪儿、飞猪等每天产生数以亿计的数据信息，通过对这些数据进行分析，可以了解旅游消费者的消费偏好、出行轨迹等，进而可以针对市场需求改善旅游业供给结构，对于旅游业实现高质量发展具有重要意义。

云计算在旅游业的应用有助于对旅游资源进行分类整理、合并处理，对于旅游者可以根据整合的旅游信息，参考进行旅游规划、线路选择，满足了不同用户的需求，提高了旅游服务的质量和水平，这与传统旅游服务中旅游者根据自己想法选择出行方式、旅游目的地有巨大的突破。

（二）经营管理方式对于旅游业作为现代服务业的作用

旅游产业系统经营管理方式的转变对于旅游业转变为现代服务业产生巨大作用。智慧旅游管理方式、智慧企业运营方式产生，一大批在线旅游企业诞生，旅游营销方式从报纸等传统渠道向微信、微博、抖音、客户端等新兴媒体传播方式转变。

智慧旅游的本质是指包括信息通信技术在内的智能技术在旅游业中的应用，是以提升旅游服务、改善旅游体验、创新旅游管理、优化旅游资源利用为目标，增强旅游企业竞争力、提高旅游行业管理水平、扩大行业规模的现代化功能（张凌云等，2012）。随着智慧旅游管理方式、智慧旅游企业运营方式的产生，整个旅游产业系统效率也随之而提高。随着如携程、去哪儿、飞猪、途牛、驴妈妈等一大批在线旅游企业的诞生，对传统旅游业带来了巨大的改变，推动了旅客由传统跟团游到自由行的转变、彻底颠覆了旅行社传统的经营方式、降低了旅游产品供应对传统旅行社的依赖、加快了传统旅行社向线上线下旅游的资本渗透、促进了旅游市场的良性竞争和服务标准的提升、改变了传统旅行社的盈利模式（秦娟，2015）。

"旅游＋新媒体"的形式改变了传统旅游营销模式，借助"两微一端"、搜索引擎、旅游网站等营销媒介，使旅游宣传更接地气，宣传内容更加精细化、多样化，宣传范围更加全球化，用户体验更加直观化，推动旅游业向着现代服务业转变。

| 第四章 |
西方发达国家旅游产业效率
提升的实践及启示

西方发达国家的旅游产业起步较早，经验丰富，从他们的历史脉络来看，以前这些国家也是注重经济规模的，与中国的旅游发展之路一样有着诸多问题，但他们通过一系列的举措寻求到了突破之道，进一步提升了旅游发展的质量。一些国家从微观旅游企业自身着手提升发展效率，通过兼并、重组等手段提升企业的规模效率、范围经济。也有国家从宏观的政策环境，公共服务设施的旅游贡献着眼，将公共设施、公共服务旅游化来提升效率。因此，本章主要选取了三个国家作为案例，通过研究这些国家旅游产业发展历史来寻找亮点，并据此对我国的旅游产业效率提升提出一些建议。

第一节　日本旅游产业效率提升实践及启示

一、日本旅游产业发展脉络

日本旅游产业的发展开始于 20 世纪初，它的发展之路也并非一帆风顺的，其快速发展阶段也是在第二次世界大战之后，20 世纪 90 年代的泡沫经济发生后，日本对旅游产业的重视达到一个新的高度。日本旅游产业发展经过三个阶段：旅游产业的萌芽开始阶段、旅游产业扩张阶段、旅游产业振兴发展阶段。总结来看，日本旅游产业的发展大体上呈现出"国际旅游——国内旅游——出国旅游"的模式。

（一）旅游产业的萌芽开始阶段（第二次世界大战后至 1963 年）

第二次世界大战之后，日本经济与国内政治形势受创严重，大额的战备支出以及受当时国际收支赤字的困扰、日本急需填充外汇收入弥补经济损失。

这一时期在政策倾斜上日本通过制定多项法律法规促进日本入境旅游的发展，对日本国民的出境旅游进行多方面的限制。先后颁布了多条法律法规对日本旅游产业提供政策支持和制度保障，法规涉及整体旅游法、娱乐场所、饭店、旅行社、翻译等不同对象，这一系列的举措也很快取得成效，1956 年日本政府公开说明，日本经济的发展已经不是战后的水平了。1961 年更是高调提出国民经济翻番计划，日本国内的旅游市场开始迸发活力。

（二）旅游产业扩张阶段（1964～2000 年）

日本旅游产业在这一阶段得以快速发展离不开当时的时代背景，从当时的几大历史事件来看，可进一步将这一阶段划分为两个小段。

旅游产业较快发展阶段（1964～1985 年）。这一时期，日本旅游业凭借各大国际会议与赛事承办，在国际知名度和影响力方面有很大提升。1964 年10 月，东京奥运会召开。1970 年，世界博览会在大阪举办。1970 年日本采取每周五天工作制，进行假日制度的改革，为游客旅游提供了时间保障，日本的大众旅游时代由此到来。此后，1972 年，日本札幌举办冬季奥运会；1977 年，日本在东京召开第一届"日本·国际观光会议"；1978 年日本加入联合国世界旅游组织（UNWTO）。

旅游产业急速扩张阶段（1986～2000 年）。为应对日元升值所带来的泡沫经济效应，日本大力发展旅游业。日本通过国家层面推动日本假日制度改革，通过提高劳动效率、大幅缩减劳动者的劳动时间，为日本观光旅游的发展提供时间保障。同时，由政府牵头进行一系列的景区建设工作，1986 年的"国际观光示范区"、1987 年公布并实施的"综合疗养地整备法"（度假村法）等都为日本的景区开发提供了制度保障。

（三）旅游产业振兴发展阶段（2001 年至今）

21 世纪以来，日本旅游产业所面临的内外部挑战没有减少，日本旅游产业的发展进入了缓慢且曲折的发展阶段，为了减少旅游服务贸易赤字，振兴入境旅游市场，日本提出"观光立国"政策，将目光集中于海外市场，尤其是亚洲市场。2008 年 10 月，观光厅成立。2009 年 12 月，观光立国推进本部成立。

为了刺激中国游客赴日旅游，日本政府在签证问题上不断放宽政策。2011 年日本大地震后日本在签证问题上进行落地限制，增加了东三县地区作为首站目的地。2016 年日本再次在签证审查条件方面放宽对中国公民的审查，针对不同收入群体的中国游客以不同条件分别给予三年、五年的多次往返签证。2019 年日本旅游签证进一步放宽，日本针对中国高校及毕业三年的往届生群体实施简化申请手续的优惠政策；针对 3 年内以个人旅游签证前往日本旅游两次以上的游客，日本表示无须提交经济证明类材料。一系列的签证政策对于提高日本入境旅游活力，培养日本入境游的年轻客源极具重要意义。

二、对中国提升旅游产业效率的启示

（一）提升旅游业为国家战略性产业

日本对于旅游业的高度重视，甚至上升到了"观光立国"的战略性高度。实际上在日本旅游业发展之初，日本政府就充分认识到旅游业在保增长、扩内需、调结构、促就业方面的积极作用。在这一点上与我国早起的旅游发展政策不谋而合。现如今中国和日本一样面临着许多新的挑战，如何转变旅游发展方式，提高旅游发展质量，增强游客幸福感是我国旅游产业发展的重点。同时如何做到旅游强国，旅游利民是我国着重要解决的问题。对此，日本旅游产业发展过程中政府高度集权，重点扶持的举措是很有借鉴意义的。

将"乡村旅游""特色文化小镇"等旅游要素纳入地方总体发展规划。在进行城乡规划、国土资源规划、生态保护时要预留旅游发展要素，高效利用资源。在发展入境旅游方面，中国应该借鉴日本着手签证问题，锁定目标客户群体，适度放宽签证审核条件，吸引更多的入境旅游者。

（二）善用事件营销，立法培育新兴行业

日本旅游产业的快速成长期，抓住了能够促进日本旅游业发展的每个历史机遇。20 世纪下半叶以来，日本借助　次次国际赛事与国际会议，打开了国际市场的知名度，同时日本借助事件热度，对相关的旅游产业积极培育，进行了良好的行业引导，培养了国内游客良好的消费习惯，这一点日本表现得尤为出色，中国应该积极借鉴。

在新兴行业的培育方面，日本的立法工作紧随其后。旅游产业的良性发展赖以一系列具体可操作的法律依据，产业发展必须建立在依法运行的基础上，日本除了推进观光立国基本法对日本的旅游进行规范引导外，在针对海

外入境旅游者的管理方面也颇费心思，专门为此制定了多项法律，从旅行社的行业法、专业翻译导游法，甚至还有独立行政法人的国际观光振兴机构法等多项详细法规，严格规范旅游产业的开发与发展，为日本旅游产业的品质提供保障。

（三）加强对国内旅游业的理论研究

旅游产业的健康发展要依靠正确的指导思想和政策支持。加强对国内旅游业的理论研究，一方面要统一国内旅游业的有关统计口径，加强预测工作；另一方面要定期对旅游市场进行细分调研，及时掌握市场需求。对市场充分了解，才能得出合理而真实的研究成果，从而指导产业的健康发展。

旅游产业效率提升不仅仅要依靠政府与企业的力量，学术专家以及行业协会的意见指导也很重要。例如，可持续发展理论在一定程度上能够平衡自然、文化等旅游资源保护与开发利用之间的关系，使资源得以永续利用。在乡村旅游、研学旅游、冰雪旅游和低空旅游等多种新兴旅游业态快速发展的当下，理论研究能够更好地指导相关政策的出台，为旅游产业的良性发展提供正确引导。

第二节　西班牙旅游产业效率提升的实践与启示

一、西班牙旅游产业的简单回顾

西班牙的旅游业发展以 20 世纪初为开端，早期的主要特征是主打文化旅游，当时西班牙的主要客源是来寻求异国情调的英国上层精英。大众旅游的发展起步较晚，约 20 世纪 50 年代初，大众旅游才开始发展。客源逐渐扩大到以休闲为目的的中产阶级及工人阶级。这一改变主要是为弥补二战带给西班牙的经济损失，西班牙试图通过旅游制度的转变吸引更多的异国游客，赚取外汇。

在制度层面，1951 年西班牙将设立于 1938 年的旅游总局改革为信息产业和旅游部，1962 年设立了旅游副部长，下设两个秘书处，分别管理旅游推广、企业和旅游活动。此外，西班牙还颁布了《旅游区和景点法》、编写了《国家旅游发展计划研究》等旅游规划，对旅游机构进行了改革。此后，西班牙政府通过广泛立法，逐步规范旅游行业内的业务分工与管理权限。先后颁布了《旅游资格法》《企业和旅游活动规定》等多部法规。

1973~1982 年，西班牙通过颁布《酒店业现代化计划》《旅游业管理措施法规》对旅行社、酒店业和旅游宣传进行规范管理，给予资金与政策支持。1982 年，经过政治经济危机后的西班牙旅游业呈现反弹性增长，旅游市场"供不应求"，开始出现旅游品质问题。对此西班牙推出了"优先和激活计划"，"优化"传统海滨旅游产品的质量，激活"乡村旅游""文化旅游"等新的旅游产品。

21 世纪初，西班牙实行《全面质量管理计划》，力求进行目的地建设、旅游产品开发、经营管理和环境保护等多方面覆盖的产业素质提升计划。在游客服务质量提升方面，2006 年西班牙引入顾客与关系管理体系（CRM）应用到西班牙产业、能源与旅游部。针对旅游体验提升问题，西班牙出台《地平线 2020 旅游计划》，强化重点旅游目的地的管理，打造西班牙滨海旅游的品牌。跨部门合作机制也是西班牙旅游管理的一大亮点。跨部门旅游委员会、部门旅游会议、西班牙旅游委员会和旅游协会咨询委员会等几大机构主要负责协调西班牙旅游公共管理部门与私有部门。

此外，西班牙国家的整体国民素质和软环境对西班牙旅游的促进作用也很明显。西班牙国家在创建旅游品牌的过程中除了增设安全管理员，加强环境和生态保护，改善基础设施等硬性标准外，在本国国民素质的提升方面也做出了很大努力。一方面，通过积极引导强调学习规则意识；另一方面，则通过严刑峻法来减少不良行为的发生。

西班牙的旅游发展历程经历了许多困难的阶段，"阳光与海滩"的单一产品不断得到丰富，基础设施和公共服务不断加强，产品质量不断提升。如今的西班牙旅游仍在不断寻求突破，接受着当下游客的新需求、新期望和消费行为带来的新挑战。

二、西班牙旅游业成功经验的启示

（一）精准定位目标客源市场，以市场为导向

无论是早期的"异国风情"，还是后来的"滨海风光""乡村旅游""文化旅游"等，西班牙旅游业始终及时地捕捉到市场风向，积极应变、精准定

向，很好地锁定了目标客源市场精准营销。西班牙政府尤为重视市场细分问题，他们的产品开发极具针对性，蕴含了特色化和个性化的特点，能够根据客源市场和规模的变化，灵活制定不同的、有差别的开发建设战略。

西班牙的客源市场划分是多维度的，在地域方面，西班牙将本国游客、欧洲游客和其他国家游客区分开来，采取不同的推广方案宣传不同的旅游产品。同时在基础设施和公共服务方面积极配合，给予支持。每年西班牙接受的异国游客中90%是欧洲旅客，其中75%的旅客选择的交通方式是航空，对此西班牙采取开放的航空交通政策，欧洲往返西班牙的航班多为短途航班，西班牙通过包机等手段、降低航空成本，培养了西班牙与欧洲市场长期稳固的客源交换。

（二）以综合管理规范市场发展

西班牙旅游业的快速成长，离不开政府层面的积极引导与规范管理。西班牙旅游局始终服务于西班牙旅游业，坚持实行历任政府所制定的旅游政策，哪怕重大政治变革也不能影响其对旅游业的严格管理。并且政府层面对西班牙旅游业的管理力度一直很大。

在产品开发与品质保证方面，西班牙政府从制度上着手，通过立法，为管理工作的落实提供标准与保障。在进行"阳光海滩"产品开发时，西班牙政府始终坚持海滨旅游要统一开发、利用和规划的原则，将海滨旅游资源全部收归国家所有，地方政府仅限于行使使用权。对资源的严格把控有利于各类旅游产品开发时能够坚持统一规划。

在这一点上对于我国来说有很深刻的借鉴意义，由政府进行严格管理，企业对产品的创新与开发要遵循国家、省、市三级政府在土地利用、度假设施、分区原则、进出通道、环境保护等多方面的要求，控制性规划开发能使资源分配更为合理，基础设施建设更加旅游化、便利化，同时很大程度上可避免项目烂尾，资源浪费。

（三）注重旅游品质和可持续发展

旅游品质提升和可持续发展是相辅相成的。1998年，西班牙旅游部门联合环境部门出台《可持续旅游业纲要》，强调要在生态多样性、社会文化持续性和经济可持续性等方面推进旅游业发展。西班牙制定的《全面质量管理计划》中，西班牙在海水质量、海岸保护、服务水平、安全系数、环境意识等都有具体的标准。这些要求一方面能够提升西班牙滨海产品的开发质量；另一方面对于其产品的生命周期也大幅延长。这些严格的规范和管理，既提升了游客的体验质量，又对资源进行了合理保护，正是这些措施促进了西班牙旅游业的快速发展。

（四）重视宣传与推介

西班牙旅游产业的发展过程中，上至西班牙政府下至企业个体，一直很重视宣传与推广工作，西班牙政府甚至设立专门机构负责旅游的促销、宣传和推介。西班牙旅游促进会在全球设有 31 个驻外旅游办事处，每年都会通过多样化的宣传手段对国家整体形象进行宣传。

不仅如此，西班牙政府还设立旅游公共管理局开展和促进旅游业发展的工作。这项工作的主要部分已由西班牙旅游办事处网络进行，早在 20 世纪上半叶，西班牙就采用细分市场、精准营销的策略。该办事处的主要工作就是协助旅游局进行营销工作，这一工作基于三个标准。首先，是通过西班牙旅游办事处网络及旅游协会对客源市场进行及时准确的调研，掌握游客的需求，并不断更新。其次，是根据已掌握的信息作详细规划。每年针对各个客源市场制定一份旅游营销支持计划（PAC），计划执行和结果检测以及投资回报率均由负责旅游推广工作的中央机构 TURESPANA 运作。最后，是在旅游营销支持计划的制定、执行和融资过程中，自治区和地方机构及私营公司必须参与。

第三节 美国旅游产业效率提升的实践及启示

一、美国旅游产业的简单回顾

美国旅游业十分发达，他的产业管理体制在世界上可谓独树一帜，美国的旅游产业管理没有一个实体的旅游行政机关，美国将旅游产业的管理职能下放到众多部门中作为一个分支存在。这一定程度上可能与美国的政治体制有关，但这一做法，有很多优势，很有借鉴意义。

20 世纪 50 年代左右，美国也曾设立美国旅行与旅游管理局，主管境外旅游营销与推广，辅助开展国内旅游工作，后因财务预算等原因于 1996 年被国会撤销。后来美国的旅游管理机构分为政府旅游管理机构和非政府旅游管理机构两大类。

政府旅游管理机构主要是指联邦、州及地方等各层级的政府管理部门。联邦政府下设的旅游产业办公室统筹美国全国的旅游工作，它隶属于美国商务部，它的主要职能有：负责旅游数据的统计与分析工作，评估旅游业的国民经济贡献；协助制定推进美国旅游产业发展的政策，进行宣发与管理；协助推进旅游出口，为推进国际旅游进行宣传，同时为繁荣国内旅游市场提供技术援助等。在此过程中，除旅游产业办公室外，多部门交叉互助、互相协调，因此，旅游产业办公室下又设有内阁级的旅游协调部。美国商务部下还设有美国旅游咨询委员会，委员会成员代表着旅游行业内企业和组织的整体利益，他们是旅游产业发展的重要智囊团，主要就美国旅游产业发展问题提供决策咨询与建议，及时提出旅游产业中的潜在问题并给出解决方案。

各州旅游管理机构与联邦政府对旅游的宏观把控不同，他们有权利自行决定本州对旅游管理的权责问题。各州的旅游管理机构可分为两类：一类是直接设立州旅游局或旅游管理部门；另一类则与联邦政府类似，将旅游管理职权下放到某个职能更大的产业部门下。

地方旅游管理部门的主要职能主要体现在以下几个方面：

征收旅游税，为当地的旅游营销与市场推广提供资金支持。增加当地的旅游财政预算，为确保本地旅游产业的健康发展提供充足的资金预算。承担组织与管理工作，为产业发展制定规划方案，协调各部门之间的合作关系。美国旅游业强调市场化，地方政府协调配合市场化机制，与企业建立稳定而紧密的合作关系，带动旅游企业活力。非政府组织的协调管理主要是指全国性的旅游行业协会和地方性的旅游问询中心。

美国的旅游行业协会主要是民间性质的，它包含了旅游的方方面面，例如，旅游协会、航空协会、酒店住宿协会和巴士协会等，他们代表着旅游产业中不同企业的利益。影响力较大的全国性旅游协会主要有：美国旅游协会、美国国家旅游协会、美国旅游零售商协会、美国旅游批发商协会和美国航空协会等。美国旅游协会的主要特点有：与政府分工明确且相互配合，在旅游目的地营销与评估、服务质量审核考察等方面很有话语权；协会的经费自给自足，主要靠多渠道资金筹集来维持协会的运作；协会具备完善的监督机制，协会与政府、企业之间相互监督，形成了一个较为良好的产业生态环境。

另一个非政府旅游机构就是旅游问询中心，绝大多数的旅游问询中心都是非营利性质的，因此它的资金来源一般是政府财政资助、床位税、会员费以及企业赞助、社会捐赠等渠道。旅游问询中心的职能主要包括：与政府紧密联系，协助政府进行推广与营销；与企业建立合作关系，为企业提供更加便捷的一站式服务；为游客提供信息服务，可协助游客在线预订，还可帮助制定旅行计划等。

除了政府行为以外，美国旅游企业的收购兼并行为也是美国旅游产业效率提升的重要手段。以亿客行（Expedia）为例，近年来他们采取了大规模的并购行为，2015 年亿客行（Expedia）先后并购了旅游社区（travelocity）、离家度假（homeaway）等多家旅游企业。如何对并购资源的合理整合，是企业效率提升的关键。亿客行（Expedia）并购之初并不以全方位发展为策略，作为旅游预定行业的巨头 Expedia 的目标是全球化，通过并购可以提高市场话语权和占有率。一方面，Expedia 通过并购，业务范围进一步扩大，上下游关联度更强，对资源的合理调整使其生产成本降低，提高了生产规模经济效益；另一方面，Expedia 通过并购行为获取了更大的客源市场，掌握了更多的用户信息，对用户需求了解更加充分，从而提高了经营规模经济效应。

二、对中国提升旅游产业效率的启示

（一）明确政府的旅游行政职能

美国的政治体制与我国有所不同，政府在旅游产业管理中的职能也有所不同，但值得肯定的是，美国的旅游行政职能有明确的定位和划分。中国政府在旅游产业发展中的作用非常显著，因此各级政府和旅游管理部门要明确自己的职能，与当地实际情况相结合，理顺体制机制，寻求合适的旅游发展之路，为旅游业发展提供服务。

加强旅游行政管理部门与旅游市场的互动，旅游行政部门与旅游市场的关系不该是对立的，更应该加强合作，互相信任，良好的旅游市场环境需要旅游行政管理部门的引导与监督，旅游市场的积极反馈也有助于旅游行政管理部门对市场的把握与了解，才能更好地给予市场正确的政策红利。同时旅游行政管理部门也应该适当的简政放权，注重宏观调控，给予市场活力，形成良性竞争圈。在宣传与监管方面，旅游行政管理部门应积极承担，为市场分担压力。

（二）注重市场监管，赏罚分明

美国的旅游协会管理为旅游产业的发展提供了很多帮助，旅游协会为企业发声，及时地反映企业诉求，同时协会还承担着监督者的作用，企业、政府与协会间平衡博弈、相互监督，有助于形成健康的市场环境。再者而言，协会是自给自足的民间组织，较为灵活公正，应对旅游产业中的各类问题能够迅速反应。

中国的旅游市场乱象不断，需要一个强有力的监管部门，能够及时处理游客的意见反馈和各类旅游突发事件，形成良好的旅游产业发展环境。借鉴美国的经验来看，监管部门应该是政府与民间独立并行的，但由于我国的实际国情与美国不同，应当折中为政府与民间合作的管理模式，协会成员应代表广大消费者群体的利益发声，协会、市场和政府之间互相监督。

对于劣迹企业应该加强惩罚力度，通过处罚金和停业整顿等手段的处罚力度不够长远有效，建议采用积分制方法，劣迹事件被确认倒扣积分，按照积分扣除分数增加当月或几个月的税收额度。

（三）重视对外宣传，鼓励境内发展度假旅游

美国政府非常重视旅游宣传推广，着重宣传的实效性，即对国家整体形象的宣传。我国的入境旅游市场有很大的成长空间，有很多潜力市场尚未开发。中国的旅游产业营销应该精准定位目标客户，联合政府进行针对性的营销推广工作。在旅游产品包装和营销方面应充分挖掘中国旅游的特色，与其他国家的宣传特点形成差别。

同时，针对国内的旅游市场，要正确引导，避免旅游高峰出行导致的旅游体验不佳的问题。一方面，旅游企业可以适当地进行分时营销，进行错峰活动，以此来引导游客出行时间的正确决策；另一方面，要提高国内旅游产品的质量，完善国内旅游生态体系，打造便利舒适的旅游环境，鼓励游客带薪休假，培养国内的度假旅游市场。对于游客的消费行为也要有一个正确的引导，降低门票与交通成本在旅游消费中所占的比重，鼓励旅游产品创新带动旅游消费升级，将旅游活动国民化、日常化。

| 第五章 |

我国旅游产业效率的现实评价与时空比较

本章从我国旅游业实际出发，从微观企业、中观城市和宏观省份等三个维度系统评价我国旅游业的静态效率和动态效率的特征与趋势。在微观企业层面，将16家旅游上市公司作为研究对象；在中观城市层面，选择23个代表性城市作为研究对象；在省域层面，选择将旅游业定位为战略性支柱产业或支柱产业的5个代表性省份旅游业作为研究主体，评价我国旅游产业效率的变化趋势和现实状况，进一步将动态的旅游产业效率分解为规模效率、技术效率和技术效率进行评价，并且对我国旅游产业效率状况、历史演进路径进行比较，判断我国旅游业的发展阶段。特别是在省域旅游产业效率评价方面，本章积极进行创新，具体表现在产业效率计算方法上，本书借鉴李江帆等（1999）的旅游消费剥离系数法计算出我国旅游业的碳排放量等非合意性产出，并且重新构建基于旅游收入等合意性产出与碳排放量等非合意性产出的旅游效率评价模型，对我国旅游产业效率进行评价。

第一节　基于微观企业视角的旅游产业效率评价与比较

——以我国16家旅游上市公司为例

一、我国旅游上市公司的发展概况

我国国内上市旅游企业共有60多家，市值合计近4 000亿元。其中主板企业25家，中小板5家，创业板2家；新三板已挂牌的企业28家，登陆港交所企业5家。登陆海外市场的国内旅游企业共有5家，其中，登陆纳斯达克企业4家、纽交所企业1家，市值合计1 260.7亿元。在国内上市的旅游企业，业态分布主要是景区景点、宾馆酒店、旅行社这几类，在线旅行社、酒店集团、租车行业等业态则主要选择在海外上市。目前,国内资本市场分四个层级:上交所的主板、深交所的中小板、创业板以及全国股权转让系统的新三板,前三者融资能力较强,新三板略弱。

国内上市旅游公司市值规模与资产规模表现较好的主要是国有企业。中国国旅、中青旅和锦江酒店等老牌国有企业整合优质资源,运用多层次的资本市场,实现优质企业的资本对接。国有企业背景为其并购扩张提供了资金保障,锦江股份相继收购了法国卢浮酒店、铂涛集团以及维也纳酒店 80% 的股权,由传统的酒店经营管理模式转向酒店品牌投资,逐步实现酒店市场的全覆盖,完善其区域布局。预计并购整合也将会在民航、旅行社等领域大规模呈现。

表现比较抢眼的还有一些创新特色型旅游企业。在体验经济与共享经济背景下,以宋城演艺、神州租车、华强方特和海昌海洋公园为代表的特色旅游企业发展强劲。华强方特和海昌海洋公园区别于传统景区的主要特色在于景区演艺,即以景区为舞台与演艺产品的创作、生产、表演、销售、消费及经纪代理、艺术表演场所等配套服务机构共同构成的产业体系。宋城演艺更是将自己最为擅长的"文化演艺 + 主题公园"的经营理念跨过经营,实现企业势力在海外版图的扩张。

新业态旅游企业和"旅游 +"模式将成为下一阶段行业发展的新趋势,加快登陆主板、中小板、创业板。研学旅游、低空旅游、邮轮旅游等旅游业态加速发展;"旅游 + 地产""旅游 + 文化""旅游 + 医疗"等概念也在旅游市场中出现,旅游养老地产、跨境医疗、主题公园等休闲度假业态需求将爆发式增长。

综上可见,我国旅游行业方兴未艾,众多优质旅游企业不停寻求与资本的对接,通过多层次的资本市场,实现多元化经营、不断完善企业价值、提升盈利能力。我国旅游上市企业通过审时度势把握住旅游行业中蕴含着的巨大发展机遇,是旅游行业长盛不衰的重要支撑。

二、旅游产业效率的测算方法以及数据来源

(一)静态旅游效率的测算方法[①]

库珀(Cooper,1978)等人最早提出了数据包络分析(Data Development

---

① 韩元军. 城市旅游产业效率的静态特征、动态演进与政策取向 [J]. 中国旅游评论,2014 (1):75 – 83.

Analysis，DEA）方法，后期经扩展提出了基于规模报酬可变的 DEA-BCC 模型，本书就是基于产出投向的 DEA-BCC 模型计算我国旅游上市公司的静态效率，所用软件为 DEAP2.0。

DEA-BCC 模型如下：

假定存在 n 个决策单元（DMU），$DMU_j(j=1, 2, \cdots, n)$ 有 t 中产出和 s 种投入，则 $x_j = (x_{1j} + x_{2j} + \cdots + x_{sj})^T$ 和 $y_j = (y_{1j} + y_{2j} + \cdots + y_{tj})^T$ 分别是第 j 个决策单元 DMU 的投入量和产出值，X、Y 分别表示 $s \times n$ 维投入矩阵和 $s \times t$ 维产出矩阵，线性规划方程为：

$$\text{Max}_{\phi,\lambda}\phi$$
$$s.t. \quad -\phi y_j + Y\lambda \geqslant 0$$
$$x_j - X\lambda \geqslant 0 \qquad\qquad (5-1)$$
$$N1^T\lambda = 1$$
$$\lambda \geqslant 0$$

其中，λ 是 $N \times 1$ 维常数向量，$N1^T\lambda = 1$ 是一个凸性假设，它满足规模报酬可变的约束，$1 \leqslant \phi < \infty, 1/\phi$ 是产出导向的技术效率值，介于 0 与 1 之间。

（二）动态旅游效率的测算方法

动态效率可以由全要素生产率（TFP）表示，Malmquist 指数作为一种生产力指数，通常作为 TFP 的表示方式，Malmquist 指数在 1982 年经库里森和地沃特（1982）等人提出，并且经过费耶等（1994）深化后，TFP（Malmquist 指数）被分解为综合效率、技术效率等后，在经济社会研究中的应用更加普遍。考虑到我国旅游上市公司的实际，本书的 Malmquist 指数计算是在旅游企业规模报酬可变性（VRS）假设条件下，可以采取面向产出的方式，计算出 DEA-Malmquist 指数（TEF），并且对指数进行分解，分解为技术变动和综合效率变动，公式如下：

$$TEF = m_o(q_s, x_s, q_t, x_t) = \frac{d_o^t(q_t, x_t)}{d_o^s(q_s, x_s)}\left[\frac{d_o^s(q_t, x_t)}{d_o^t(q_t, x_t)} \times \frac{d_o^s(q_s, x_s)}{d_o^t(q_t, x_t)}\right]^{1/2} = EF \times TE$$
$$(5-2)$$

$$EF = \frac{d_o^t(q_t, x_t)}{d_o^s(q_s, x_s)} \qquad\qquad (5-3)$$

$$TE = \left[\frac{d_o^s(q_t, x_t)}{d_o^t(q_t, x_t)} \times \frac{d_o^s(q_s, x_s)}{d_o^t(q_t, x_t)} \right]^{1/2} \tag{5-4}$$

$$PEF = \frac{d_o^t(q_t, x_t)}{d_o^s(q_s, x_s)} \tag{5-5}$$

$$SE = \left[\frac{\dfrac{d_{ov}^t(q_t, x_t)}{d_{oc}^t(q_t, x_t)}}{\dfrac{d_{ov}^t(q_s, x_s)}{d_{oc}^t(q_s, x_s)}} \times \frac{\dfrac{d_{ov}^s(q_t, x_t)}{d_{oc}^s(q_t, x_t)}}{\dfrac{d_{ov}^s(q_s, x_s)}{d_{oc}^s(q_s, x_s)}} \right]^{1/2} \tag{5-6}$$

其中，EF 为综合效率变动，TE 为技术变动，TEF = EF × TE；PEF 为纯技术效率变动，SE 为规模效率变动，EF = PEF × SE。

（三）数据来源

本部分所需企业投入产出数据来源于 WIND 数据库以及旅游上市公司年报，数据年份为 2013 ~ 2017 年，其中旅游企业效率中的投入包括两个变量：分别是主营业务费用（亿元）、间接费用（亿元），产出包括三个变量：分别是主营业务利润（亿元）、主营业务利润率、资产周转率，数据按照价格指数折算为 2013 年数据。根据企业类型和数据可得性，特选择华侨城、张家界、岭南控股、峨眉山、丽江旅游、云南旅游、凯撒旅游、宋城股份、黄山旅游、曲江文旅、中青旅、首旅股份、中国国旅、锦旅 B 股、锦江股份、金陵饭店共 16 家企业作为上市旅游企业代表进行研究。

三、代表性旅游上市公司效率测算结果分析

（一）旅游上市公司静态效率的特征

表 5 - 1 中，技术效率测度分解为纯技术效率和规模效率，16 家上市旅游企业整体的技术效率较为低下，仅为 0.6227。这说明在投入保持不变的前提下，这些上市旅游公司有 30% 左右的收入增长空间。15 家上市旅游企业都处于无效率状态，宋城股份是唯一处在 DEA 前沿面上（即有效率）的企业。但在 VRS 假设下，华侨城、张家界、中国国旅和锦旅 B 股是有效的企业。16 家上市旅游公司的整体平均规模效率为 0.7166，说明规模效率的提升是提高这些旅游上市公司收入增长的有效途径。中青旅与中国国旅的规模效率甚至不足 0.3，这一结果与常规认识较为不符；16 家上市旅游公司的整体平均纯

技术效率为 0.8642，仍有较大的进步空间，尤其是云南旅游与金陵饭店的纯技术效率亟须进一步提升。

表 5 - 1　2014 ~ 2017 年我国 16 家旅游上市公司静态效率及其分解的个体情况

公司名称	技术效率	纯技术效率	规模效率
华侨城	0.5952	1	0.5952
张家界	0.9456	1	0.9456
岭南控股	0.7856	0.9502	0.8218
峨眉山	0.6062	0.7648	0.7736
丽江旅游	0.9844	0.9946	0.9894
云南旅游	0.3548	0.4432	0.7902
凯撒旅游	0.3926	0.925	0.4508
宋城股份	1	1	1
黄山旅游	0.5744	0.7916	0.7066
曲江文旅	0.6004	0.7982	0.7106
中青旅	0.1884	0.7752	0.2446
首旅股份	0.5942	0.9362	0.6432
中国国旅	0.2888	1	0.2888
锦旅 B 股	0.8798	1	0.8798
锦江股份	0.74	0.9166	0.796
金陵饭店	0.4336	0.5324	0.8306
均值	0.62275	0.86425	0.716675

资料来源：根据文中公式自行计算得出。

（二）旅游上市公司动态效率的特征

从整体来看，表 5 - 2 中呈现的是样本考察期内旅游上市公司全要素生产率方面的变动情况。2014 ~ 2017 年这 16 家旅游上市公司的 TFP 均值为 0.928，全要素生产率年均增长幅度为 - 7.2%。TFP 指数变动可能源于技术变动也可能源于技术效率变动，从表 5 - 1 中可以看出效率虽然提高了 8.1%，但技术进步为负增长，即 - 14.2%。技术效率的变动可以进一步分解为纯技术效率变动和规模效率变动，2014 ~ 2017 年，纯技术效率与规模效率均值分别为 1.030 与 1.049，这说明在此期间内旅游上市公司总体达到较理想的规模状态。从图 5 - 1 来看，2016 年以来全要素生产率波动较大，各影响因素也呈现明显波动，规模效率和纯技术效率开始下滑，接下来旅游上市公司的效率增长要依靠技术进步的提升，技术进步亟待解决。

表5-2 2014~2017年我国16家旅游上市公司动态效率及其分解的总体情况

年份	技术（TE）变动	技术效率（EF）变动	纯技术效率（PE）变动	规模效率（SE）变动	全要素生产率（TFP）变动
2014	0.865	1.028	1.015	1.013	0.889
2015	0.897	1.079	0.991	1.089	0.968
2016	0.661	1.270	1.086	1.169	0.839
2017	1.060	0.960	1.031	0.938	1.025
平均值	0.858	1.081	1.030	1.049	0.928

注：全要素生产率变动（TFP）等于技术效率（EF）变动乘以技术（TE）变动，技术效率（EF）变动等于规模效率（SE）变动乘以纯技术效率（PE）变动。

资料来源：根据文中公式自行计算得出。

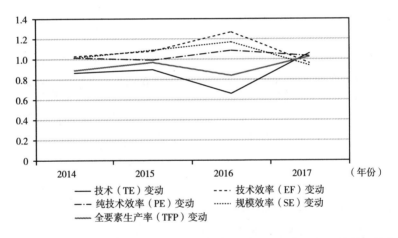

图5-1 2014~2017年我国16家旅游上市公司动态效率及其分解总体情况的变化

资料来源：根据文中公式自行计算得出。

从个体情况来看，表5-3反映出16家上市旅游企业中仅有6家旅游企业的全要素生产率处于增长状态，分别是华侨城、丽江旅游、黄山旅游、曲江文旅、中青旅和首旅股份，而技术进步的旅游企业仅有1家丽江旅游，这进一步表明了我国上市旅游公司效率增长面临的主要问题。TFP出现退步最为严重的三家旅游企业分别为凯撒旅游、张家界和宋城股份，凯撒旅游的技术变动和技术效率变动都处于负增长状态，张家界和宋城股份则需要提升技术变动，丰富旅游产品，创新旅游体验。总体而言，16家旅游上市公司中动态效率表现较好的是综合类旅游企业，业务覆盖面广，规模效率较好，一定程度上弥补了技术进步不足。

表5-3　2014~2017年我国16家旅游上市公司动态效率及其分解的个体情况

公司名称	技术效率（EF）变动	技术（TE）变动	纯技术效率（PE）变动	规模效率（SE）变动	全要素生产率（TFP）变动
华侨城	1.206	0.882	1.000	1.206	1.064
张家界	0.924	0.805	1.000	0.924	0.744
岭南控股	0.786	0.839	1.000	0.786	0.660
峨眉山	1.202	0.815	1.108	1.085	0.979
丽江旅游	1.000	1.001	1.000	1.000	1.001
云南旅游	1.065	0.830	0.991	1.074	0.884
凯撒旅游	0.843	0.844	1.078	0.782	0.712
宋城股份	1.000	0.777	1.000	1.000	0.777
黄山旅游	1.291	0.846	1.085	1.191	1.092
曲江文旅	1.324	0.765	1.102	1.201	1.012
中青旅	1.205	0.865	0.984	1.224	1.043
首旅股份	1.376	0.978	1.016	1.354	1.345
中国国旅	1.120	0.864	1.000	1.120	0.968
锦旅B股	1.071	0.879	1.000	1.071	0.942
锦江股份	0.941	0.987	0.966	0.974	0.928
金陵饭店	1.142	0.804	1.179	0.969	0.918
平均值	1.081	0.858	1.030	1.049	0.928

资料来源：根据文中公式自行计算得出。

第二节　基于中观城市视角的旅游产业效率的评价与比较

新时代大众旅游、全域旅游的特征表明，旅游已经成为人民对美好生活向往的重要组成部分。因此，全行业应始终把人民对美好生活特别是对美好旅游生活的向往作为奋斗目标，深刻把握习近平总书记关于旅游的重要思想，把握当前旅游经济运行新特征，强力推进旅游强国"三步走"战略，重点解决旅游领域发展中不平衡不充分的主要矛盾，服务国家"两个一百年"战略目标，让人民群众在旅游领域中有参与感、获得感、公平感。在我国旅游发展过程中，城市作为客源地和目的地始终是我国旅游转型升级的桥头堡，随着我国旅游业进入大众旅游发展阶段，城市旅游发展质量对于我国旅游业高质量发展至关重要，而旅游产业效率就是衡量旅游发展质量的关键指标，因此，需要重点关注城市旅游效率问题。城市旅游产业效率提升涉及某一时间的静态效率和时间趋势性的动态效率，本书拟对代表性城市的旅游产业效率的两方面进行评价，以期从中观城市视角寻找我国旅游产业效率提升的路径和方向。该部分分别采用 DEA-BCC 模型和 DEA-Malmquist 指数方法，应用 DEAP2.1 软件，分别计算我国 23 个代表性城市旅游产业的静态效率和动态效率，以期从中观城市层面了解我国旅游产业发展质量的特征和发展规律，为进一步提出提升我国城市旅游发展效率的对策提供理论参考。

一、变量选取、数据来源和估算方法[①]

（一）变量选取和数据来源

在中国城市旅游业效率估算的投入产出指标选择上，本部分选择 2013 ~ 2016 年的投入产出数据作为研究对象，其中，以年末旅游从业人员数量和旅游企业实际资本存量作为投入变量，以旅游企业营业收入作为产出变量，研究对象为《中国旅游统计年鉴（副本）》中纳入统计的旅游企业，包括旅行社、星级饭店、旅游景区等。借鉴郭庆旺和贾俊雪的研究方法[②]，资本投入采用永续盘存法推算得出某一时期内的资本存量来表示，其中固定资本折旧率同样设定为 5%，同时利用固定资产投资价格指数进行平减处理，得到以 2013 年为基期的实际资本投入，旅游产出亦利用固定资产投资价格指数作同样处理。根据数据的可得性和研究目的，本书将沈阳、大连、长春、哈尔滨、南京、无锡、苏州、杭州、宁波、黄山、青岛、武汉、广州、深圳、珠海、中山、桂林、海口、成都、昆明、西安、北京、上海共 23 个城市作为研究对象。

---

① 韩元军. 城市旅游产业效率的静态特征、动态演进与政策取向 [J]. 中国旅游评论，2014 (1)：75 – 83.

② 郭庆旺，贾俊雪. 中国潜在产出与产出缺口的估算 [J]. 经济研究，2004 (5)：31 – 39.

（二）静态效率测算的数据包络分析（DEA）方法

数据包络分析（DEA）是由库珀（Cooper，1978）等人最早提出的，利用求解线性规划最优值来评价一组同质决策单元（DMU）相对效率的非参数系统分析方法。相对于随机前沿面（SFA）等需要设定参数的效率估算方法，DEA 方法具有无须事先设定特定的生产函数就能进行效率估算的优势，它的基本思路是将每一个评价对象作为决策单元（DMU），通过比较同一时点所有 DMU 的投入产出以决定它们共有的最佳生产前沿面，再比较每个 DMU 与最佳生产前沿面的差距确定这个 DMU 是否具有效率，如果这个 DMU 位于最佳生产前沿面上，则具有效率，否则，不具有效率。库珀（1978）等提出了基于规模报酬不变假定的计算相对效率的 DEA-CCR 模型，然而，该模型的假定往往不符合经济现实，库珀（1984）等扩展了 DEA-CCR 模型，提出了基于规模报酬可变的 DEA-BCC 模型，并且将效率分解为纯技术效率和规模效率两种，这对于分析现实经济较契合，鉴于此，本书采用 DEA-BCC 模型，此外，DEA 模型分为基于投入导向和基于产出导向两种，基于投入导向是指在特定产出水平下使投入量最小化，基于产出导向是指在特定投入水平下使产出量最大化，两种导向方法的原理是相近的，鉴于此，本书采用产出导向的DEA-BCC 模型进行分析，所用软件是 DEAP2.1。

（三）动态效率测算的 DEA-Malmquist 指数方法

上文所述的 DEA-BCC 模型可以测算特定时间生产技术不变情况下的综合技术效率及其分解的纯技术效率与规模效率，它是静态效率的测算方法。但是如果考虑时间变化因素，则不同时期点的生产技术可能变化，再利用上文生产技术不变假设下的 DEA-BCC 模型测算动态效率会存在误差，因此，测算跨时期我国城市旅游业的动态效率变化需要利用计算全要素生产率及其分解变量即技术进步变化率、技术效率变化率的 DEA-Malmquist 指数方法。全要素生产率（TFP）通常以 Malmquist 指数表示，可以以此说明动态效率的演进情况，该指数最先由卡沃斯（Caves，1982）等提出，它是一种理论上的生产力指数，后来经过法如费耶（Fare，1994）等进一步扩展后，发展为可以将全要素生产率分解为效率、技术与生产规模变动相关成分的指数，从而 Malmquist指数的应用变得更加普遍，本书的 Malmquist 指数计算采取面向产出导向的规模报酬可变（VRS）生产状态下的 DEA-Malmquist 指数方法计算出。

如果时期 t 的技术作为参考技术，则基期 t 和时期 s 之间的表征全要素生产率变化的 Malmquist 指数可以定义为 $m_o^t(q_s,x_s,q_t,x_t) = \dfrac{d_o^t(q_t,x_t)}{d_o^t(q_s,x_s)}$，$m_o^t(q_s,x_s,q_t,x_t)$ 的值大于 1 意味着从时期 t 到时期 s 的全要素生产率提高，$m_o^t(q_s,x_s,q_t,x_t)$ 的值小于 1 则意味着全要素生产率的降低。

根据卡沃斯（Caves，1982）、法如（Fare，1994）等人的思路，Malmquist 指数可以表示为三个指数的几何平均，并分解为效率变化和技术进步，用公式表示就是：

$$m_o(q_s,x_s,q_t,x_t) = \frac{d_o^t(q_t,x_t)}{d_o^s(q_s,x_s)}\left[\frac{d_o^s(q_t,x_t)}{d_o^t(q_t,x_t)} \times \frac{d_o^s(q_s,x_s)}{d_o^t(q_t,x_t)}\right]^{1/2} = EF \times TE$$

$$(5-7)$$

在式（5 − 7）中，效率变化 $EF = \dfrac{d_o^t(q_t,x_t)}{d_o^s(q_s,x_s)}$，技术进步 $TE = \left[\dfrac{d_o^s(q_t,x_t)}{d_o^t(q_t,x_t)} \times \dfrac{d_o^s(q_s,x_s)}{d_o^t(q_t,x_t)}\right]^{1/2}$，同时，效率变化 EF 又可以分解为纯效率变化 PEF 乘以规模效率变化 SE，其中，$PEF = \dfrac{d_o^t(q_t,x_t)}{d_o^s(q_s,x_s)}$，$SE = \left[\dfrac{\frac{d_{ov}^t(q_t,x_t)}{d_{oc}^t(q_t,x_t)}}{\frac{d_{ov}^t(q_s,x_s)}{d_{oc}^t(q_s,x_s)}} \times \dfrac{\frac{d_{ov}^s(q_t,x_t)}{d_{oc}^s(q_t,x_t)}}{\frac{d_{ov}^s(q_s,x_s)}{d_{ov}^s(q_s,x_s)}}\right]^{1/2}$，

规模效率变化 SE 是两个规模效率变化指数的均值。

二、我国城市旅游产业效率测算结果与分析

（一）我国城市旅游产业静态效率的整体特征

城市是我国重要的旅游客源地和目的地，通过城市旅游产业的变迁就能掌握我国旅游业的发展规律，因此，通过分析我国具有代表性的 23 个城市旅游产业效率在 2013 ～ 2016 年四年中每年的静态效率就能从整体上了解我国旅游业的发展情况，特别是了解中观层面的旅游发展质量问题。从整体来看（见图 5 − 2），2013 ～ 2016 年我国城市旅游静态效率即综合技术效率的平均值为 0.594，这说明我国城市旅游综合技术效率较低，在技术条件固定情况下，投入产出比离最优比还有 50.6% 的提升空间，相比之下，发达国家的旅游产

业效率普遍在 0.8 以上，因此，虽然 2016 年我国国内旅游人数已达 44.4 亿人次，收入为 3.94 万亿元，全国旅游业占我国 GDP 的 11.01%，我国旅游业对全国 GDP 的综合贡献更是达到 8.19 万亿元①，但是，我国城市旅游产业仍处于粗放增长阶段，旅游经济规模较大、旅游产业效率较低等特征较为显著。通过将综合技术效率分为纯技术效率和规模效率，可以分析影响我国城市旅游综合效率的因素，从测算结果来看，2013～2016 年我国 23 个城市旅游产业的纯技术效率均值为 0.634，规模效率均值为 0.939，这说明我国城市旅游综合技术效率偏低主要是由于纯技术效率不高造成了，各城市旅游业规模经济成效显著。从 2013～2016 年发展趋势来看，我国城市旅游产业综合技术效率呈现波浪式微降的趋势，综合技术效率从 2013 年的 0.62 降为 2016 年的 0.572，其中，2013 年的综合技术效率在 2013～2016 年四年中最高，这说明我国城市旅游业在注重规模扩张的同时，旅游发展效率呈现下降趋势，旅游业粗放式增长方式表现得比较突出，从效率的构成来看，我国城市旅游综合技术效率呈现下降趋势主要是由于纯技术效率逐年下降趋势影响的，虽然 2013～2016 年我国城市旅游的规模效率整体呈现上升趋势，从 2013 年的 0.941 增加到 2016 年的 0.974，但是由于增长势头不明显，整体上并没有扭转纯技术效率下降引起的综合技术效率下降的趋势。

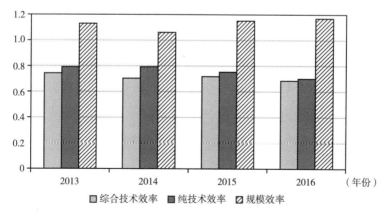

图 5 - 2　2013～2016 年我国 23 个城市旅游静态效率均值的情况

资料来源：根据文中公式自行计算得出。

———————

①　国家旅游局《2016 年中国旅游业统计公报》。

（二）我国城市旅游产业静态效率的区域特征

从城市整体的综合技术效率分析，23 个样本城市中旅游的综合技术效率达到 0.6 及格水平的城市有 11 个，它们是沈阳、南京、武汉、广州、深圳、珠海、中山、海口、昆明、北京、上海，它们只占样本城市的 47.8%；综合技术效率处于 0.6～0.8 一般水平的城市为 5 个，它们是武汉、珠海、中山、海口、昆明；综合技术效率处于 0.8 以上的优秀水平的城市为 6 个，它们是沈阳、南京、广州、深圳、北京、上海；大连、长春、哈尔滨、无锡、苏州、杭州、宁波、黄山、青岛、桂林、成都、西安 12 个城市旅游综合技术效率低于 0.6，处于不及格水平，特别是一些杭州、无锡、黄山等传统旅游强市旅游效率比较低，如表 5-4 所示。这说明这些城市在注重旅游发展速度和经济效益的同时，旅游项目投资、基础设施建设等投入了较大资本，而旅游产出并没有实现相应速度的增长，这导致旅游经济规模与旅游产业效率没有形成正比关系。

表 5-4 2013～2016 年我国 23 个城市旅游产业静态效率的均值及其分解情况

城市	综合技术效率（EF）	纯技术效率（PE）	规模效率（SE）
沈阳	0.829	0.883	0.938
大连	0.35	0.366	0.956
长春	0.271	0.301	0.903
哈尔滨	0.374	0.413	0.892
南京	0.853	0.872	0.976
无锡	0.564	0.599	0.944
苏州	0.419	0.43	0.972
杭州	0.517	0.523	0.989
宁波	0.364	0.379	0.965
黄山	0.411	0.472	0.874
青岛	0.534	0.545	0.98
武汉	0.632	0.66	0.961
广州	0.815	0.828	0.985

续表

城市	综合技术效率（EF）	纯技术效率（PE）	规模效率（SE）
深圳	0.81	0.823	0.985
珠海	0.621	0.703	0.889
中山	0.746	1	0.746
桂林	0.381	0.419	0.906
海口	0.696	0.798	0.881
成都	0.467	0.496	0.941
昆明	0.615	0.636	0.972
西安	0.421	0.435	0.97
北京	0.984	1	0.984
上海	1	1	1
平均值	0.594	0.634	0.939

资料来源：根据文中公式自行计算得出。

从效率分解角度分析，纯技术效率大于 0.6 的城市有 11 个，包括沈阳、南京、武汉、广州、深圳、珠海、中山、海口、昆明、北京、上海，纯技术效率大于 0.8 的城市有 8 个，这说明纯技术效率介于 0.6～0.8 一般水平的城市数量只有 3 个，按照国外发达国家旅游城市效率的规律，一般水平城市的比例应该最高，而我国与此相反，这说明一般水平城市太少限制了我国城市旅游纯技术效率对于综合技术效率的提升作用；从规模效率来看，23 个城市的规模效率都在 0.7 以上，其中，处于 0.7～0.9 水平的城市有哈尔滨、黄山、珠海、中山、海口，总共 5 个城市，其余 18 个城市规模效率都在 0.9 以上，这充分说明了我国城市旅游业的规模效率总体处于较高水平，由于我国整体的纯技术效率较低，较高的规模效率从一定程度上拉升了我国城市旅游业的总体效率水平，但是由于纯技术效率维持较低水平的惯性较大，因此，要提升综合技术效率必须在纯技术效率提升上下功夫。

（三）我国城市旅游产业动态效率的特征与趋势

根据 2014～2016 年我国 23 个城市旅游产业动态效率的测算结果看（见表 5-5），2014～2016 年我国城市旅游产业的全要素生产率对旅游业发展起到了积极促进作用，TFP 均值呈现上涨趋势，按照每年 1.1% 速度上升，但是增长幅度较小。由于全要素生产率变动（TFP）等于技术效率（EF）变动乘以技术（TE）变动，因此，分析技术效率变动和技术进步变动可以分析 TFP 变动的原因。通过比较发现，2014～2016 年我国城市旅游产业的技术变动均值为 1%，上升幅度较小，这说明 2014～2016 年我国城市旅游对技术装备等硬件投资以及智慧旅游体系建设等软件建设投资的力度不足，同时旅游业作为劳动密集型产业的属性也一定程度决定了技术进步提升相对困难。此外，2014～2016 年我国城市旅游产业的技术效率变动的均值为 1.001，仅仅实现了 0.1% 的略微增长，这说明从时间演变趋势来看，我国主要旅游城市对于技术效率的重视程度不够，特别是 2014～2016 年共有大连、南京、无锡、杭州、宁波、武汉、广州、深圳、珠海、桂林、海口、成都、昆明、西安 14 个城市的技术效率均值呈现下降特征，这些城市在注重旅游经济规模的同时，对于城市旅游产业发展质量，特别是产业效率重视程度不够，一些城市存在着片面注重旅游综合体、主题公园等大项目、大投资的问题，从而出现了局地或者部分产业链环节投资过热导致旅游产业效率不高的问题。由于技术效率（EF）变动等于规模效率（SE）变动乘以纯技术效率（PE）变动，通过分析 SE 和 PE 的变动能够了解我国城市旅游产业技术效率难以提高的因素，2014～2016 年我国 23 个城市旅游产业纯技术效率的均值呈现下降趋势，每年平均下降幅度为 3.4%，特别是海口、宁波、杭州 3 个城市下降幅度达到 10% 以上，23 个城市中只有沈阳、哈尔滨、苏州、青岛、中山、成都、北京、上海 8 个城市的纯技术效率处于不变或者略微提升的趋势，从而导致 2014～2016 年我国城市旅游产业的综合技术效率下降。从规模效率来看，2014～2016 年我国城市旅游产业的规模效率变动实现了年均 3.3% 的增长态势，但是由于增长幅度有限，因此规模效率提升不能有效缓解纯技术效率下降带来的趋势，从而最终导致 2014～2016 年城市旅游产业的综合技术效率增长幅度微乎其微。

表5-5　2014～2016 年我国 23 个城市旅游产业动态效率的均值及其分解情况

城市	技术（TE）变动	技术效率（EF）变动	纯技术效率（PE）变动	规模效率（SE）变动	全要素生产率（TFP）变动
沈阳	1.034	1.088	1.065	1.022	1.125
大连	1.031	0.959	0.917	1.046	0.98
长春	1.026	1.059	0.95	1.115	1.09

续表

城市	技术（TE）变动	技术效率（EF）变动	纯技术效率（PE）变动	规模效率（SE）变动	全要素生产率（TFP）变动
哈尔滨	1.022	1.332	1.09	1.223	1.357
南京	0.833	0.946	0.948	0.997	0.825
无锡	1.039	0.99	0.981	1.01	1.0189
苏州	1.038	1.166	1.126	1.035	1.222
杭州	1.045	0.753	0.784	0.961	0.804
宁波	1.031	0.863	0.876	0.986	0.896
黄山	1.032	1.14	0.987	1.155	1.169
青岛	0.989	1.024	1.01	1.013	1.01
武汉	1.035	0.973	0.964	1.01	1.002
广州	1.028	0.935	0.933	1.002	0.964
深圳	1.005	0.905	0.906	0.999	0.909
珠海	0.986	0.874	0.909	0.961	0.886
中山	0.981	1.176	1	1.176	1.184
桂林	1.013	0.994	0.983	1.011	1.004
海口	0.969	0.917	0.887	1.034	0.886
成都	1.055	0.988	1.015	0.973	1.038
昆明	0.948	0.918	0.93	0.987	0.844
西安	1.029	0.991	0.966	1.025	1.013
北京	1.01	1.022	1	1.022	1.035
上海	1.059	1	1	1	1.059
平均值	1.01	1.001	0.966	1.033	1.011

注：全要素生产率变动（TFP）等于技术效率（EF）变动乘以技术（TE）变动，技术效率（EF）变动等于规模效率（SE）变动乘以纯技术效率（PE）变动。

资料来源：根据文中公式自行计算得出。

第三节　基于宏观省域视角的旅游产业效率的评价与比较[①]

本部分借鉴"旅游消费剥离系数"概念对我国五省市旅游业碳排放量进

---

① 韩元军，吴普，林坦. 基于碳排放的代表性省份旅游产业效率测算与比较分析［J］. 地理研究，2015（10）：1957 – 1970.

行了测度，然后利用传统 DEA 模型和非期望产出 DEA 模型，结合碳排放指标，评价了五省市旅游产业效率，并进行了比较分析。研究发现：2009～2011 年海南省旅游业碳排放总量始终最低，湖北增长幅度最大，而北京是唯一的总量逐年下降地区，2009～2011 年海南旅游业人均碳排放量是最高的，北京、海南人均总量逐年下降；不考虑碳排放量，2009～2011 年我国五省市综合效率及其分解效率总体水平较高，符合地区将旅游业作为支柱产业予以高度重视的实际；与不考虑碳排放相比，考虑碳排放的五省市旅游产业效率发生了不同程度的变动，特别是，旅游综合技术效率从 2009 年的下降或不变状态向 2010～2011 年的复杂不规律状态转变，这是纯技术效率和规模效率联合效应决定的；未来各地区需要协调好旅游节能减排与资源优化配置工作，基于地方技术、市场势力适时提升旅游产业效率。

我国旅游业起步于改革开放，经过 30 多年的发展，现在已经从旅游资源大国转变为世界旅游大国，正在向世界旅游强国迈进。《国务院关于加快发展旅游业的意见》明确提出了"力争到 2020 年我国旅游产业规模、质量、效益基本达到世界旅游强国水平"的奋斗目标。要建设世界旅游强国，就必然要求在发展规模的基础上切实提升产业效率，通过资源优化配置实现规模与效率的统一。近年来，旅游产业效率问题已引起了国内学者的热切关注，但是，基于碳排放的旅游产业效率研究在国内却寥寥无几，特别是基于碳排放的省域层面旅游产业效率研究更是空白。当旅游业产生"好产出"即经济效益的同时，也会产生"坏产出"即碳排放，同时考虑"好产出"与"坏产出"的旅游产业效率评价更加科学、客观，因此，本书在分析我国代表性省份的旅游产业效率时，同时考虑"好产出"和"坏产出"。

在未考虑碳排放等环境约束的情况下，产业效率评价一般以 C-D 函数为数据基础，采用 DEA 模型进行全要素生产率的估计，并进一步将 TFP 分为技术进步和效率变动。传统的 DEA 模型假设产出为期望产出即"好产出"，也就是产出越大，表明决策单位越有效。但是当考虑环境约束时，温室气体（二氧化碳）属于非期望产出即"坏产出"变量，只有尽可能减少"坏产出"才能实现最佳效率，所以传统的 DEA 模型处理"坏产出"问题时不再有效，比如费耶、斯伊尔等将"坏产出"列入模型，此时得出的效率值比传统的 DEA 效率值要低，而且排序也有很大的不同。因此，许多研究开始将

"坏产出"引入 DEA 模型，并且提出了环境效率等概念。在研究方法上，西方研究界利用 DEA 模型处理"坏产出"时的主要方法包括非期望产出投入法、倒数转换法、双曲线法、转换向量法、方向性距离函数法、SBM 模型法等六种，而其中费耶等提出的方向性距离函数使用最为广泛，本书就用此方法分析代表型省份的旅游产业效率。在研究内容上，西方旅游学者对旅游产业效率研究范围较广，涉及旅游酒店、旅行社、旅游交通、旅游目的地等多个领域，基本构成旅游产业的主体内容。虽然西方学术界关于碳排放等环境问题与产业效率关系的研究由来已久，但是他们的研究对象主要是西方各国，对中国产业效率的研究考虑存在"好产出"的情况占多数，个别学者开始从事同时产生"好产出"和"坏产出"时环境规制与产业效率的相关研究，西方学者对于旅游产业效率的研究往往只考虑"好产出"情况居多。

国内学者对于旅游产业效率的研究往往只是考虑存在"好产出"即旅游收益时的情况，而同时考虑存在"好产出"和"坏产出"即碳排放时的产业效率研究较少。在已有国内旅游产业效率的研究中，朱顺林基于"好产出"分析了我国区域旅游产业效率，他认为我国旅游产业综合技术效率低下的原因是各区域纯技术效率低下，必须通过转变产业增长方式、整合产业链、建立和完善产业创新体系等途径来提高旅游产业的技术效率。马晓龙等用 DEA 模型分析了只考虑"好产出"情况下，影响中国 58 个城市旅游产业效率的演化情况，其认为规模效率对总效率影响最大，而技术效率和利用效率影响相对较弱。朱程亮等基于"好产出"使用 SFA 模型分析了 2000～2006 年的区域产业效率情况，其认为我国区域旅游产业效率趋于上升态势，但总体偏低，未来有很大上升潜力。周云波等基于 DEA-BCC 模型和 Malmquist 指数分析了基于"好产出"的中国旅游业 2001～2007 年静态效率和动态效率，其认为中国旅游业总体技术效率偏低，这主要是纯技术效率低下造成的，这与朱顺林（2005）的结论一致，此外其还认为技术进步缓慢是全要素生产率增长缓慢的原因。随着产业效率研究方法在我国旅游研究中不断深入，已有个别国内学者开始尝试在微观景区等旅游企业的产业效率评价中考虑"坏产出"的情况，李志勇将环境因素纳入旅游景区服务提供效率评价模型之中，对环境约束条件下的旅游景区服务提供效率进行了测评，选取四川省成都市 29 家景区进行研究，结果显示，环境因素考虑与否对旅游景区服务提供效率值产生很大的影响。

目前，国内中观省级层面包含"坏产出"的旅游产业效率研究还是个空白，现有对各省份的旅游产业效率评价不包括"坏产出"碳排放的重要原因是碳排放测算问题：一是现有碳排放统计中没有旅游业一项，旅游业碳排放量没有现成的统计数据；二是旅游业碳排放测算方法多样，各种方法存在一定局限或者现实操作问题，比如自上而下法操作简单，但需要建立完备的能耗与温室气体排放计量体系，投入产出法能全面反映旅游业直接和间接的能耗与排放数据，但统计数据的剥离是个难题。因此，我国现有的旅游产业效率研究往往不包括"坏产出"碳排放，但是，不包括"坏产出"的产业效率评价是不科学的，为了使该领域的研究更加深入，本书根据我国各省份的空间布局和数据可得性，从全国 28 个将旅游业作为支柱产业的省份中选取北京、山东、浙江、湖北、海南作为研究对象，通过旅游消费剥离系数构建旅游碳排放量的测算模型，进一步兼顾考虑"坏产出"和"好产出"基础上利用非期望产出 DEA 模型评价五省市的旅游产业效率情况，并且进行对比分析，以期为更科学评价与提升我国省域层面的旅游产业效率提供理论参考。

一、研究方法与数据来源

（一）旅游碳排放量的测算方法

旅游业是综合性产业，涉及食、住、行、游、购、娱等众多因素，要较准确计算特定地区的旅游业碳排放情况，必须全面考虑旅游过程中的各种产业要素。目前，我国还没有针对某产业碳排放的监测数据，现有测算碳排放量的研究多数是通过能源消耗测算出来的，本书将沿用此种研究方法。由于旅游业碳排放主要源于旅游相关部门能源消耗所释放出的二氧化碳，所以本书将旅游相关部门释放的二氧化碳作为碳排放量的考察对象。从我国现有的统计制度和方法实际看，现有的统计年鉴中并没有专门针对旅游业能源消耗的统计数据，因此，为了计算出各地区的旅游业碳排放量，必须从旅游相关部门中剥离出旅游业的能源消耗量①，然后通过能源消耗向碳排放转换的相

---

① 根据李江帆等（1999）的研究，旅游活动包括的"食、住、行、游、购、娱"等要素主要涉及我国国民经济行业分类体系中的交通运输、仓储和邮政业以及批发、零售业、住宿和餐饮业，因此，本书将上述产业作为与旅游密切相关的行业，计算出本书所需的旅游消费剥离系数和碳排放量。

关系数得出相关行业的碳排放量，最后将相关行业碳排放量加总，即可得出特定地区的旅游业碳排放量，计算公式如下：

$$C = \sum_{i=1}^{2} C_i \qquad (5-8)$$

$$C_i = \sum_{i=1}^{2} (E_{ij} r_j \beta) \qquad (5-9)$$

$$E_{ij} = E_{ij}^* \times S_i \qquad (5-10)$$

其中，C 表示特定地区旅游业的碳排放总量，C_i 表示交通运输、仓储和邮政业以及旅游批发、零售业、住宿和餐饮业中某个行业的旅游碳排放量，E_{ij} 表示交通运输、仓储和邮政业以及批发、零售业、住宿和餐饮业中某行业所消耗的 j 类能源中与旅游有关的部分，r_j 是 j 类能源折算标准煤参考系数①，β 是单位标准煤的二氧化碳排放量，本书采用已有文献的研究成果，使 $\beta =$ 2.45，E_{ij}^* 表示交通运输、仓储和邮政业以及旅游批发、零售业、住宿和餐饮业中某个行业所耗费的 j 类能耗量，S_i 表示交通运输、仓储和邮政业以及旅游批发、零售业、住宿和餐饮业中某个行业的旅游消费剥离系数，下文将对该系数计算方法做详细说明。

为了计算特定地区旅游业的碳排放量，按照公式（5-8）~公式（5-10），必须计算出特定行业的旅游消费剥离系数。本书采用李江帆等提出的"旅游消费剥离系数"概念，"旅游消费剥离系数"的方法是根据相应行业的增加值率把旅游总收入中的购物、饮食、交通、邮电通信、社会服务（含住宿、娱乐和其他服务）的总产值数折为增加值数，再把这些增加值与该行业全部增加值的比例作为旅游消费剥离系数。通过计算五个省市的"旅游消费剥离系数"，将旅游业的能耗从各相关行业能源消耗中剥离出来。计算公式为：

$$S_i = T_i / R_i \qquad (5-11)$$

其中，S_i 表示 i 行业的旅游消费剥离系数，R_i 表示行业增加值，T_i 表示 i 行业的旅游增加值，它可以通过 i 行业增加值率乘以 i 行业旅游收入得出，而 i 行业增加值率等于 i 行业增加值除以 i 行业总产值，需要特别说明的是，为了

---

① 资料来源：《综合能耗计算通则》（GBT2589-2008）、《能源统计知识手册（2006）》。

计算出旅游消费剥离系数所需的 i 行业旅游增加值，需要假定各部门的增加值率在 i 行业是均匀分布的。

需要特别说明的是，在各省年鉴中现行的国民经济核算体系中的产业分类中，旅游产业主要与第三产业中的交通运输、仓储和邮政业，批发和零售业，住宿和餐饮业三个行业部门有关；在《中国能源统计年鉴》的地区能源平衡表中，与旅游相关的产业包括交通运输、仓储和邮政业，批发、零售、住宿和餐饮业，这与国民经济核算体系中的产业分类基本一致。为了计算各省市的旅游消费剥离系数，将入境游客、国内游客消费调查中旅游消费构成的类型与国民统计核算体系、地区能源平衡表中的产业类型进行归类，调查项目中的长途交通、市内交通、邮电通信、其他四项属于产业类别中的交通运输、仓储和邮政业，景区游览、购物和娱乐三项对应产业类别中的批发和零售业，住宿、餐饮两项对应产业类别中的住宿和餐饮业，因为入境游客和国内游客消费结构不同，因此，分别计算出两类游客在相关产业中的消费量，并将这两部分加总。为了更准确地测算各省市旅游业的能源消耗量，同时结合现有统计年鉴中的行业统计数据分类情况，在上文分类基础上，将国民统计核算体系中的批发、零售业与住宿、餐饮业两类归为一类，因此，本书将旅游消费剥离系数分为两类：交通运输、仓储和邮政业的旅游消费剥离系数；批发、零售业、住宿和餐饮业的旅游消费剥离系数。

（二）旅游产业效率测算模型

1. 传统 DEA 模型

数据包络分析作为一种评价多投入多产出决策单位效率的方法，被广泛应用于各个领域。DEA 模型的核心思想是利用投入产出数据投射出最大产出或最小投入边界。DEA 方法最初由迟瑞斯、库珀和偌德斯（1978）提出，创立规模报酬不变的 CCR 模型；之后班克、查内斯和库珀（1984）用规模报酬变动假设取代了 CCR 模型的固定规模报酬假设，发展成 BCC 模型。DEA 模型又可以进一步分为产出导向模型和投入导向模型，本书以产出导向型规模报酬可变的 BCC（1978）为例进行说明。公式（5 - 12）即为产出导向 BCC 模型（将凸性限制 $\delta_1 + \delta_2 + \cdots + \delta_N = 1$ 去掉，即为 CCR 模型），其中，n 表示决策单位（DMU），m 表示产出变量，k 表示投入变量，第 i 个决策单位的相对效率即为 ϕ。

$$\underset{\phi,\delta}{\text{Max}} \quad \phi$$

$$s.t. \begin{cases} \sum_{n=1}^{N} \delta_n y_{mn} \geqslant \phi y_{mi}, \text{m} = 1,2,\cdots,M \\ \sum_{n=1}^{N} \delta_n x_{kn} \leqslant x_{ki}, \text{k} = 1,2,\cdots,K \\ \delta_1 + \delta_2 + \cdots + \delta_N = 1 \\ \delta_1, \delta_2, \cdots, \delta_N \geqslant 0 \end{cases} \qquad (5-12)$$

2. 非期望产出 DEA 模型

传统的 DEA 模型在进行效率评价时往往假设产出为期望产出，即产出越大，表明决策单位越有效。但是现实中往往存在非期望产出，比如人类经济活动造成的碳排放。这类非期望产出具有负的外部性，只有尽可能减少非期望产出才能实现最佳效率。但是，传统的 DEA 模型并不能处理非期望产出问题。刘勇等总结了 DEA 模型在处理非期望产出时的主要方法，包括：非期望产出作投入法、倒数转换法、双曲线法、转换向量法、方向性距离函数法、SBM 模型法等六种，其中由费耶等（2003）提出的方向性距离函数使用最为广泛。方向性距离函数法假设非期望产出具有弱随意处置性（weakly disposable，WD），即：想要减少非期望产出，必须牺牲部分期望产出。与之相对应的是强随意处置性（strongly disposable）：非期望产出可以任意处置，而期望产出不受影响。如同原始 DEA 模型一样，非期望产出 DEA 模型也可分为产出导向模型和投入导向模型，本书以产出导向的弱随意处置性 BCC-DEA 模型（将凸性限制 $\delta_1 + \delta_2 + \cdots + \delta_N = 1$ 去掉即为 CCR-DEA 模型）为例分析：

$$\underset{\phi,\delta}{\text{Max}} \quad \beta$$

$$s.t. \begin{cases} \sum_{n=1}^{N} \delta_n y_{mn} \geqslant (1+\beta) y_{mi}, \text{m} = 1,2,\cdots,M \\ \sum_{n=1}^{N} \delta_n y'_n = (1-\beta) y'_i, \\ \sum_{n=1}^{N} \delta_n x_{kn} \leqslant x_{ki}, \text{k} = 1,2,\cdots,K \\ \delta_1 + \delta_2 + \cdots + \delta_N = 1 \\ \delta_1, \delta_2, \cdots, \delta_N \geqslant 0 \end{cases} \qquad (5-13)$$

其中，y'_i 代表非期望产出，第 i 个决策单位的非期望产出效率即为 $1/(1+\beta)$。

为了更好地理解各省市的旅游产业效率，特将上文的原始 DEA 模型和非期望产出模型计算出效率进行分解，其中，规模报酬不变的 CCR 模型计算出的为综合技术效率，规模报酬变动下的 BCC 模型计算出的为纯技术效率，并且以综合技术效率除以纯技术效率得出规模效率。

（三）数据来源

旅游业碳排放测算所需数据来源于两方面：一方面，是计算旅游消费剥离系数所需数据，因为国内旅游和入境旅游消费结构不同，因此在计算相关旅游相关行业以及旅游业消费剥离系数时，分别使用了 2009~2011 年各省市入境游客和国内游客消费构成的抽样调查报告，此外，还需要 2010~2012 年北京、浙江、山东、湖北、海南的统计年鉴以及各省市统计局网站的相关行业产出的相关资料，各省市旅游统计公报、旅游统计概览、旅游统计便览等；另一方面，是五省市的能源消费数据，这来源于《中国能源统计年鉴（2010-2012）》中的地区能源平衡表，此外，为了计算五个地区的旅游碳排放量，需要从《综合能耗计算通则》（GBT2589-2008）和《能源统计知识手册（2006）》中获取各类能源折标准煤的参考系数。

在代表性省份旅游产业效率估算的投入指标选择方面，选择资本和劳动作为投入要素：一是选择五个省市旅游企业的固定资产原值作为资本投入指标，为消除价格因素，以固定资产投资价格指数折算为 2009 年的价格，单位是万元。二是选择 5 个省市旅游企业的旅游从业人数作为劳动力投入指标，单位是个人；在产出指标选择上，选择 5 个省市旅游企业的营业收入和营业税金作为产出指标，并且为剔除价格因素，以固定资产投资价格指数折算为 2009 年的价格，单位是万元。代表性省份旅游业效率估算所选数据来源于《中国旅游统计年鉴（副本）》（2010~2012 年）、《中国统计年鉴》（2010~2012 年）。需要说明的是，2009 年全国各省份对除了旅行社、星级酒店、旅游景区外的其他旅游企业的投入产出情况也做了统计，2010 年、2011 年则没有其他旅游企业的统计，因此，为了使《中国旅游统计年鉴（副本）》统计的 2009~2011 年旅游企业的统计口径一致，本书将 2009 年其他旅游企业的数据近似作为 2010 年、2011 年其他旅游企业的相应数据，并与旅游业其他行业数据加总得出各省份旅游业投入产出的情况，由于 2009 年其他旅游企业投入产出数据较旅游业总量数据小，因此，这样算出来的误差较小，并且实现了 2009～2011 年旅游统计口径一致。此外，由于 2010 年各省旅游景区投入产出数据缺失，因此，此行业 2010 年数据选取 2009 年与 2011 年相应数据均值。

二、实证结果与分析

（一）旅游产业碳排放测度

1. 五省市旅游业碳排放的总体特征

本书将五个省市的旅游碳排放分为旅游交通运输、仓储和邮电业的碳排放和旅游批发、零售、住宿和餐饮业的碳排放两个部分，并通过旅游消费剥离系数测算出五个省市旅游碳排放的分量以及总量情况（见表 5－6），各省市旅游业碳排放的比较将在下一部分讨论，这里我们考察综合五个省（市）的旅游业碳排放总量以及构成情况。从一定意义上说，从全国五个旅游大省（市）可以粗略地了解我国旅游业碳排放的总体情况。2009～2011 年五个省市的旅游碳排放总量持续攀升，从 4980.445 万吨增加到 6586.765 万吨，增长了 32.85%，三年间游客人均碳排放总量从 56.569 千克降为 54.088 千克，降幅为 4.39%，这一方面说明我国游客环保意识的增强，另一方面说明现代节能技术创新和新能源开发也促使游客人均碳排放量不断降低。从旅游碳排放的构成看，2009～2011 年旅游交通运输、仓储和邮电业的碳排放量以及游客人均量均高于旅游批发、零售、住宿和餐饮业的碳排放量以及游客人均量，这说明旅游交通运输、仓储和邮电业的旅游碳排放量决定了五个省市旅游业碳排放的总量情况，而且 2009～2011 年这种趋势保持相对稳定。

表 5－6　2009～2011 年五省市旅游业的碳排放量以及人均旅游碳排放量

地区	项目	2009 年	2010 年	2011 年
北京	旅游交通运输、仓储和邮电业的碳排放（人均）量	842.805 (51.351)	764.843 (41.590)	822.638 (38.498)
	旅游批发、零售、住宿和餐饮业的碳排放（人均）量	396.554 (24.162)	363.428 (19.762)	394.142 (18.445)
	旅游业碳排放（人均）总量	1239.359 (75.513)	1128.271 (61.352)	1216.78 (56.943)

地区	项目	2009 年	2010 年	2011 年
浙江	旅游交通运输、仓储和邮电业的碳排放（人均）量	599.092 (23.992)	986.444 (32.680)	1025.449 (29.489)
	旅游批发、零售、住宿和餐饮业的碳排放（人均）量	472.928 (18.939)	561.211 (18.593)	549.746 (15.809)
	旅游业碳排放（人均）总量	1072.02 (42.931)	1547.655 (51.273)	1575.194 (45.298)
山东	旅游交通运输、仓储和邮电业的碳排放（人均）量	941.567 (32.234)	1065.925 (25.304)	1111.651 (31.521)
	旅游批发、零售、住宿和餐饮业的碳排放（人均）量	466.042 (15.955)	495.141 (11.754)	530.769 (15.050)
	旅游业碳排放（人均）总量	1407.609 (48.189)	1561.066 (37.059)	1642.42 (46.751)
湖北	旅游交通运输、仓储和邮电业的碳排放（人均）量	586.183 (38.568)	741.631 (35.101)	1041.274 (38.047)
	旅游批发、零售、住宿和餐饮业的碳排放（人均）量	466.494 (30.693)	672.066 (31.809)	876.961 (32.043)
	旅游业碳排放（人均）总量	1052.676 (69.261)	1413.697 (66.910)	1918.235 (70.089)
海南	旅游交通运输、仓储和邮电业的碳排放（人均）量	179.352 (79.700)	193.717 (74.871)	205.853 (68.587)
	旅游批发、零售、住宿和餐饮业的碳排放（人均）量	29.428 (13.077)	23.814 (9.204)	28.284 (9.424)
	旅游业碳排放（人均）总量	208.781 (92.778)	217.531 (84.075)	234.136 (78.010)
五省市综合	旅游交通运输、仓储和邮电业的碳排放（人均）量	3148.999 (35.767)	3752.561 (32.798)	4206.864 (34.545)
	旅游批发、零售、住宿和餐饮业的碳排放（人均）量	1831.445 (20.802)	2115.659 (18.491)	2379.901 (19.543)
	旅游业碳排放（人均）总量	4980.445 (56.569)	5868.22 (51.289)	6586.765 (54.088)

注：五省市各年的旅游业碳排放量在括号外，单位是万吨；括号内的数据是五省市的旅游碳排放人均量，单位用千克表示。

资料来源：根据文中公式自行计算得出。

2. 五省市旅游业碳排放的比较

从五个省市的旅游业碳排放总量对比情况看，2009～2011年海南省旅游业碳排放总量始终最低，其中，2011年海南旅游业碳排放总量只是同年最高的湖北省的12.20%，这与海南旅游经济总量较小密切相关。2009～2011年湖北旅游业碳排放总量呈现爆炸式增长，在五个省市排名中从2009年的第三位增加到2011年的第一位。2009～2011年浙江旅游业碳排放总量始终处于五个省市的中间位置，并且随着时间变化，碳排放总量增长有放缓的趋势，由2010年较上年增长44.37%降低到2011年1.78%的增长率。北京旅游业碳排放总量由2009年的第二位降低到2010年、2011年的第四位，并且碳排放总量绝对值随着时间呈现逐年下降势头，由2009年的1239.359万吨降到2011年的1216万吨，这是五个省市中唯一的碳排放总量逐年下降的地区。

从旅游业碳排放人均总量对比情况看，虽然2009～2011年海南旅游业碳排放总量在五个省市均是最小，但是海南旅游业人均碳排放量却是最高的，这与海南特殊的地理位置和客源结构密切相关。因为来海南游客交通工具以飞机等为主，这导致交通等方面的能耗较大，这从表5-5显示的海南旅游碳排放构成情况可以看出，2009～2011年海南旅游交通运输、仓储和邮电业的碳排放人均量分别达到79.700千克、74.871千克、68.587千克，比2009～2011年五个省市中排名第二的人均碳排放量分别多出28.349千克（北京）、39.77千克（湖北）、30.54千克（湖北），这说明旅游交通运输、仓储和邮电业在海南旅游碳排放中占据决定性地位。从以上分析及表5-5可知，2009～2011年海南旅游业人均碳排放量的平均值在五个省市排名第一，达到84.954千克，虽然海南旅游业碳排放造成的环境压力总量上较小，但是由于游客人均碳排放较多，因此，随着海南旅游经济规模和人次不断扩大，对海南旅游业造成的环境压力需要引起足够的重视。其他省市中，三年的人均碳排放平均值排在第二位的湖北为68.753千克，湖北旅游业人均碳排放量高居不下需要引起当地政府的高度关注。第三位的北京为64.603千克，北京作为世界知名旅游目的地，连续的雾霾天气给旅游发展造成了极坏影响，北京要想创造良好的旅游环境，首先游客要不断降低人均碳排放量。浙江、山东分别以46.50千克、43.94千克分列第四、第五位，两省的旅游人均碳排放量相对较小。

从时间变化趋势看，2009~2011年五个省市旅游业碳排放人均总量逐年下降的地区只有北京、海南，浙江旅游业碳排放人均总量呈现先增后减的倒"U"型变化，与此相反，山东、湖北两个地区的旅游业碳排放人均总量呈现先减后增的"U"型变化。从碳排放人均总量的构成分析，2009~2011年五个省市的旅游交通运输、仓储和邮电业的碳排放人均量均大于旅游批发、零售、住宿和餐饮业的碳排放人均量，未来五个省市要减少旅游碳排放人均量均需要将交通运输、仓储和邮电业节能减排作为重点，提高该行业传统能源利用效率，增加新型能源应用规模，加快节能减排技术创新，提高游客资源节约和环境保护的意识。

（二）旅游产业效率评价

1. 旅游综合技术效率的统计特征

从2009年、2010年、2011年五省市旅游产业综合技术效率的统计结果看（见表5-7），不考虑碳排放情况下，五省市在三年的旅游综合技术效率均值分别为0.892、0.817、0.867，最小值分别为0.701、0.647、0.694，2009~2011年各省市的综合效率水平总体较高。在考虑碳排放情况下，五省市在三年的平均综合技术效率分别为0.938、0.811、0.919，最小值分别为0.764、0.621、0.771，除了2010年外，2009年、2011年考虑碳排放的综合技术效率高于不考虑碳排放的效率，考虑碳排放情况下，各省市旅游综合技术效率变化较明显。下文将详细分析不考虑碳排放的旅游综合技术效率及其分解效率的实证结果，测算基于碳排放的旅游综合技术效率及其分解效率情况，分析考虑碳排放与否的效率对比情况。

表5-7 2009~2011年五省市旅游产业效率的统计情况

效率类型		2009年			2010年			2011年		
		较有效率省市个数	最小值	均值	较有效率省市个数	最小值	均值	较有效率省市个数	最小值	均值
不考虑碳排放的旅游产业效率	综合技术效率	3	0.701	0.892	2	0.647	0.817	3	0.694	0.867
	纯技术效率	5	1	1	3	0.732	0.898	4	0.790	0.958
	规模效率	3	0.701	0.892	4	0.718	0.911	4	0.694	0.908

续表

效率类型		2009 年			2010 年			2011 年		
		较有效率省市个数	最小值	均值	较有效率省市个数	最小值	均值	较有效率省市个数	最小值	均值
考虑碳排放的旅游产业效率	综合技术效率	4	0.764	0.938	2	0.621	0.811	4	0.771	0.919
	纯技术效率	5	1	1	4	0.679	0.936	4	0.779	0.956
	规模效率	4	0.764	0.938	3	0.774	0.869	5	0.825	0.923

注：特定省市的旅游产业效率值低于 0.6 称为无效率；效率值为 0.6 ~ 0.8（不包括 0.8）称为一般有效率；效率值为 0.8 ~ 1 称为较有效率。

资料来源：根据文中公式自行计算得出。

在不考虑旅游"坏产出"碳排放情况下，通过传统的 DEA 模型对 2009 ~ 2011 年的投入产出数据测算而得出各省市旅游产业效率值及其统计特征（见表 5 - 7、表 5 - 8）。从不考虑碳排放的实证结果可知，2009 年，五省市的平均综合技术效率值为 0.892，平均纯技术效率值为 1，平均规模效率值为 0.892，其中，各省市的平均综合技术效率、平均规模效率离最优效率最远，平均纯技术效率得到较完美发挥；2010 年，五省市的平均综合技术效率值为 0.817，平均纯技术效率值为 0.898，平均规模效率值为 0.911，各省市的规模效率得到较好发挥，综合技术效率发挥最不充分；2011 年，综合技术效率及其分解的规模效率、纯技术效率的平均值中，最小的为综合技术效率的 0.867，最大均值为纯技术效率的 0.958。从省市个体分析，2009 年五个省市的综合技术效率达到最优的是北京、山东 2 个城市，而 2010 ~ 2011 年北京和浙江两个城市的综合技术效率均达到最优；2009 ~ 2011 年综合技术效率值达到 0.80 以上的省市分别达到了 3 个、2 个、3 个，而且没有一个省市综合效率水平低于 0.6，三年中五个省市的综合技术效率水平总体较高，说明中国各省市在努力提升旅游经济规模的同时，注重旅游资源利用率和产业效率，五个地区以市场竞争提高资源使用效率，防止旅游资产过度投资和大规模资源浪费。

表5-8　　　　　　　2009~2011年五省市的旅游产业效率值

年份	省市	不考虑碳排放的旅游业效率			考虑碳排放的旅游业效率		
		综合技术效率	纯技术效率	规模效率	综合技术效率	纯技术效率	规模效率
2009	北京	1	1	1	1	1	1
	浙江	0.994	1	0.994	1	1	1
	山东	1	1	1	1	1	1
	河北	0.763	1	0.763	0.764	1	0.764
	海南	0.701	1	0.701	0.928	1	0.928
2010	北京	1	1	1	1	1	1
	浙江	1	1	1	1	1	1
	山东	0.722	0.732	0.986	0.658	1	0.658
	河北	0.647	0.759	0.852	0.621	0.679	0.915
	海南	0.718	1	0.718	0.774	1	0.774
2011	北京	1	1	1	1	1	1
	浙江	1	1	1	1	1	1
	山东	0.775	0.79	0.981	0.771	0.779	0.990
	河北	0.867	1	0.867			
	海南	0.694	1	0.694	0.825	1	0.825

资料来源：根据文中公式自行计算得出。

　　与综合技术效率相比，2009~2011年各省市的纯技术效率得到较充分发挥，纯技术效率值达到0.80以上的省市个数分别达到5个、3个、4个，而且这些省市全部达到了最优的效率前沿面；2009~2011年规模效率在三类效率中的表现中等，规模效率值达到0.80以上的省市个数有3个、4个、4个。在不考虑碳排放条件下，2009年、2011年五省市旅游业的纯技术效率均值大于规模效率均值，并且除了2011年海南省的旅游规模效率为0.694外，2009~2011年五省市的纯技术效率与规模效率的最小值均大于0.7。2009~2011年我国五个省市综合效率极其分解效率总体水平较高，符合地方实际，这五个省市均是将旅游业作为战略性支柱产业或者支柱产业予以高度重视的地区，各地区均呈现出旅游市场进入退出壁垒低、市场激烈竞争的特征，从而导致近年来这些地区旅游产业效率水平较高，未来中国各地方政府需要加强政策引导和规制，引导旅游企业进行规模调整，进一步提高旅游企业规模效率和产业竞争力。

2. 考虑碳排放的旅游产业效率

本部分通过非期望产出 DEA 模型测算了同时包括"好产出"旅游营业收入、营业税金和"坏产出"旅游碳排放下的旅游产业效率，见表 5 - 6。实证结果显示，考虑碳排放情况下，2009～2011 年五省市的综合技术效率均值分别为 0.938、0.811、0.919，2009 年、2011 年的综合技术效率均值 0.938、0.919 要比同年不考虑碳排放时的 0.892、0.867 更高，而 2010 年综合技术效率相比之下略低，2009～2011 年旅游综合技术效率均值达到 0.8 以上的省市个数达到 4 个、2 个、4 个。考虑碳排放情况下，2009～2011 年纯技术效率均值分别为 1、0.936、0.956，三年中纯技术效率均值达到 0.8 以上的省市个数分别达到 5 个、4 个、4 个，同时，规模效率均值分别为 0.938、0.869、0.923，三年中规模效率均值达到 0.8 以上的省市个数为 4 个、3 个、5 个，总体来看，2009～2011 年五省市旅游业的纯技术效率均值均大于同期的规模效率均值。

通过对比表 5 - 7 不考虑碳排放与考虑碳排放的旅游业效率测算结果可知，如果对旅游业中"坏产出"碳排放量加以考虑，五省市的旅游产业效率发生了不同程度的变动（见表 5 - 9）。由表 5 - 8 可知，在产出中加入了碳排放因素后，2009 年，北京、山东的综合技术效率保持不变，这是由于这些省市的纯技术效率和规模效率均保持不变决定的，从而综合技术效率保持稳定；同时，浙江、河北、海南三省的综合技术效率上升，这是由于这些省市的纯技术效率不变情况下，规模效率上升的力量决定了综合技术效率呈现上升态势。2010 年，北京、浙江的综合技术效率不变，纯技术效率和规模效率均不变决定了综合技术效率保持不变；同时，海南的综合技术效率呈现上升状态，这是由于纯技术效率不变情况下，海南省旅游业的规模效率上升引起的；山东的综合技术效率呈现下降态势，这是由于纯技术效率上升，规模效率下降，并且山东规模效率下降的力量超过了纯技术效率上升的力量，从而促使它的综合技术效率下降；对河北来说，虽然它的纯技术效率或规模效率均呈现上升态势，但是两者的综合乘数效应使其综合技术效率也出现轻微下降的态势。2011 年，北京、浙江两省市的综合技术效率保持不变，这是由于纯技术效率或规模效率均不变决定的；河北、海南两省的综合技术效率呈现上升态势，这是由纯技术效率不变情况下，规模效率上升的力量拉动两省的综合技术效率上升决定的；山东省的综合技术效率呈现下降态势，因为规模效率上升的同时，纯技术效率呈现下降态势，并且规模效率下降的力量超过了纯技术效率上升的力量，从而促使它的综合技术效率下降。从以上分析可知，与不考虑碳排放相比，基于碳排放下的旅游综合技术效率从 2009 年的下降或不变状态向 2010～2011 年的分化状态转变，也就是各省份在 2010 年、2011 年会出现效率不变、下降、上升等复杂的不规律变化特征，这一方面说明考虑碳排放的旅游产业效率与不考虑碳排放时存在显著差异，因此，对已有大多不考虑碳排放的旅游产业效率研究结果要持谨慎态度，未来进行政策制定或产业实践指导需要依据更加科学的基于碳排放的旅游产业效率相关研究；另一方面说明各地区在旅游节能减排的激励政策以及监管、处罚力度差异导致各地旅游业在要素投入资源优化配置、资源利用方式、企业规模等方面进行调整幅度、速度存在差异，从而在各省市高度重视旅游业可持续发展和碳排放的背景下，他们的旅游综合技术效率会呈现出复杂的变化特征。现在我国旅游业正处于从大众旅游市场初级阶段向中高级阶段过渡时期，地方更加重视旅游环境、可持续发展问题，这就要求政府在旅游节能减排激励政策与旅游企业投入产出资源优化配置方面协调配合，促使旅游企业有足够的动力提升效率，从整体上提高旅游业的综合技术效率。

表 5-9 2009～2011 年不考虑与考虑碳排放下五省市的旅游产业效率变动情况

年份	效率变动类型		包括的省市
2009	综合技术效率不变	纯技术效率或规模效率均不变	北京、山东
	综合技术效率上升	纯技术效率不变，规模效率上升	浙江、河北、海南
2010	综合技术效率不变	纯技术效率或规模效率均不变	北京、浙江
	综合技术效率上升	纯技术效率不变，规模效率上升	海南
	综合技术效率下降	纯技术效率上升，规模效率下降	山东
		纯技术效率或规模效率均上升	河北
2011	综合技术效率不变	纯技术效率或规模效率均不变	北京、浙江
	综合技术效率上升	纯技术效率不变，规模效率上升	河北、海南
	综合技术效率下降	纯技术效率下降，规模效率上升	山东

三、小结与讨论

通过借鉴"旅游消费剥离系数"概念，得出了我国北京、山东、浙江、湖北、海南五个代表性省份旅游业的碳排放量情况。结果显示，2009～2011年五省市的旅游碳排放总量持续攀升，而游客人均碳排放总量从56.569千克降为54.088千克；2009～2011年海南省旅游业碳排放总量始终最低，湖北排名由2009年的第三位急剧增加到2011年的第一位，而北京是五省市中唯一的碳排放总量逐年下降的地区；从人均总量对比情况看，虽然2009～2011年海南旅游业碳排放总量在五个省市均是最小的，但是海南旅游业人均碳排放量却是最高的，2009～2011年五个省市中只有北京、海南旅游业碳排放人均总量逐年下降，浙江呈现倒"U"型变化特征，而山东、湖北两省呈现"U"型变化特征。

在不考虑碳排放情况下，2009～2011年综合技术效率值达到0.80以上的省市分别达到了3个、2个、3个，而且五省市综合效率水平均高于0.6，三年中五省市的综合技术效率水平总体较高；与综合技术效率相比，2009～2011年各省市的纯技术效率得到较充分发挥，纯技术效率值达到0.80以上的省市个数分别达到5个、3个、4个，而且这些省市全部达到了最优的效率前沿面；2009～2011年规模效率在三类效率中的表现中等，规模效率值达到0.80以上的省市个数有3个、4个、4个，2009～2011年我国五省市综合效率极其分解效率总体水平较高符合地方实际，这5个省市均是将旅游业作为战略性支柱产业或者支柱产业予以高度重视的地区，旅游市场竞争激烈和产业竞争力较强等因素导致自身效率不断增强。在考虑碳排放情况下，2009～2011年旅游综合技术效率均值达到0.8以上的省市个数达到4个、2个、4个；纯技术效率均值分别为1、0.936、0.956，三年中纯技术效率均值达到0.8以上的省市个数分别达到5个、4个、4个；同时，规模效率均值分别为0.938、0.869、0.923。总体来看，2009～2011年五省市旅游业的纯技术效率均值均大于同期的规模效率均值。与不考虑碳排放情况相比，考虑碳排放情况下，五省市的旅游产业效率发生了不同程度的变动，在产出中加入了碳排放因素后，2009年，北京、山东的综合技术效率保持不变，浙江、河北、海南三省的综合技术效率上升；2010年，北京、浙江的综合技术效率不变，规模效率上升引起海南的综合技术效率呈现上升状态，而规模效率下降幅度超过纯技术效率上升幅度，使山东的综合技术效率呈现下降态势，对河北来说，其综合技术效率出现轻微下降的态势；2011年，北京、浙江两省市的综合技术效率保持不变，河北、海南两省的综合技术效率呈现上升态势，而山东省的综合技术效率呈现下降态势。

　　值得注意的是，本书是对同时考虑"好产出"和"坏产出"的旅游产业效率的积极探索，但是由于数据可得性原因，仅考虑2009~2011年五省市的旅游效率情况，未来需要评价更长时间、更广空间范围内我国代表性省份的旅游产业效率，以期发现更多我国旅游产业效率的变化规律。

第六章
我国旅游产业效率的影响机理分析

本章主要分析我国动态效率（全要素生产率）的影响因素和过程，分为两部分进行讨论，第一部分是第一节的计量模型是实证分析，以我国代表性城市为样本，用面板数据模型分析了我国全要素生产率的影响因素，考虑到很多影响旅游产业效率的宏观变量统计数据无法获取，同时旅游工作方式、投资等变量对于我国旅游产业效率又至关重要，因此，第二部分即第二、三、四节会单独分析影响我国旅游产业效率重要的旅游工作方式、旅游投资和智慧旅游，并且分析下一步通过改善这些变量、促进旅游产业效率的具体举措。

第一节　我国旅游产业效率的影响因素和机制分析

中国特色社会主义进入了新时代，新时代我国社会的主要矛盾已转化为人民日益增长的美好生活需要和不平衡不充分的发展之间的矛盾。就旅游领域而言，表现为人民日益增长的旅游美好生活需要和不平衡不充分的旅游发展之间的矛盾，这意味着我国旅游业今后的发展理念、发展方式和发展重点都要随之转型。2017 年底的中央经济工作会议上，习近平总书记指出，新时代我国经济发展的特征，就是我国经济已由高速增长阶段转向高质量发展阶段。为此，2018 年全国旅游工作会议提出，以发展优质旅游来持续增加旅游的有效供给和高质量供给，推进中国旅游业从高速增长向高质量发展转型。在紧接着召开的国务院旅游工作部际联席会议第五次全体会议上，指出要全面贯彻党的十九大精神，紧扣我国社会主要矛盾变化，大力推动旅游业提质增效和转型升级，实现高质量发展，打造国民经济战略性支柱产业和综合性幸福产业。在新常态，旅游生产率对于旅游业高质量增长至关重要，要推动旅游高质量增长，必须弄清楚影响旅游生产率的因素。在我国，旅游产业效率大小不但与旅游系统内部各要素之间的分配组合相关，同时也与我国旅游业所处的产业环境、制度、地区产业结构、经济水平等宏观因素相关，在通过面板数据模型可以筛选出我国产业生产率的宏观影响变量，而对旅游效率的影响机制进行综合性研究与解释，这可以从实践上回答如何最大化利用旅游资源问题。

综上，本书拟基于 Cobb-Douglas 生产函数建立我国旅游生产率的影响因素的面板模型，采用 2002～2017 年全国 23 个主要旅游城市的面板数据，对旅游业全要素生产率进行测算并分解为技术进步、技术效率变动和规模效率变动，并依据旅游产业特点在 Leiper 旅游地理系统模型基础上，加入国际贸易、FDI 和政策等影响旅游产业发展的其他影响因素，分 2002～2008 年、2009～2013 年、2014～2017 年三个阶段探索不同时期我国旅游产业生产率的驱动要素转换规律，以期为推动旅游产业高质量发展的路径选择提供理论依据。本书拟选择 2002～2017 年数据并划分 2002～2008 年、2009～2013 年、2014～2016 年三个研究阶段，主要基于以下考虑：一是 1999 年我国开始推行黄金周休假制度，拉开了国内大众旅游时代的序幕，而 2002 年之前分城市的国内旅游数据统计缺失较严重，为了获得较为完整的面板数据而选择从2002 年开始进行研究；二是 2009 年《国务院关于加快旅游业发展的意见》出台，旅游业上升为国家战略；三是 2014 年《国务院关于促进旅游业改革发展的若干意见》出台，此后，全域旅游创新发展，旅游综合改革不断深化，旅游发展环境得到全面优化。同时，上述研究阶段的划分恰巧剔除了 2008 年金融危机的影响。

一、模型构建和数据来源

（一）城市旅游业全要素生产率的测算

本书基于 DEA-Malmquist 指数方法，应用软件 DEAP2.1 测算旅游业全要素生产率。具体测算过程以年末旅游从业人员数量和旅游企业实际资本存量作为投入变量，以旅游企业营业收入作为产出变量，研究对象为《中国旅游统计年鉴（副本）》中纳入统计的旅游企业，包括旅行社、星级饭店、旅游景区等。借鉴郭庆旺和贾俊雪的研究方法，资本投入采用永续盘存法推算得出某一时期内的资本存量来表示，其中固定资本折旧率同样设定为 5%，同时利用固定资产投资价格指数进行平减处理，得到以 2002 年为基期的实际资本投入，旅游产出亦利用固定资产投资价格指数作同样处理。

（二）城市旅游生产率影响因素的模型构建

根据公式（6-1），旅游产业的增长来源于全要素生产率的增长以及资本存量和人力资本投入的增加。对公式（6-1）两边取对数，将全要素生产率增长与旅游产业增长自变量和因变量互换后，则有全要素生产率变化影响因素的基础模型：

$$\ln A_{it} = a_1 \ln Y_{it} + a_2 \ln K_{it} + a_3 \ln L_{it} + \varepsilon \qquad (6-1)$$

旅游产业是围绕旅游者活动展开的资源配置型产业，为了更加科学地厘清旅游产业的增长机制，本书根据 Leiper 的旅游系统模型进行调整，从旅游客源地、旅游通道、旅游目的地和系统环境四个维度构建了影响旅游产业增长的因子体系，进而影响旅游全要素生产率。其中，旅游客源地维度主要考虑旅游市场需求因素；旅游通道既是实现旅游者空间转移的载体，也是贸易流、资金流的通道，上述二者对旅游产业效率的促进作用也得到了不少学者的证实，因此，该维度主要考虑国际货物进出口贸易和外商直接投资因素；旅游目的地维度主要考虑影响旅游供给的基础设施、旅游产业的资本存量、人力资本要素；从系统环境维度来看，目的地经济发展水平和政策机制也是影响旅游产业效率的重要因素。此外，本书进一步考察技术进步、技术效率变动和规模效率变动对旅游对全要素生产率的影响机制。因此，本研究拟采用面板数据模型，建立如下城市旅游业的全要素生产率影响因素的计量模型：

$$\ln A_{it} = a_0 + a_1 TE_{it} + a_2 EF_{it} + a_3 SE_{it} + a_4 \ln M_{it} + a_5 \ln F_{it}$$
$$+ a_6 \ln TR_{it} + a_7 \ln I_{it} + a_8 \ln K_{it} + a_9 \ln L_{it} + a_{10} \ln GDP_{it}$$
$$+ a_{11} P_{it} + a_{12} \ln Y_{it} + a_{13} \ln ER_{it} + \varepsilon \qquad (6-2)$$

其中，下标 i 和 t 分别表示城市和时间，δ、a_1、a_2、a_3、…、a_{13} 为待估参数，TE、EF、SE、M、F、TR、I、K、L、GDP、P、Y、EN 分别表示技术进步、技术效率变动、规模效率变动、旅游市场需求、外商直接投资、国际货物贸易、基础设施、资本存量、人力资本、经济发展水平、政策因素、旅游收入、营商环境。需要说明的是，由于旅游产业在旅游业刺激政策实施前后的发展可能有所变化，因此引入虚拟变量 P_{it}，如城市 i 于 t 年颁布旅游业促进政策，则该年度之后的年份 $P_{it}=1$，否则观测期内其他年份 $P_{it}=0$。

（三）变量说明与数据来源

技术进步 TE_{it}、技术效率变动 EF_{it} 和规模效率变动 SE_{it} 分别表示各城市旅游业技术水平变化、旅游业技术效率变化和旅游业规模效率变化，以上指标数据为本研究计算得出。旅游业产出 Y_{it}、资本存量 K_{it} 和外商直接投资 F_{it} 分别以各城市旅游企业营业收入、旅游企业固定资产净值和实际使用外资额表示，且均以固定资产投资价格指数折算为 2002 年的价格，人力资本 L_{it} 以各城市旅游企业的从业人员表示，旅游市场需求 M_{it} 以各城市旅游总人次表示，以上指标数据来源为《中国旅游统计年鉴（副本）》（2003～2017 年）和各城市统计年鉴（2003～2017 年）。国际货物贸易 TR_{it} 和经济发展水平 GDP_{it} 分别以各城市进出口货物总额和地区生产总值表示，且分别使用 CPI 缩减成基期为2002 年的实际值，上述数据来源为各城市统计年鉴（2003～2017 年）。基础设施 I_{it} 以各城市年末道路面积表示，数据来源为《中国城市统计年鉴》（2003～2017 年）。政策因素 P_{it} 为虚拟变量，主要考察旅游业上升为国民经济战略性支柱产业后各城市以市政府名义出台的旅游产业促进政策对旅游业增长的贡献。根据数据可得性，本书选取的 23 个代表性城市分别是沈阳、大连、长春、哈尔滨、南京、无锡、苏州、杭州、宁波、黄山、青岛、武汉、广州、深圳、珠海、中山、桂林、海口、成都、昆明、西安、北京、上海。

二、计量结果分析

本书通过测算，采用普通最小二乘法回归模型 OLS 和固定效应面板数据模型分析我国城市旅游业全要素生产率的影响因素，模型计量结果见表 6-1。

表 6-1　我国城市旅游产业全要素生产率的影响因素模型计量结果情况

变量	OLS（整体）	固定效应（整体）	固定效应（2002～2008 年阶段）	固定效应（2009～2013 年阶段）	固定效应（2014～2017 年阶段）
EF	1.058 ***	1.055 ***	1.034 ***	1.134 ***	1.077 ***
TE	0.915 ***	0.910 ***	0.894 ***	0.885 ***	1.000 ***
SE	0.025	0.022	0.031 **	-0.087	-0.007
$\ln TR$	0.005	-0.015	-0.012	0.019	-0.007

变量	OLS（整体）	固定效应（整体）	固定效应（2002～2008 年阶段）	固定效应（2009～2013 年阶段）	固定效应（2014～2017 年阶段）
$\ln F$	0.004	0.003	− 0.014	0.040	0.006
$\ln M$	− 0.002	0.014	− 0.045 *	0.115	0.009
$\ln E$	− 0.002	− 0.019	0.033	− 0.141	0.049
$\ln I$	− 0.001	− 0.000	0.003	0.002	0.001
$\ln K$	− 0.033 ***	− 0.041 ***	− 0.026	− 0.111 **	− 0.011
$\ln L$	0.003	− 0.017	− 0.051	− 0.058	0.163 ***
$\ln Y$	0.023 **	0.034 **	0.028	0.127	− 0.068 ***
$DUM1$	− 0.016 **	− 0.013 *			
P	0.006	0.002	0.029	− 0.058 *	0.029
a	− 0.957 ***	− 0.398	− 0.564	− 0.278	− 0.944
N（样本数）	322	322	138	92	92
$R\text{-}sq$	0.975	0.975	0.989	0.948	0.991

注：$DUM1$ 是在 2002～2017 年整体时间段模型中加入的虚拟变量，其他三个分时间段没有此虚拟变量；t 检验显著性方面；* 表示 $p < 0.1$，** 表示 $p < 0.05$，*** 表示 $p < 0.01$。

资料来源：自行计算出的结果。

通过普通最小二乘法（OLS）模型和固定效应面板数据模型可以得出 2002～2017 年我国城市旅游产业全要素生产率的影响因素，测算结果显示，影响我国城市旅游全要素生产率的因素有技术效率变动、技术变动、资本和旅游收入四个要素，规模效率变动、旅游市场需求、外商直接投资、国际货物贸易、基础设施、人力资本、经济发展水平、政策因素、营商环境九个要素对旅游全要素生产率的变动影响不显著。从影响要素的系数来看，技术效率变动和技术变动的正向增加能够显著提升全要素生产率，而且技术效率比技术进步能够更高地提升全要素生产率的水平，从而提升旅游业的发展质量，资本增加对于全要素生产率会产生相反的作用，这可能是由于这些年旅游过度投资导致旅游投资与人力资本协调关系不合理造成的，旅游资本过多反而不利于发挥全要素生产率的潜力，此外旅游收入增加会显著提升全要素生产率，这说明这些城市通过规模经济、范围经济等在提升旅游收入的同时，相应地带动全要素生产率得到提升。在其他没有显著影响全要素生产率的因素中，基础设施、政策创新、外商直接投资等持续投入还是没有显著提升城市旅游的全要素生产率，这是我国相关城市在以后硬件建设和宏观软环境优化方面需要特别注意的，要注重当地居民和游客利益共享角度去发挥政府在公共设施和服务提供方面的综合效率。

通过固定效应面板数据模型可以得出 2002～2008 年、2009～2013 年、2014～2017 年三个阶段我国城市旅游产业全要素生产率的影响因素，计量结果显示，2002～2008 年第一阶段，影响我国城市旅游全要素生产率的因素是技术效率变动、技术变动、规模效率变动、旅游市场需求等四个要素，而外商直接投资、国际货物贸易、基础设施、资本存量、人力资本、经济发展水平、政策因素、旅游收入、营商环境等九个要素没有对第一阶段旅游全要素生产率产生影响；2009～2013 年第二阶段，影响我国城市旅游全要素生产率的因素是技术效率变动、技术进步和资本要素等三个要素，规模效率变动、外商直接投资、国际货物贸易、基础设施、旅游市场需求、人力资本、经济发展水平、政策因素、旅游收入、营商环境等十个要素没有对第二阶段旅游全要素生产率产生影响；2014～2017 年第三阶段，影响我国城市旅游全要素生产率的因素是技术效率变动、技术进步、人力资本和资本要素等四个要素，规模效率变动、外商直接投资、国际货物贸易、基础设施、旅游市场需求、经济发展水平、政策因素、旅游收入、营商环境等九个要素没有对第三阶段旅游全要素生产率产生影响。从影响因素系数看，第一阶段，影响全要素生产率的技术效率、技术变动、规模效率都是正向的，而且影响大小呈现技术效率—技术变动—规模效率依次递减状态，所以第一阶段一方面要优先发展技术效率等影响大的因素的作用，另一方面还要挖掘技术变动、规模效率的潜能，不断提升影响效能；第二阶段，影响全要素生产率的技术效率变动、技术变动都是正向的，而且技术效率变动的作用要显著大于技术变动，这说明这一阶段智慧旅游刚刚发展，技术进步对于全要素生产率的推动作用相对较大，形成鲜明对比的是第三阶段，技术进步与技术效率变动对于城市全要素生产率的影响已经非常接近，而且效能都比较大，第二阶段中，资本积累和政策创新对于全要素生产率的影响都是反向的，这说明资本积累与劳动力配置不合理导致全要素生产率的作用大大降低、甚至出现副作用，同时政策创新并没有对全要素生产率产生好的作用，这可能是由于政策对于生产力的提升针对性不足，另外，就是政策更多是鼓励投资、项目开发等经济规模，反而忽视了经济效率的提升所导致的；第三阶段中，旅游技术效率变动、技术变动和人力资本对于我国城市旅游全要素生产率提升都是正向的，旅游收入增长反而降低了全要素生产率的水平。

从我国城市旅游全要素生产率的影响因素评价结果来看，在西方发达国家旅游产业效率提高过程中起到显著作用的目的地建设、旅游基础设施、公共服务水平、营商环境、旅游政策创新等宏观因素，在我国城市旅游全要素提升中的作用很不显著，这一方面需要我国进一步加强硬件和软环境建设中的旅游效能发挥，另一方面需要提升旅游政策创新和旅游目的地建设的与时俱进性和精准性，形成一系列符合我国旅游产业发展阶段的政策组合，并且根据产业发展需要进行适时调整。同时，要在旅游产业效率提升中，重点提升旅游工作方式、旅游投资和智慧旅游等重大工程的发展效率，从而以点带面形成系统化的城市旅游产业效率提升战略。

第二节　旅游管理方式创新影响旅游要素使用效率

当前，我国旅游业的主要矛盾已经是广大游客日益增长的旅游需求与旅游发展不平衡、不充分之间的矛盾，旅游从"有没有"向"好不好"转变。在大众旅游时代，我国旅游业的发展方式从注重规模为主的粗放型向注重效率为主的质量优先型转变，发展方式转变将倒逼工作方式的转变。为了满足人民群众对于美好旅游体验的需求，必须创新旅游体制机制，改造限制发展旅游生产力的体制机制障碍，从而不断提升旅游要素的使用效率。党的十八大提出的"中国梦"意味着新一届政府的战略导向不再是单一的国家强盛，而是在国家强盛的基础上更加追求人民的幸福。特别是近年来中央领导的涉旅讲话和旅游法持续发挥作用，意味着旅游业的发展环境和发展方式正面临转折与变革。旅游发展方式的转变将倒逼管理方式和政府职能加快转变。未来旅游主管部门要以发展的理念推进市场化进程，有效限制行政权力范围，以专业化协调机构为目标，由准入监管向运营监管转变。重点推进构建依法治旅背景下的网络化协作机制、打好国内外交流的旅游牌、行业从业人员素质提升工程等系列工作。

一、"中国梦"战略格局中的旅游发展环境

第一，在国家富强的基础上追求人民幸福是党和国家新的战略部署。经过40多年高速增长，我国经济社会发展成就世界瞩目。目前，我国已是仅次于美国的世界第二大经济体，市场在资源配置中的基础性作用逐渐显现，市场活力得以释放。据测算，我国民营经济占GDP的比重已超过60%，民营经济就业占全国非农就业的85%以上。随着法制化进程的推进，依法治国作为党领导人民治理国家的基本方略已深入政治、经济、社会、文化和生态建设中。党的十八大报告中提出了两个百年目标的"中国梦"，这标志着我国治国理念从注重国家富强向兼顾国家强盛和人民幸福方向转变。中央政府将经济发展、改善民生和社会公正列为政府的三大施政目标，其中，人民富裕和幸福成为政府工作的重点。为了给全面建成小康社会提供制度保障，国家提出以职能转变为核心，通过简政放权加强行政效能。在新的历史机遇下，必须坚持以科学发展为主题，以经济发展方式转变为主线，用发展的办法解决前进中的问题，才能实现国家富强基础上人民幸福的战略部署。

第二，加快发展方式转变是旅游业服务于国家发展大局的要求。2009年，国务院41号文件《关于加快发展旅游业的意见》中提出了旅游业两大战略目标，旅游业开始全面融入国家战略。近期中央领导的一系列涉旅讲话凸显了旅游业服务于国家发展大局的战略性地位。习近平主席明确提出，旅游是人民生活水平提高的重要指标，在海南考察期间，指出要软硬兼修发展高水平旅游业。这既是对旅游业通过彰显经济实力和文化软实力促进国际事务的肯定，又对旅游业发展提出了更高的要求。由于旅游业在国家富强和人民幸福中的战略性引领作用，因此，我国经济发展方式转变要求旅游业加快自身发展方式转型，旅游业要兼顾旅游市场规模和发展效率，更加注重区域、城乡协调和可持续发展。随着《中华人民共和旅游法》的深入贯彻落实和地方旅游条例的不断修订完善，为旅游发展方式转变迎来了更加符合市场逻辑的外部环境和制度条件。现阶段，我国旅游市场格局正面临激荡与变革，在旅游服务贸易逆差客观存在的背景下，通过促进出境旅游增进国民福利的同时，有助于缓解我国国际贸易顺差。在国内，国民旅游已成为市场的主导力量，国内和出境旅游占到三大市场的95%左右，旅游散客化趋势显著，散

客占出游总人数的90%以上，旅游供给主体的商业创新和多元化业态成为常态，布丁酒店的 Pod Life 理念、去哪儿网的 TTS 在线交易系统模式、海航旅业的多元化资本运作模式等正成为旅游产业创新的推动力量。在不断竞争的市场环境中提供契合大众旅游消费市场需要的产品成为旅游供应商成功的商业共识，而为了实现人民群众满意的旅游服务需求与基于商业模式创新、信息技术应用的旅游供给之间深度契合，旅游业必须要加快发展方式转变。旅游发展方式转变将倒逼工作方式和政府职能加快转变，同时，工作方式和职能转变能够有效推动旅游发展方式转变，有利于在中华民族伟大复兴梦想实现过程中，最大限度地发挥旅游业的先导作用和战略性支撑作用。

二、新型旅游发展方式对管理方式和政府职能转变的要求

第一，以发展的理念推进市场化进程，有效限制行政权力范围。旅游发展方式转变要依靠自由市场资源配置作用的发挥和行政权力范围的有效限定。现阶段，旅游主管部门要正确处理好旅游发展与市场规范之间的关系。一方面，千方百计扩大产业基础是当前旅游发展面临的首要任务，去哪儿网、艺龙、海航等众多旅游企业不是政府直接管出来的，而是依靠市场创新的力量发展起来的，市场的趋利导向激发企业的创新行为，使企业成为新型旅游产业发展方式的推动主体；另一方面，旅游主管部门要严格规范行政权力的适用范围，最大限度减少行政审批事项，特别是要逐渐杜绝经营活动审批和产品审批，消除没有审批就不知道怎么管的路径依赖，坚决跳出既定框架，改革原有利益格局，将公权力限定在服务产业发展上来。看不准的事情要让其自由发展，不要觉得政府比市场高明，更不能打着规范的名义进行行政干预的无限扩张，坚决不让政府"看得见的脚"踩住市场"看不见的手"。

第二，以专业化协调机构为目标，处理好服务与管理的关系。伴随我国行政体制改革深入和公共服务型政府建设，旅游主管部门必须尽快使行政的归行政、市场的归市场。旅游主管部门机构改革方向是向专业化协调机构转变，这类机构既不同于公安、法院等公权力部门，也不同于发改委、财政部等"硬"权力部门，而是类同于银监会、外管局等专业性部门。为向专业化协调机构转变，旅游主管部门可率先试点政府雇员制，特别是海南等旅游业发挥龙头作用的地区要积极探索，在减少行政成本的同时，有效提升行政效

率。为了向专业化协调机构转变，必须厘清旅游主管部门服务与管理的关系。一方面要厘清企业核心诉求点，企业需要的产业信心、窗口指导、战略导向、宏观政策、行业人才和科技支撑，这些正是旅游服务型部门的核心工作内容；另一方面要厘清旅游主管部门的管理范围，就是企业经营不要违规，要符合市场规则和法律规范。而管理的依靠对象除了严格依法行政和标准、准入退出机制外，更要充分发挥旅游协会的作用。

第三，创新旅游市场监管体系，由准入监管向运营监管转变。现阶段，要坚决打破旅游行业监管重点就是旅行社，不抓旅行社、导游不知道抓什么的碎片化思维，这种思维将旅游主管部门的职能明显缩小了。需要看到，我国国民旅游已占到三大市场的95%左右，而且散客旅游占到出游总人数的90%以上，因此，只有建立起基于大众旅游需求科学研判基础上的综合旅游市场监管体系，才能推动旅游业持续健康发展。否则，即使把旅行社管到极致，也不可能管好旅游市场，必须调整思路。健全旅游市场监管体系要求必须由准入监管向运营监管转变，现在旅游主管部门的审批事项实际就是准入监管，看起来很严格，但是企业进入市场后不知道怎么监管。旅游主管部门需要将监管重点放在运营上，不管是谁，要欢迎进来，进入市场后再进行监管。要坚决改革现有的旅行社许可制度，对于不符合市场规律的保证金、出入境审批等制度要大胆改革，旅游主管部门需要做好的是环境营造、运营监管、宏观产业调控和公共服务等。

三、旅游部门职能转变的重点

第一，以《旅游法》为核心，构建依法治旅背景下的网络化协作机制。有法可依是构建依法治旅产业环境的前提，《旅游法》持续深入推进和地方旅游条例修正为我国加快旅游发展方式转变提供了制度条件。要自觉以人民生活水平提高为导向，在依法治旅环境下统筹旅游业发展的规划促进、信息引导、市场监管、宏观产业调控、协会改革等各项工作，相关职能该下放的下放，该调整的调整，该加强的加强，决不能因为既有利益格局，使职能改革停滞，推动依法治旅背景下各旅游利益相关者参与分工的网络化协作机制的构建。加快旅游市场准入监管向运营监管转变的步伐，加快旅游审批职能的下放或废除。特别是要加强以信息引导为核心的宏观产业调控体系建设，在实施行政管理过程中，加强旅游者信息服务和旅游者行为监测与评估，通过公开信息的手段，对旅游经济和产业发展进行引导，帮助中小型旅游企业构建核心竞争力。要加快旅游行业改革，积极培育中介组织，一方面尽快将景区、酒店等行业的资质资格评定及审核工作全部转移到国家或地方旅游协会及其他专业协会进行；另一方面，应该鼓励相同或相近的旅游新业态成立中介组织，可以允许相同类型多个中介组织的同时建立，使组织之间产生竞争，促使竞争性组织的服务和创新效率不断提高。

第二，打好旅游牌，更加主动地服务于国家外交和港澳台事务大局。根据中国旅游研究院相关报告，我国已经连续多年成为世界第一大国际旅游消费国，2017 年我国公民海外旅游消费额达 1 152.9 亿美元。由于旅游者对于目的地国家或地区的经济、文化、政治等都会产生显著影响，因此，在旅游服务贸易逆差客观存在的背景下，我国旅游主管部门应该积极鼓励居民出境旅游，这既是增进国民福利的需要，也是彰显我国的经济硬实力和影响力的机遇，还能通过旅游者与目的地居民的互动，向他们潜移默化地展示我国的文化软实力。用好旅游这张牌，可以使旅游业更好地服务于国家外交和港澳台事务大局，提高我国在国际和地区事务中的影响力和主导力。尽管现阶段出境游客文明程度仍待提升，但这是我国工业化发展的阶段使然，我们不能因噎废食，在政府职能转变过程中有必要将积极促进出境旅游提升到战略高度加以考虑。

第三，以工作成效为导向，构建高效的旅游服务部门。旅游部门需要以工作成效为导向，瞄准人民群众满意，加快工作方式转变，将群众路线落到实处，提高旅游执政水平。旅游主管部门要大力减少安排式调研，直接把调研活动搬到田间地头，增加暗访式调研，提高调研的时效性和准确性。要坚决摒弃优先考虑操作方便和部门利益的工作方式，由以我为主向以旅游者和企业为主转变，将旅游者权益和企业发展作为顶天的大事，形成产业回馈满意度考核的工作制度。旅游主管部门之间要避免由地区行政壁垒导致信息流动不畅的交流壁垒，通过地区之间旅游主管部门的定期座谈、人员挂职、联合营销等活动，形成先进工作经验的信息交换机制。旅游主管部门要以人事制度改革提升工作的积极性和主动性，通过率先实行政府雇员制等方式，提高工作成效。

第四，以行业从业人员素质提升为契机，提升行业领导力和地区影响力。现阶段，我国旅游主管部门的行业领导力正在弱化，地区影响力也缺乏足够分量，旅游主管部门要跳出既定的利益格局，看到国民旅游市场壮大和散客化趋势带来的机遇，以工作抓手创新带动行业领导力和地区影响力提升。为此，旅游主管部门的工作重心要转移到人的素质提升上来，要像抓项目建设、大型活动一样来抓行业从业人员特别是干部队伍素质的提升，要勇于打破行业、部门、地区壁垒，对旅游行业竞争力和地区影响力提升有帮助的人才引进要不拘一格，可以考虑在海南等地区举办分类的人才培训班，开展人才支持工作。旅游主管部门要与相关机构合作，着力通过旅游人力资源开发提供有竞争力的旅游企业咨询服务，做好战略规划、中小型企业能力构建、消费者信息监控等咨询，切实提升自身的行业领导力和地区影响力。

第三节　旅游投资过热影响旅游产业效率

近年来，我国旅游市场的巨大需求吸引了大量企业进入，以恒大、万达等房地产为代表的非旅游企业加入主题公园、度假村等旅游产品开发，一方面对于满足人民群众出游需求提供了更多选择，另一方面大量企业对于主题公园、度假酒店、景区和旅游综合体的大规模投入导致旅游投资过热，旅游资本的利用效率和规模效率不高，从而拉低了旅游产业的整体效率。

一、大众旅游时代我国旅游投资的现状

（一）旅游政策红利推动旅游投资持续增长

近年来，国家通过出台系列旅游投资政策拉动经济发展。2012年国务院《关于鼓励和引导民间资本投资旅游业的实施意见》等均对旅游企业专项资金、项目补贴、财政贴息等作出安排。在新的国家战略体系下，京津冀、"一带一路"、长三角、粤港澳经济带等战略均对旅游基础设施、公共服务、区域旅游协同发展等作出安排，为旅游大发展提供良好的发展环境。旅游投资主体呈现多元化、民营化、品质化等特点，2012～2017年，民营资本占旅游投资比重从2012年的43.8%增加到2017年的60%以上，民营市场经济的主导力量在增强。从投资主体看，房地产、保险、矿产、制造业、农业等各

行业龙头企业纷纷布局旅游业，在旅游综合体、主题公园、实景演出、大型酒店等领域进行投资。

（二）旅游投资领域呈现多元化倾向

随着我国进入文旅融合新时代，特别是我国从观光为主向观光、度假并重转变，文化旅游创意产业、休闲度假产业等成为旅游投资新方向。以宋城千古情、印象等为代表旅游演出正在成为新的市场热点。在国内游客需求向品质化、生活化、多元化转变过程中，我国的旅游投资领域已从旅游基本要素投资转向生活方式、旅游新业态投资，冰雪旅游、邮轮旅游、自驾车旅游、海洋旅游等受到关注。以途牛、携程等为代表的在线旅游投资呈现递增趋势，同时，美团、饿了么等积极布局当地生活和旅游体验，不断加强旅游目的地的市场能力。

（三）当前我国旅游投资增长较快

中国旅游投资正处于"黄金时代"，增长势头强劲，大额资本流向旅游企业。2015 年全国完成旅游投资 7 000 亿元左右，增长 30%。在线旅游企业投融资额超过 450 亿元，是 2014 年在线旅游投融资的 2.4 倍。预计未来 5 年，互联网和旅游业融合发展将会带动 3 万亿元红利，全国旅游投资将超过 5 万亿元。据研究院调查，2015 年我国旅游企业家信心指数为 135.6，明显高于 2013 年、2014 年同期，显示企业对旅游产业发展前景更加看好；企业投资景气指数为 124.6，处于"相对景气"水平，显示近年来我国旅游企业投资保持活跃。在对外企业间投资中，2004~2009 年，对外旅游投资的企业数量在 100 家以下；2010~2012 年，对外旅游投资的企业数量在 150~350 家；2013~2014 年，对外旅游投资的企业数量增加到 400 家以上。截至 2014 年 9 月，已有 491 家企业对外投资了 578 家与旅游业相关的子公司。

（四）旅游投资者群体日益壮大，企业并购事件增加

在港中旅、华侨城、首旅等国有旅游集团，开元、携程、如家、去哪儿等民间投资的旅游集团之外，近年来有越来越多的战略投资者、金融机构、产业基金和风险投资者开始进入旅游领域，并以其专业能力和商业行为影响产业走向。资本运作是旅游集团的必走之路。我国企业在国际竞争中迅速发展壮大，战略性资本运作增多。

二、当前旅游企业投资存在的主要问题

(一) 非理性投资导致旅游经济出现了失衡风险

地方对旅游投资普遍存在急功近利的思想,旅游投资速度超前,投资项目高端化、大型化的趋势越来越明显,已经存在明显的局部过热迹象。而适合国民大众和普通旅游者的消费需求,如经济型和廉价的旅游住宿、旅游景区、旅游交通、大众娱乐、连锁餐饮却长期得不到有效的投资。以高尔夫、高星级酒店、高档旅游综合体等"三高"为代表的大型旅游项目投资在推动旅游经济快速增长的同时,投资结构不匹配问题日益突出:一是旅游接待体系高中低搭配的金字塔型常态结构建立不起来,比如五星级酒店建设与中低端酒店建设在很多地方都是不匹配的;大型景区与小、微型景点建设也有这个问题。二是旅游产业要素的完善程度不相适应,比如与景区、酒店、游艇等硬件建设相比,与之相配套的公共服务体系、品质保障体系就明显滞后。三是投资和旅游市场基本面不匹配,以住宿和餐饮为代表的旅游投资增速高于旅游市场增速的一倍以上。以上现象如果不能够及时引起决策和管理部门的关注,旅游经济的内部平衡和中长期可持续发展将可能受到直接的影响。

(二) 对实体经济特别是资本产品的投资相对不足

相对于互联网旅游投资的成倍增长,中国旅游企业普遍存在融资难问题,这严重影响了旅游企业的生存、发展与扩张。这些实体企业的投资效率的高低不仅关系到公司自身的经营业绩和企业价值,而且对我国旅游行业整体的持续发展具有决定性的作用。

当前,中国资本市场的不完美特征也导致企业难以由资本市场自由便捷地实现金融资本与产业资本转换。尽管我国旅游投资价值指标(托宾Q)的均值长期大于2,高于显示企业将购买新生产的资本产品、增加投资需求的值1,说明资本市场对旅游产业的发展前景看好,给以较高的估值。然而企业倾向新增投资项目提条件之一是金融资本和产业资本能够实现自由便捷地转换,否则,即使投资机会价值再高,企业也不能通过把金融资本转换成产业资本的方式来增加固定资产投资。此外,尽管我国旅游投资的带动作用巨大,但投资方向、效果存在较大问题。表明大量的投资流向了消费品和折旧期较长的资源性景区等,而对机器、设备等资本商品投入很少,从而导致资

产轻、产业链短等旅游企业典型问题。

（三）对企业投资的作用认识不足

从旅游产业发展的进程看，旅游消费、生产对企业投资决策的影响最为显著，而且产业发展初期，旅游消费因子的影响相对较大，为 25% ~ 30%，而产业体系较为成型的时期，旅游生产因子的影响则相对较大，同样可达 30% 左右的水平，同时旅游消费、资源等因子影响系数显著下降。目的地的生命周期研究也揭示类似的规律。第一阶段是基础设施建设阶段，实质是土木、土建工程项目，具体是指交通设施、景区外围的道路设施建设。这个阶段的投资主要是固定投资成本，可变投资成本较少。第二阶段是竞争性游乐项目建设阶段，是指具体游乐产品和服务的投资项目，比如具体的观光线路的投资（包括缆车、索道等），或者又如主题公园的游乐设备等。这个阶段以可变成本的投资为主，包括服务人员和具体服务设备，固定投资成本比较少。从张家界等地的发展经验看，旅游投资主要经过了以政府投资为主的建设期、以政府和民间投资共同主导的成长期，以民间为主、政府为辅的发展期，民间投资的综合效应呈现加大、加速的趋势，并成为发挥旅游产业转型升级"结构红利"的关键力量。

因此，随着旅游产业体系的发展和完善，资本特别是社会投资的作用将越来越显著并最终处于主导地位。然而当前各地的旅游投资促进措施中，社会投资尚未得到应有的重视，政府与市场的关系也尚未理顺。

（四）政府有效引导不足造成了旅游投资过度

社会主义市场经济体制还在进一步完善之中，我国旅游经济也正处于大众化发展的初级阶段，旅游领域的投资主体和运营主体从宏观视角看，都还不够成熟。民间资本、国际资本进入部分领域如资源型景区的开发、公共服务的建设仍存在障碍，融资成本高、融资渠道少仍是中小旅游企业面临的普遍性问题。以雄厚资金为后盾的大型国有企业出于种种非商业因素，特别是为了低成本获得土地，而与渴望投资特别是能够带来政绩表现的大项目投资的耦合，进一步推高了投资增量。面对上述局面，中央和省级旅游行政主管部门缺乏有效的宏观调控手段，比如旅游投资统计体系不健全，缺乏权威、准确的全国旅游投资统计体系，决策部门难以对旅游投资做出科学、合理的决策判断。包括投资在内的旅游经济监测与预警机制建设还刚刚起步，尚不具备有效引导旅游投资流向与流量的理论基础和行政手段。事实上，源于入境旅游市场促进与行业监管的各级旅游行政主管部门习惯于微观管制的行政权力强化，而对如何运用市场化的手段来调控旅游经济运行，既缺乏知识与人才储备，也缺乏转变工作方式的内在动力。

三、未来政策方向

（一）明确市场引领投资的发展原则

旅游主管部门及其机构应在合适的渠道发布各类旅游市场规模相关数据，如国内长途旅客规模、国内游客规模、旅行社组团接待国内游客规模。发布旅游、休闲、度假等细分市场的发展报告。以消费诉求和游客满意为导向，深入调查各类旅游投资质量情况，切实发挥社会投资在旅游创业创新、产业转型升级和提高国际竞争力方面的积极作用。将"游客为本"的价值观作为旅游业管理者、产业主体和投资主体共同遵循的基本理念。

（二）坚持旅游投资的市场化导向

在经济、市场化程度较为发达的东、中部地区，应更加重视社会投资的作用，切实将民营资本作为旅游投资主力军。逐步引导地方政府转变计划经济时代的项目思维和短平快的发展方式，更加重视企业主体在旅游投资中的决策地位，以及企业并购重组、构建产业链、商业生态圈等产业组织行为，启动酒店资产交易的市场化改革，重构政府与市场的关系。在战略投资者大规模出现的背景下，应确保产业处于充分竞争状态，防止投资者利用垄断地位获得超额利润。

（三）加快建立中国旅游投资平台

落实我国《关于进一步促进旅游投资和消费的若干意见》的要求，将旅游投资和消费并重，发展旅游投资市场，有效增加旅游业增加值。借鉴互联网金融等产业经验，大力发展旅游企业、风险资本、金融资本和战略投资者等旅游投资主体，把投资者作为行业的重要群体，构建各类综合性、专业性的交流平台，优化投资环境，降低融资成本，引导生产与消费并重的投资方向，推动旅游业资本性产品例如专业技术、文创、人力资源等生产力度，做大做强实体经济和企业主体。推动沪深股市推出旅游上市公司分类体系，健全相关数据信息。

第四节　智慧旅游影响旅游产业的综合效率水平

智慧旅游是借助云计算、大数据等技术改变旅游方式的一种手段，随着国民大众旅游的兴起，意味着我国旅游市场基础的根本性转变，而智慧旅游特别是基于智慧技术的创业和创新，正在推动产业组织体系发生深刻的变革，并且显著提升旅游行业的综合技术水平和产业效率。政府部门和旅游业界需要在系统把握智慧旅游的时代特征和历史意义的基础上做出战略应对。

一、智慧旅游推动旅游产业组织变革

（一）智慧旅游让游客的旅游体验更有效率和自主性

旅游市场已步入散客化时代，高达90%以上的境内旅游者通过自由行完成旅游活动。散客化趋势下的旅游者其旅游需求和行为有显著变化：自主、自助意识日益增强，对旅游信息、产品和服务的要求更加详尽；更加注重旅行中便捷、即时信息的获取，更加需要适度、周到、亲切的服务提供，更加愿意深入旅游目的地的每个生活空间，体会当地居民的日常生活。需求的变化使得旅游者对旅游供应商和渠道商变得更加挑剔，智慧旅游的出现实现了消费需求与信息供给的对接。

年轻人已成为旅游消费市场的主力人群，引领旅游消费习惯的变化。目前，45岁以下的年轻人已占到90%以上的市场份额。年轻人有其独有的价值观、生活观和世界观，他们正经历着由亚文化到主流文化中心的演化。年轻人的消费价值观对旅游业的冲击，远超出技术对旅游业本身的冲击。在移动通信和互联网高速发展的今天，年轻人可以更快速地分享流行的理念，可以更方便地获取目的地信息，他们更愿意借助现代信息技术，通过搜索引擎查找目的地信息，通过比价网站比价格，通过OTA购买单项产品，通过网友评论选择餐饮、景区等，实现"我的行程我做主"的旅行。智慧旅游的出现为年轻人自由、自主、自组织旅游活动的开展提供了现实的可能性；同时，年轻人的消费特征也为商业主体开发智慧旅游类产品、服务提供了有效引导，客观决定了智慧旅游的发展方向。

（二）智慧旅游孕育新型商业主体变革，提升旅游要素利用效率

以互联网为代表的第三次信息化浪潮大大推进了产业变革，信息技术融入工业、农业、媒介、出版等众多产业，产生了急剧而快速的聚变。以互联网、移动通信和大数据为代表的信息技术，广泛应用于各个行业，将技术发展与生产、生活需求相结合，引发商业模式和生活方式的革命，为一大批有商业头脑和专业能力的年轻人提供了基于技术和市场需求的创新空间，也为智慧旅游的发展提供了无限可能。信息技术与旅游业相融合，形成基于信息技术的旅游产品预订、购买、顾客关系管理以及电子商务等创新型智慧旅游产品，解构并重构了旅游商业系统。互联网、移动通信和大数据在传统旅游业的应用，滋生出旅游新业态、新产品、新营销方式和新商业主体。

以携程、去哪儿为代表的在线旅游服务网站，改变了传统旅行社的生产和服务模式，将线上预订和线下消费相结合，为消费者提供了更多选择和更具性价比的产品。快的打车、途家网、马蜂窝、出门问问、面包旅行、云餐饮等一大批新业态的出现，均是运用现代信息技术对传统产业进行改造的结果，形成全新的商业模式。艾瑞调查数据显示，2017年中国在线旅游市场交易规模7 384亿元，智慧旅游的市场空间和增长潜力非常巨大。由于信息技术的进步，旅游供应商直接向游客推广和销售的能力变得更加强大。依托网络和移动终端的旅游预订、销售比重不断提升，基于微信等即时通信技术的营销渠道不断创新。信息技术介入旅游业，为旅游业发展开拓了更加广阔的空间。阿里巴巴、百度、腾讯等电商巨头开始介入旅游业发展，依托自身优势抢占在线旅游的出入口，旅游商业主体日益多样化。

借助新的技术，依托大数据和会员管理体系，紧贴百姓核心需求，上述旅游企业的年轻创业者们找到了适应市场的企业发展方向，并在短时间内获得商业上的巨大成功。其中的佼佼者很快超越了那些拥有几年甚至几十年历史的传统企业而进入中国旅游集团二十强的序列，他们在获得自身商业成功的同时，也为旅游业赢得了广泛的社会声誉和国际同行的关注，第一次让中国的本土企业可以和国际一流企业一起同台竞争。他们正在改变旅游供给的产业地图和竞争态势，正在推动旅游产业的全面变革。

（三）智慧旅游倒逼传统旅游产业提升运转效率

以互联网、移动通信和大数据为代表的智慧旅游的出现，在改变旅游产

业商业体系、企业商业模式，适应并引领消费需求的同时，对传统旅游产业的发展也形成强烈的冲击，引发旅游产业的大变革。旅游产业变革的到来，传统旅游产业正面临着极大的不适应，很多传统旅游企业处于焦虑、迷茫状态。截至 2017 年，我国有 27 409 家旅行社、10 962 家星级酒店和 7 000 余家 A 级景区，他们是旅游产业发展的主体，其中主要是中小型企业，上述企业在科技应用方面尚存在技术、资金和认识方面的制约。如何顺应散客时代的消费需求，如何借助科技为消费者服务，如何提供更加适销对路的旅游产品，是摆在众多传统旅游企业面前的问题。

对智慧旅游的发展，管理部门的认识仍局限于枝节问题和管理工具的应用上，未能从战略上认识到它的重要性。如何通过顶层设计，引导智慧旅游在各层面的健康发展，需要政府管理方式和组织体系随之发生变革。目前，我们的政府和管理部门还没做好全面的准备，对于哪些该做、哪些不需要做还缺乏清晰的认识。如何在充分发挥政府作用的同时，让市场在资源配置中发挥决定性的作用，是政府和管理部门要共同探讨的问题。

智慧旅游意味着一个时代的到来，这个时代推动传统旅游业向现代旅游业演进，旅游运转效率显著提升。1999 年国民大众旅游的兴起为智慧旅游的发展提供了潜在的可能性，产业组织方式的变化代表着这个时代的真正到来。

二、智慧旅游推动旅游业发展中前进

（一）智慧旅游推动地方旅游管理方式转变和产业运行效率提升

政府：从概念到架构，智慧旅游的战略部署初步形成。国家层面上正式提出智慧旅游是在上海世博会后。旅游行政管理部门敏锐地捕捉到这一趋势，预判到一个以信息技术为主导的新时代的到来，提出智慧旅游的概念，并对智慧旅游的发展进行了初步部署。目前我国已形成了 1 个国家智慧旅游服务中心、30 多个智慧旅游试点城市和 1 个智慧旅游大国的智慧旅游体系。原国家旅游局将 2014 年旅游业发展主题定为"智慧旅游年"，推动了全国范围智慧旅游的新发展。地方政府对于智慧旅游的发展异常重视，全国至少有 62 个省市提出智慧旅游发展计划，很多省市出台了相关规划，如北京、上海、浙江、福建、四川等。各省市在发展中形成了虚拟旅游社区，如宁波、扬州等智慧旅游平台，如北京、大连等以及智慧旅游应用软件，如无锡、杭州等。

上述部署初步形成了全国和各地智慧旅游发展的基本架构。

从产品到业态，智慧旅游运行的框架基本形成。业界对智慧旅游的认知早于行政管理部门。1999年，以携程为代表的年轻的创业者们敏感地捕捉到信息技术对传统旅游业可能带来的发展机会，依托资本市场、国际视野、市场需求和技术支持，快速进入在线旅游行业，实现了商业模式的创新。智慧旅游的发展，目前已形成了一系列智慧旅游产品、一批智慧旅游新业态和企业家团队，智慧旅游的运行框架基本成型，产业组织体系正在发生改变。

从旅游景区的虚拟旅游、电子门票到酒店业的实时预订、自助结算、智慧e房、微信营销，再到旅行社的网络预订等智慧型产品，旅游产品从内容到形式都在发生着变化。信息技术与旅游产业的融合发展，培育了在路上、出门问问、E地游、微驴儿、今夜酒店特价、快的打车、面包旅行等一批基于移动互联网的旅游新业态。上述业态的出现，正全面冲击传统旅游企业，引发旅游产业组织的革命。

（二）提升智慧旅游迫切需要系统学术支撑

智慧旅游的发展已取得一定成绩，但仍存在一系列问题。从宏观发展看，智慧旅游时代需要战略性变革，而不仅是策略性的应对。而我们目前所做的，从政府到企业，更多的是策略性的应对，缺乏战略变革。

从理念角度看，无论是政府还是业界，都没有意识到智慧旅游是革命性的变化，即将开启产业组织体系的新时代，对此认识不足。政府的理论准备跟不上产业发展的实际，产业发展指导思想滞后于产业发展需要，未能对智慧旅游的发展做出有效指引。企业对智慧旅游的发展已有基本认知，但对智慧旅游的应用范围和发展空间认识不足。已有的智慧旅游产品、服务主要局限于信息提供方面，利用信息技术的即时性和自媒体的便利性，意在解决游客与目的地信息之间的不对称。但对游客在目的地常态化的生活消费关注不足，在智慧旅游资源挖掘、智慧型产品、服务提供、生活性应用等方面仍有很大的发展空间。

从政府角度看，政府对自身在智慧旅游发展中的定位不明确。各省市发展智慧旅游的热情高涨，积极参与到智慧旅游的发展中。政府直接参与智慧旅游平台、智慧旅游APP、虚拟旅游景区的开发。对自身定位的不明确，导致中央、地方和企业关系的错位。国家在智慧旅游发展方面尚未形成宏观的管理思路，地方发展已经超越中央部署走在前面，导致各地发展智慧旅游的胃口很大，但往往失之偏颇。地方政府直接参与具体的智慧旅游产品开发和运行，充当起市场主体。上述错位在实践中体现为，中央政府做了地方政府的事，地方政府做了企业的事，挤压了企业的发展空间，企业在缺乏理论指导的环境下，自发、探索性成长。理论指导的缺失，导致部分省市在旅游基础设施建设滞后的现实情况下，急于发展智慧旅游，造成资源浪费。很多目的地有急于求成心理，不顾地方经济社会发展实际和旅游基础片面追求高速发展，导致智慧旅游建设冒进现象。一些城市的旅游公共服务体系和旅游基础设施尚无法适应散客化时代的旅游需求，智慧旅游发展基础不完善，盲目发展智慧旅游只会使智慧旅游沦为鸡肋。

智慧旅游的发展既要依托产业发展基础，同时也离不开国际化的视野和开放的思维。在信息化时代，世界是个地球村，任何一个国家、省市都不能孤立的发展旅游，也不可能孤立的发展智慧旅游。但空间上国家、省域、市域的隔离和各自为政，导致各地在智慧旅游发展过程中各做各的，缺乏对资源的有效整合，缺乏国际化的视野和更加开放的勇气，制约智慧旅游发展的广度。

三、以智慧旅游引领旅游产业效率全面提升

（一）从政策战略上提升旅游的智慧

加强智慧旅游发展的理论研究，做好知识准备，全面迎接智慧旅游时代的到来。从发展理念看，要认识到人们的生活，包含旅游在内的生活都将越来越智慧化，这是社会发展的潮流。政府应认识到这一社会现实，做好宏观的发展引导和理论指导，营造更加良好的发展氛围。同时，系统梳理各地智慧旅游开展以来的成功做法和经验，做好智慧旅游的发展回顾和前瞻性研究。业界应主动适应这种发展趋势，在智慧旅游发展的链条中找到一席之地，为市场提供更符合需求的产品和服务。

（二）做好智慧旅游的分层分类指导工作

政府应明确在智慧旅游发展中所扮演的角色，做好定位。中央政府应着眼于宏观环境优化、发展政策的制定，从总体战略上指导全国智慧旅游业的发展。对于北京、上海等旅游业发达，旅游基础设施和公共服务体系相对完

善的地区，可以鼓励发展，在全国形成良好的示范效应。对于中西部地区，应在完善旅游发展基础的前提下，逐步推进。各地在发展中切忌不顾当地发展条件和市场需求，一哄而上。地方政府应做好本地基础设施建设和公共服务提供，避免陷入具体的智慧旅游产品开发中。应在做好基础的前提下稳步推进智慧旅游，不跟风，不炒概念，而是因地制宜，因旅游发展阶段制宜，踏实推动智慧旅游的发展。

（三）围绕旅行和生活做文章，更加关注大众游客的核心需求

智慧旅游绝不只是新设备的购置，智慧旅游就是让游客有更多获得感和方便性。就业界而言，要从更广阔的视角，围绕旅行和生活做文章，扩大智慧旅游发展的视野，开发更多符合游客需求的产品和服务，创新更多新业态。对于携程、去哪儿等创新型企业，要逐步实现由渠道商到供应商的转变，抓住智慧旅游发展的良好时机，用战略的眼光，尽早将信息技术和企业优势资源嫁接到传统旅游业中，实现旅游资源开发、旅游产品的打造、旅游服务提供等全过程的智慧性开发，开拓新的蓝海。对于首旅、锦江等传统旅游企业，要直面时代变化，及时作出战略调整，而不仅仅是策略性应对。及时进行体制内的创新，加强对新技术的应用、新产品的开发、新服务的打造，适应旅游产业发展的新趋势。

（四）加强跨国、跨区域、跨产业的合作

智慧旅游的发展无边界，要加强国家之间、区域之间、产业之间基于技术和需求的创新合作。加快区域间优势资源的整合，借助信息化手段，实现区域间资源开发、产品设计、服务提供等方面的全面合作，推动智慧旅游向纵深发展。要突破产业边界，以有利于满足并提升游客的旅游体验为根本，加快产业融合，借助信息技术搭建产业间的合作平台，围绕游客旅行生活需求联合开发智慧旅游产品。

| 第七章 |

全面提升我国旅游产业效率的战略思路

随着我国旅游业进入大众旅游新时代，旅游企业经营方式、管理方式和服务产品形式都发生了革命性变革，特别是随着文化和旅游融合理念深入推进，"旅游＋"和"＋旅游"等融合在不同行业、不同领域广泛开展，旅游企业的影响力在不断扩大。旅游企业层面，企业要通过把握大众旅游时代发展规律，构建起市场和政府协调配合的关系，最终用现代化企业管理制度不断提升旅游企业效率，从而为我国旅游产业从规模增长向质量增长提供坚实的支撑。要提升我国旅游产业效率，不仅企业内部要构筑现代化公司管理体系，在制度、经济结构、旅游市场秩序治理、旅游宏观经济管理体系等宏观因素的软环境建设上也是不容忽视的关键一环，形成企业内部系统优化与外部宏观环境改善协调推进的综合提升思路。最终在多方努力下，形成以宏观经济可持续为基础，以依法治旅和利益相关者制衡机制为支撑，以文明和谐旅游习惯为保障，以现代化大国旅游市场治理秩序和科学的旅游宏观调控体系为手段，才能形成我国特色的现代化旅游产业效率提升路径。

第一节　以企业内部系统的优化提升旅游产业效率

一、把握大众旅游时代旅游企业新特征

（一）企业规模：集团化、专业化成为企业发展主流

旅游项目投资和运营普遍具有投资大、回收期长等特点，特别是近年来旅游消费需求旺盛激发了广大社会资本投资旅游项目的热情，按照中国旅游研究院发布的2017年我国旅游集团20强营业额看，2017年20强旅游营业额为1.53万亿元，旅游企业集团化、规模化经营趋势明显，一大批民营企业比如携程、驴妈妈、开元旅业等凭借在酒店、旅行社、旅游地产等领域的突出

表现成为行业的龙头。同时，近年来随着各省份对于旅游业发展的重视，一大批专业化的省级、市级旅游企业应运而生，这些企业在前期通过景区、酒店等划拨形成了一定的前期积累，后期则是通过整合产业基金、证券、度假区管理等方面的人才形成专业化人才输出能力。在旅游专业化发展方面，我国旅游企业创造了自身的发展模式，杭州宋城集团通过输出大量演绎项目，打造了"宋城千古情"系列文化旅游演出产品，万达集团在全国建立了众多文化旅游城品牌项目，众信旅游集团、途牛旅游集团成为海外度假旅游的专业运营商，特别是途牛的地接社品牌打造了很多专业化旅游产品，旅游目的地的旅拍等项目深受游客欢迎。

（二）企业产品：融合旅游产品深受不同消费主体喜爱

当前，老百姓的旅游需求向着个性化、多元化、品质化、智慧化等方向发展，人们的旅游方式也从观光旅游为主向观光和度假并重转变，这就势必会倒逼旅游企业提供更加多元的高品质旅游产品。除了游山玩水式的观光性旅游产品，一大批红色旅游、冰雪旅游、探险旅游、自驾旅游、邮轮旅行、直升机旅行等新兴旅游产品不断涌现，甚至我国很多老百姓已经开始体验南极旅游、太空旅游等高端旅游项目，不同的旅游形态带给旅游者更加多元化的选择，旅游体验越来越好。

（三）企业边界：产业边界泛化形成旅游发展新动力

旅游业作为现代化的服务业，正在走入寻常百姓的生活，成为常态化的消费方式，特别是随着旅游融合深入推进，旅游业与农业、工业、金融、体育、文化等不同产业融合的广度和深度正在不断演进。旅游与农业融合形成了众多乡村旅游产品，进而演化出了更加具有品质性的民宿旅游产品；旅游与工业融合产生了工业旅游项目，海尔、青岛啤酒等大一批工业企业通过开放工厂成景区，产生了额外的收入，提升了工业的品牌价值；旅游与体育融合更加紧密，冰雪旅游、马拉松旅游、山地自行车、户外探险等都是体育旅游的表现形成。旅游与不同业态融合扩展了旅游企业经营的边界，一大批企业通过发展旅游形成了新的发展动力和收入来源。

（四）企业管理：现代化旅游管理体制推动内涵增长模式

随着大数据、云计算、虚拟现实信息技术等在旅游企业应用，游客的需求识别和满足越来越精细化，旅游产品和服务提供更加智慧化、个性化，为了满足游客新需求、新期待，旅游企业必须要建立更加灵活、智能和人性化的管理结构和方式，发挥人工智能、大数据等在企业管理和服务游客中的重要作用，同时要注重员工的激励机制建立，让员工成为企业的股东和参与者，通过现代化的管理体制打造百年旅游企业，最终形成企业内涵增长的可持续发展机制和模式。

二、以现代企业治理制度提升旅游产业效率

（一）处理好内部治理与外部治理的关系

旅游企业要提升旅游产业效率必须拥有完善的公司治理系统，该系统包括内部旅游企业治理体系和外部旅游企业治理体系，内部旅游企业治理体系是公司自身能够控制的企业治理结构、治理制度等构成的，外部旅游企业治理体系是我国历史、人文、经济、政治等外部环境构成的，外部治理体系是很多公司无法控制的，但是在进行内部旅游治理时又不得不考虑的要素，脱离了外部体系空谈内部旅游企业治理是不可能提升旅游发展效率的。比如，我国改革开放初期的旅游是以入境游为主，人们的经济条件、空闲时间等还有较大的约束，而在当前大众旅游时代，人们对于个性化、智慧化、品质化的需求在增加，旅游企业内部治理体系也需要顺应时代潮流做出相应的调整。

（二）优化内部治理建立现代公司治理体系

要建立现代旅游企业治理体系必须在把握大众旅游时代旅游企业新特征基础上，通过优化内部旅游企业治理体系，构建起现代化的旅游企业治理体系。优化内部治理体系就是要解决两方面的问题：一是要解决旅游企业的股东与职业经理之间的关系，也就是解决委托人和代理人之间的激励相容的问题；二是要解决大股东与小股东（普通员工）之间的关系，防止大股东通过不合理制度安排侵占小股东的利益，让旅游企业走向不可持续之路。要优化内部旅游企业治理，就是要通过完善董事会制度、资本结构、管理者激励机制、企业制度和规章、内部控制体系等，形成旅游企业治理的规则制定、规则符合和事故问责三种要素缺一不可的局面，特别是要加强国有旅游集团企业从政府行政旅游企业治理向社会化、市场化旅游企业治理转变，在培育符合社会主流价值观、人性关怀等方面建立良好的内部环境。

（三）完善委托人—代理人的激励机制

基于契约理论建立符合现代旅游企业需要的委托人—代理人机制，就能够使代理人在实现委托人既定目标的同时实现自己的利益和远景，本质上是旅游企业发展利益共同体的双赢。在现实中，以景区为例，国有景区所有权和经营权分离不理想，很大程度上就是委托人—代理人机制不够完善，这主要表现在：因为道德风险和信息不对称等原因使旅游景区管理的代理成本明显增加，旅游景区规模扩大的同时由于管理结构不合理导致代理成本明显增加，从而导致很多国有景区经营惨淡，人浮于事、员工积极性不高。未来，要提升旅游企业效率必须完善旅游企业委托人—代理人激励机制，健全旅游代理人、职业经理选拔任命机制，构建薪酬合理、评价指数完善的绩效考核体系，形成全员参与的良好沟通机制。

三、地接旅行社类企业提升产业效率的案例分析

（一）地接社发展现状与挑战

地接社与组团社的关系随着旅游业的快速发展而不断变化，传统的、大众化的团游服务思维已无法满足个性化、碎片化的市场，需求的转变对地接服务能力提出了新的挑战和要求。游客服务付费意识、行业信用机制欠缺与供应链金融落后等问题也是当前制约行业良性有序发展的重要因素。

1. 地接服务良莠不齐，成为旅游服务质量的短板

多年来，地接社的利润空间在与组团社的博弈中受到挤压，在行业利润率普遍走低的背景下，地接服务市场长期存在良莠不齐的现象。地接与组团的关系既有积极正向的双赢，也出现了相互挤压形成的零负团费现象。

在激烈的市场竞争与格局变化中，有踏实耕耘者，如传统的国旅、中旅等老牌地接社正在思考如何转型以应对新的市场变化，又如成立于 2005 年的海南康泰旅行社，经历了旅游市场的几个发展阶段，从传统的跟团游业务开始逐步发展，不断增强对当地旅游资源的掌控，也不断开发多元化的接待模式，从单一接待团队旅游到定制游、周边游、商务团全覆盖，并于 2017 年正式挂牌新三板；有新进入者，如途牛通过自建地接社形成内部一体化模式，携程通过并购打通境外地接、途牛、同程、穷游等在线旅行服务商也都推出带有典型互联网基因的类地接服务产品和品牌；还有许多无法与需求和市场

并进的退出者，以及无法适应日益规范的行业环境而出局的被淘汰者。

地接服务重要性不言而喻，再好的行前规划、再好的产品设计，如果无法有效落地都将使前期的努力付诸东流。从中国旅游研究院游客满意度监测数据来看，游客满意度大多在 75～80 分区间徘徊，其中传统旅行社的服务质量要低于游客对 OTA 等新型业态企业的综合评价，但近年情况有所改变。事实上，游客对于 OTA 的评价也越来越取决于地接社的服务水平，因此地接服务已成为全面提升旅游品质的关键着力点。

2. 流量思维主导，价格作为长期主要竞争因素

在大众标准化产品竞争的充分透明化趋势下，行业整体利润呈现下降态势，加之资本助力下在线平台的突飞猛进，使得价格在很长时期内成为竞争的主要手段。面对巨大的国内市场，流量思维导向的商业模式打破了原有的行业内部平衡。拥有客户流量的组团社，为了在市场上竞争，不断挤压地接社的生存空间，近年出现的零负团费现象，是这一现象的集中表现。

3. 盈利模式有待突破，游客付费意识有待培育

一方面是不断压缩的利润空间；另一方面是没有对品质服务付费意识的多数游客，使得购物成为地接社的主要盈利模式。事实上，购物本是游客出行中的基本需求，也是"吃住行游购娱"旅游六要素之一。但是当这种正常需求被当作主要的利润来源时，就容易出现一些乱象，如全国各地普遍出现的乳胶产品、茶叶、珠宝玉器等购物场所，为游客所诟病，成为行业的"顽疾"。随着行政主管部门由上至下的规范整治，这类依托购物返利模式的地接服务也表现出了脆弱的盈利性和生存能力，随时有崩塌的危险。

4. 拖欠款问题严重，行业信用机制有待完善

拖欠团款问题是旅行社行业长期存在的一大"顽症"。特别是地接社都有不同程度的组团社以各种各样的理由拖欠团款甚至是拒付团款的现象，这会严重影响到游客行程中的服务。2005 年，曾发生桂林、南京两地旅行社因为团款问题导致游客利益受损的现象。

地接社与组团社欠款的形成原因比较复杂，比如地接社服务未履行合约、挪用、私利、三角债、经营问题等或是不可控因素而引发拖欠款。近年来旅游市场竞争加剧，市场份额日益缩减，对于许多地接社来说留住客户是最重要的防线，因此，就会有一部分地接社垫款经营，从而助长了个别组团社

"拖欠团款"的不良风气，也让自己陷入了恶性循环。

组团社与地接社之间的拖欠款问题也反映出我国旅游行业的信用体系建设还有很长的路要走。2016年，旅游行业就发生了一次重大金融灾难，天天旅交会跑路，造成上亿欠款，引发上百家旅行社遭受巨大损失，而且多数企业或许还要面临资金链断裂的困境，同时会间接牵连游客，引发一系列连锁反应，导致旅游B2B行业受到重创。旅游行业的运行离不开良好的信用环境，这也是促进中国旅游业稳定、向上发展的重要核心。近年来，开始出现一些专注提供旅游行业供应链金融产品的企业，试图来解决这一"顽疾"。

5. 散客需求碎片化，考验地接社供应链整合能力

自由行时代，游客出行决策的时间正在缩短，游客可以到目的地后再做决策，决定预订的项目和方式，实现说走就走、说玩就玩，得心应手。"移动化"让资讯的获取空前方便，游客的需求不再只是到热门景点和地标观光打卡，而是希望能够更深入地体验当地的生活方式。年轻一代的旅行者，甚至会避开人山人海的著名景点，选择更加小众化的去处和非标化的产品，去一座网红图书馆，到一座特色咖啡厅，上一堂烹饪课。

以休闲为核心的碎片化非标品市场上，人们对产品和服务的品质提出了更高的要求，能不能服务好"人"，将是影响购买决策和出行体验的核心要素。自由行用户消费习惯的变化倒逼旅游供应商商业模式改变，更加灵活性、智能化的产品提供方式将出现，供应商对旅游产品的采购、组织要更灵活，在线旅行网站所强调的"产品库存管理"的难度也更大。

对于离目的地资源最近的地接社而言，一方面要接入更多碎片化的资源和产品；另一方面非标化和信息化改造等问题，会给供应链管理增加难度。目的地产品的品类丰富，每个品类对信息结构都有不同的要求，这对于后台的数据管理和信息化建设都提出了更高的要求。一直以来，目的地的旅游产品和活动具有碎片化、分散化及非标准化程度高的特点，资源掌控难度大，许多目的地车导、门票、餐饮等预订平台只发挥中介代理平台作用，并不掌控这些资源。行业中传统的长采购链条也面临着考验，更多的地接社需要考虑直采模式，更好服务不断变化的游客需求，为游客提供有保障的旅游服务。

（二）当前组团社与地接社的合作模式

在委托代理关系下，组团社与地接社各有各的痛点，尤其在出入境这样

的长程市场上，信息不对称更加明显，监督成本和试错成本都更高，组团社与地接社的合作也出现了更多的模式。

1. 契约合作模式仍是市场主流

基于契约的合作仍然是最普遍的市场模式，尽管很多地接社在行业洗牌中逐渐退出，但更多的地接社正在通过转型创新，向市场提供更专业的服务，同时在行业内也出现了更多具有互联网基因的新地接，如北京纯粹旅行，旗下有针对 C 端的皇包车品牌，也有针对 B 端的云地接品牌。

在出境长程市场上，很多组团社表示寻找一家优质地接的难度非常大，而海外的优质地接社也困惑如何找到国内的优质团。组团社如何通过完善的机制来筛选优质地接，优质地接如何能够寻找到靠谱的组团社，是一个仍然未能良好解决的信息不对称问题，尤其在出入境长程市场，以及对服务品质要求较高的定制游市场上。除了前期的积累，双方都需要建立更科学合理的考核标准与机制，如档案建设与管理、客人评价与回访等。组团对地接社的筛选主要看重资源的掌控程度、精细化的服务精神、应对突发事件的处置能力，还包括导游的服务能力。

为解决这种信息不对称，行业内也出现了新的做法。2017 年年初，由多个境外目的地的华人地接社组成的"海外地接联盟"成立，成员包括澳大利亚、新加坡、美国、加拿大、日本、俄罗斯、法国等地的 80 余家华人地接社，以联盟的高品质市场供给能力对接国内组团社等游客输出结构，以更好地为游客提供一体化的旅游服务。

2. 并购一体化模式

一体化是近年来旅游业非常典型的趋势，上游供应商希望能够与终端直接对话，下游服务商希望能够加强对资源端的把控，双向渗透中竞争持续加剧。对于资金雄厚、流量巨大的巨头企业，通常青睐于通过并购、战略投资等一体化方式增强对地接服务的控制能力。

以携程为例，2016 年，携程通过并购海鸥假期、纵横旅游等地接社实现供给控制，加强对美国目的地资源的投资和控制就成为携程旅游业务海外扩张策略的重点。通过战略合作，我国游客能够通过移动设备和互联网了解美国现有的高品质旅游产品和新玩法，并且在规模经济、范围经济驱动下，实现低价格、高品质的产品选择。通过战略并购北美两大地接社，携程对于全过程旅游服务的控制更加便捷和准确，旅游者的服务品质得到全面的保障。

3. 自建地接社的内部一体化模式

相较于完全基于契约的合作模式和基于并购的一体化模式，以途牛为代表的部分大型在线旅行服务商正尝试亲自下场自建地接品牌，走出了一条自建地接社的更紧密的内部一体化模式，完全打通组团与地接的业务流程，实现无缝对接与信息共享。2009 年途牛始做牛人专线，但因落地的 OEM 供应商达不到服务要求，因此 2015 年底开始筹建"随往地接社"，从厦门起步，发展至今已有 25 家分支机构。2016~2018 年共接待 50 多万人次，游客综合满意度高达 96.5%。相较于前两种模式，此类内部打通的一体化模式具备几个方面的优势：

有效降低成本，提升盈利空间。自建地接社依托平台的获客优势，实现六要素直采，相较于原来对客端的组团，减少了中间环节，成本有效降低，提高盈利空间。游客在满意的基础上，分享美食美景的同时，也会分享品牌，打造口碑，实现营销费用的节约，并且依托优质的服务还会带来更高的复购率和更低的获客成本。

信息打通便于快速反应，提升前端服务。打通了组团与地接的区隔后，地接与企业产品研发部门实现信息打通数据共享，沟通及时性与效率都大大提升，相较于与外部供应商沟通的效率会更高。地接社可将获得的一线信息及时分享给研发部门，构建从反馈到调整到产品更新的快速闭环反馈机制，通过每周复盘对产品进行迭代更新，对市场的预判也会更加大胆准确。基于打通数据的研判，可以与地方政府或相关机构做更灵活的合作，比如通过产品主题的推荐、引导、淡季产品预售等方式，来尽可能平抑淡旺季的需求波动。

技术赋能精细运营，规范操作提升效率。一体化的技术系统能够有效改进运营效率。先前供应商的诸多业务环节依靠人工，容易造成信息丢失、传递不到位等问题。系统支撑下的标准化运营更有效率，不会漏单，出问题时能够做到有迹可查，可监控。地接数据的实时监控，可以对资源价格进行更及时的干预，反应速度更快。规范化的制度建设与操作流程，在短时间来看可能会带来成本上升，但在长期导向下将有效提升效率。

提升导游素质、打造友好服务界面。导游服务是目的地服务的重中之重，行程中任何问题的第一对接人都是导游。资源采购和管理可以用规则来把控，但人的服务不能。途牛尝试了专职导游与兼职导游并用的方法，为专职导游提供五险一金，免其后顾之忧。建立完善的导游评价系统，每次团游结束后3天内的点评率达到70%以上。选取某些目的地做试点，将导游导服费与考评挂钩，给予阶梯性补贴。每个月评选优秀导游，更多采取正向激励措施，但也会采取根据投诉扣除导服费等惩罚机制。

价值驱动，愿景引导，培训支撑人才建设。每一个外部供应商都是独立的个体，无法用愿景和企业文化去影响，但只靠规则来约束又无法达到满意的水平。内部一体化后，双方可以在相同的价值观下运行。在基础培训方面，随往与途牛采取一致的体系，包括入职培训、系统操作培训等。管理层人员每年5月和11月要展开半封闭式管理培训，各地的负责人会集中培训。建立途牛学院针对员工进行多样化培训，或者以在线的方式提供培训，同时举办导游风采大赛等激励员工。

（三）未来地接社提升旅游产业效率的方式

1. 革新供应链，加强资源把控与整合

正如前文所述，大众旅游时代的旅游消费需求正呈现出前所未有的复杂分层，小众市场不断涌现。游客决策的短时化，需求的碎片化，消费的升级化，都对地接服务和产品提出了更高的要求，正在倒逼传统地接社的供应链革新。特别是在长程的出境市场上，我国1.39亿人次（2018年）的庞大出境游市场需求并没有相对应的完整的供给能力和品质，在供给环节中除了住、行等服务，其他要素的供给能力没有有效形成，地接供应链的滞后发展仍制约着当前出境游市场。

互联网、人工智能、大数据等技术对旅游业的改造并不只限于将传统产品移到线上售卖，而是在更深层次上用互联网的逻辑和手段打破传统供应链模式，提高供应效率的同时保障履约服务的极致化和品质化。旅游业考验的正是企业对于供应链的优化改造能力，同时依托于快速迭代的互联网科技技术及大数据搜索，加强目的地碎片化资源的整合能力，升级管控体系及对以司导为核心的服务赋能是未来地接社的重要竞争力。

2. 提升C端服务，优化反馈迭代效能

服务业的价值需要回归到人本身，地接社作为直接面向游客的服务界面，唯有持续输出有温度、有态度、有品质的服务才有可能在竞争激烈的市场中留住客户。前端优质的服务需要一线司导人员的努力与付出，既要在行程中按照约定的计划将服务准确传递给游客，又需要在需求发生变化之时，迅速做出应急响应。前端优质的服务更需要后端运营与供应链的支撑，由碎片化产品组成的打包服务，一旦某项需求发生变化，都会考验供应链的应对效率与柔性。一线司导人员获得的用户反馈如何能够迅速传递到相关研发部门，如何能够依托供应链能力迅速实现产品迭代改进，打造高效能的反馈迭代闭环也是未来地接社亟须打造的核心竞争力。优质的服务还来自于与组团社一起共同研究游客需求的变化，甚至需要学习在去中介化的互联网时代如何提高自身的获客能力，主动对接市场，而非只是坐等客来。

3. 创新底层器件，以数据驱动增长

尽管互联网技术重构了旅游业的生态，但是对于众多中小旅行社而言，其后台管理系统仍然不甚理想，由于无法承担定制化的系统开发成本，大多旅行社只能依赖通用版的系统，甚至诸多旅行社还处于原始手工数据操作的状态，导致运营效率低下，大部分时间与成本浪费在了落后的沟通与管理手段上，会导致丢失客源、漏单等各种状况。地接社获取到的上游资源需要依托系统的整合才能产生创新的个性化产品，这既包括 B2B 的客户系统、资源预订系统、资源分销系统，也包括常规的 ERP 系统和财务管理系统。只有打造一套完整的后台系统，才能将碎片化资源整合成完整的数据库，从而实现对资源的分类管理、随机打包。

除了预订等数据，游客在行程中的行为会产生更多、更详细、更具参考价值的数据，但恰恰是多数旅行社没有关注、无法记录、更不知如何使用的一个部分。前端的产品与服务的升级革新应基于对游客需求的洞察和数据分析基础之上，唯有不断创新底层器件，对用户画像做更清晰的描绘，对游客的需求做更快速地反馈，才有可能在碎片化、小众化的时代提供千人千面的服务，才能真正实现用数据驱动增长，用理性引导决策。

从整个行业层面来看，底层数据的建设不仅有益于全行业的效率提升，更有可能依托数据建设实现行业信用体系的搭建，依数据提升行业监管与规范，建立正向淘汰机制，优化营商环境。

4. 市场意识培育、人本管理与模式创新

零负团费等行业乱象的出现，除了行业监管、商业文化等原因之外，还需要看到我国旅游业所处的发展阶段。大众旅游时代的初级阶段意味着大多数游客仍然是价格敏感型的，游客对于优质服务的付费意识还需要行业各方力量的共同引导。

基于人的服务需要关注人本身的发展，既包括其物质现状，也包含精神满足。只有当一线司导能够有尊严且愉悦的生活，才可能将优质的服务和幸福感带给游客。地接社应本着人本管理的思维完善制度设计，有效激励员工留住员工。当前我国的导游等级并未与收入直接挂钩，使得多数导游考过初级后便没有动力提升。以途牛随往为代表的地接社，正在尝试将导服费与考评挂钩，给予阶梯补贴，形成正向激励反馈。

只有当行业内形成一种良性发展的环境与竞争状态，才有可能从后到前杜绝零负团费现象的出现，才有可能突破依赖购物的脆弱的盈利模式，才有可能让市场认可人的价值，认可服务的价值，才能重构地接服务价值，迎接品质旅行时代。

第二节　以宏观外部环境改善提升旅游产业效率

我国要改变旅游产业效率长期低下问题，一方面要从企业内部治理出发，从董事会机构设置、内部激励机制、人才培养计划、绩效评估机制等多方面提升企业自身的竞争能力和治理水平；另一方面要全面改善旅游业发展的宏观外部环境，需要从产业制度环境、旅游市场结构、土地政策、基础设施、公共服务、财税、市场监管等方面进行优化升级，促进旅游产业效率持续提升，特别是，要持续改善旅游产业效率提升的外部宏观环境，只有这样才能让旅游企业内部效率提升具有正向导向机制。

一、构建起有利于企业高效率成长的宏观外部环境

（一）形成旅游产业高质量发展的新环境

国家财政和有关宏观调控部门可通过参股、安排专项资金、贷款补贴、贷款担保、资本金注入、增信等方式重点支持旅游基础设施建设。对不同区

域按照资源禀赋和经济基础进行分门别类的指导，特别是要加大贫穷落后地区旅游公共服务和旅游基础设施建设的支持。以落后地区的自然和文化环境成为城市和发达地区游客青睐的旅游吸引物为契机，引导资金、人才等要素向落后地区流动，形成统筹发展新格局。经济效益与社会效益平衡新格局。要注重兼顾旅游发展对扶贫、就业等方面的社会效益，个别地区可通过社会效应带动经济效应。国内国际协调发展新格局。通过加快引导和支持休闲产品开发，完善旅游公共服务供给，推进跨界融合。通过加强市场秩序整治、优化产品供给等方式满足游客多元化需求，引导旅游消费回流。要扩展免退税购物，培育入境游客消费热点。要围绕旅游示范区和跨境旅游实验区的建设，结合国家之间旅游年推进旅游外交落地，让中国在国际上有更多的话语权。

（二）培育旅游产业效率提升的新动能

通过扩充旅游资源边界，培育产业效率提升的动能。一是向生产生活资源要旅游发展的新动能，使所有能够为游客在目的地所体验的生活方式、共享的生活空间都能成为旅游资源，都可以为旅游发展服务。通过丰富旅游资本形式和内涵培育动能。二是要更加充分发挥社会资本，特别是民营资本、行业之外的资本对旅游业的投入。吸纳一切为旅游发展注入资金的市场主体，尤其吸纳财务投资者、战略投资者投资旅游。通过突出人才和科技在旅游要素中的作用培育动能。三是要更加重视科技、文创和人才的作用，通过实施人才计划和科技支持计划，使人才和科技发展成为旅游发展新动能。四是通过引导增量项目带动存量项目提档升级培育动能。要依托资本、人才产生增量，通过共享经济，拉动存量资源，两者相协调。这意味着既要投资房车、邮轮、航空等项目，也要注重类似途家、易道等新业态对旅游发展的积极作用。五是丰富特色化、专业化内容培育动能。迪士尼、泰迪熊博物馆均是很好的案例。

（三）激发大众旅游消费市场的新需求

积极发展红色旅游、冰雪旅游、邮轮旅游、避暑旅游等旅游新业态，稳定和夯实旅游消费增长基础，引导企业加强国内旅游市场的分层、分类供给，为游客提供适销对路的消费升级产品，满足面向大众旅游消费的多样化需求。进一步推动出入境旅游签证便利化政策，在签证费用、时间、地点和材料电子化等方面积极创新，优化旅游产品和服务，夯实入境旅游增长基础。积极推动海外购物合规渠道的拓宽，加强国内购物退税政策创新和商品种类创新，再免税店地点设置上更加符合老百姓需求，进一步引导出境旅游消费回流。

二、形成符合大国旅游经济体的现代化产业效率提升路径

我国作为大国旅游经济体，不同于欧洲、太平洋岛国等小型旅游经济体，涉及因素多、利益体关系复杂、目标多元，要推动我国旅游业从规模增长为主向质量发展为主，必须有一个系统、清晰的大国旅游经济体产业效率提升路径，通过比较国内外发达经济体旅游产业效率提升路径，结合我国处于社会主义初级阶段的国情和大众旅游初级阶段的旅情，符合大国旅游经济体的现代化产业效率提升路径，可以概括为："坚持一个中心，解决两个问题，实施六项机制"，具体来说，一个中心就是以推动我国从旅游经济大国向世界旅游强国为中心；解决两大问题就是解决旅游业发展不充分不平衡与人民群众美好期待差距的问题、解决旅游发展规模与发展效率不协调的问题；实施六项机制就是指以全要素旅游资源为核心的旅游新业态培育机制，以游客和当地居民共享为导向的旅游目的地建设机制，以现代旅游治理体系为依托的旅游管理效率提升机制，以国际旅游交流合作为导向的全球旅游话语权提升机制，以依法治旅为核心的大国旅游市场治理保障体系，以宏观旅游经济调控为依托的旅游发展质量调控体系。最终形成以大国旅游经济可持续为基础，以依法治旅和利益相关者制衡机制为支撑，以文明和谐旅游习惯为保障，以现代化大国旅游市场治理秩序和科学的旅游宏观调控体系为手段，才能形成现代化的旅游产业效率提升路径和战略体系。

三、以现代化的大国旅游市场治理体系提升旅游产业效率[①]

当前，我国旅游业在高速增长的同时，旅游市场中以次充好、欺客宰客、强买强卖等行为时有发生，这些行为严重影响了旅游要素的使用效率，限制了旅游产业的高质量发展，很多地方因为市场秩序问题致使游客大量流失，旅游产业效率呈现不断下降的趋势，因此，要提升旅游产业效率必须构建起

① 韩元军. 构建现代化的大国旅游市场治理体系［N］. 中国旅游报，2017 - 08 - 08.

完善的大国旅游市场治理体系，构建与我国大国地位相称的现代旅游市场治理体系，具有时代的紧迫性。要按照从管制到治理、一元到多元、封闭到开放、部门到综合的路线图稳步推进，尽快构建起治理主体—治理机制—治理评价的完整旅游市场治理体系。以全域旅游理念为指导，发挥多元主体的旅游治理功能；以供给侧结构性改革为重点，推动治理行为制度化；以游客评价为导向，制定科学的旅游市场治理效果评价制度；将全球旅游治理纳入我国国际旅游合作议程中。

（一）建设现代化大国旅游市场治理体系是大众旅游时代的现实要求

1. 国家战略要求包括旅游业在内加快治理现代化

在党的十八届三中全会将"推进国家治理体系和治理能力现代化"作为全面深化改革的总目标后，各领域和各产业均将治理现代化作为重要工作持续推进。从实践来看，治理改革是政治改革的重要内容，国家治理体系的现代化也是政治现代化的重要内容。国家治理体系是规范社会权力运行和维护公共秩序的一系列制度和程序，包括对行政行为、市场行为和社会行为等不同方面的规范，政府治理、市场治理和社会治理构成现代国家治理体系中的三个最重要的次级体系。国家旅游业"515"战略提出的"文明""有序""安全"三大目标，均与市场治理关系密切。2016年以来，国务院办公厅出台了《关于加强旅游市场综合监管的通知》，国家旅游局出台了《关于组织开展整治"不合理低价游"专项行动的通知》，山东、吉林、河北等地也纷纷出台了行动方案，这是我国旅游业积极践行国家战略的主动作为。

2. 治理现代化是旅游业产业效率提升和保护游客权益的需要

当前，我国进入了大众化、产业化发展新阶段，全国31个省区市均将旅游业作为支柱产业，其中，28个将旅游业作为战略性支柱产业来重点培育，现代支柱产业需要现代化治理体系作为保障。我国旅游业正在从劳动、资本、土地等要素驱动型增长转向技术进步、人力资本提升、制度创新等新动能，旅游市场治理现代化正在成为保障这些高级要素发挥作用的关键。进入大众旅游时代，旅游已经成为老百姓日常生活的组成部分，成为国民的基本权利。在看到旅游发展带来巨大红利的同时，旅游市场秩序问题仍然较为突出，旧的问题没解决，新的矛盾又突现。虚假宣传、欺客宰客、不合理低价、不正当竞争等市场顽疾已经持续很多年，始终没有得到有效根治，在散客权益的保护方面，尤其是在节假日集中消费期间，"天价鱼"等事件接二连三出现。市场秩序乱象无法根治与旅游市场监管体系落后关系密切，现存的旅游市场监管体系已不能完全适应游客需求和产业发展形势。只有坚持游客主体地位，从根本上建立起现代化的适应大众旅游需求特征的大国治理体系，才能有效保护游客权益。

3. 治理现代化是提升大国旅游国际竞争力和发展效率的保障

我国已成为世界第一大出境旅游消费国和第四大入境旅游接待国，并拥有全球最大的国内旅游市场，这决定我国必须以全球视野提升旅游国际竞争力。在世界经济论坛提供的《2015 年世界旅游业竞争力报告》中，中国旅游业在世界 141 个经济体中排名第 17，首次跻身全球 20 强。此前 2009 年、2011 年以及 2013 年的排名，中国的旅游业竞争力排名一直徘徊在 39～47，在全球范围来看是处于中游位置。近年来国际排名的跃升，与中国旅游业软硬件全面提高密切相关。从中国与排名前 10 的国家对比以及竞争力的四大评价指标体系构成可以发现，世界旅游大国之间的差距主要不是在道路、机场、景区等基础设施方面，更多的是制度规范、居民素质、人文关怀、文明程度等旅游软环境方面。特别是对中国等发展中大国来说，经济快速增长能够短期内提升国家的基础设施和人们的物质生活，但是包括良好的旅游市场秩序在内的软实力却不可能短期建立，要提升国际竞争力必须长期不懈地抓好旅游市场秩序治理，构建起常态化、制度化的现代化大国旅游治理体系。

（二）现代化大国旅游市场治理体系的建设方向

1. 推动从旅游市场管制向旅游市场治理转变

要扭转对于旅游市场的传统管制思想，以大国思维、开放理念、法治意识建设大国的现代治理体系。管制是政府单方面的市场管理行为，具有强制性特征，更多是自上而下的强制行为；治理是多主体的现代化市场管理行为，具有协商性特征，更多是通过现代契约约束市场供需双方的行为，它不仅包括自上而下和自下而上相结合的行为，而且更多的是利益相关者之间平行的行为。现代化的大国旅游市场治理体系要求具备完善较为的制度体系和较强的制度执行能力。要高度重视制度建设和政策创新，贯彻落实《旅游法》，推动旅游管理权利的制度化、规范化、透明化，提升行政效率，做好部门间、中央和地方、政府和企业等协调沟通，推动旅游市场从管制向治理转变。除了治理主体和治理机制建设，还必须建立科学的治理效果评价制度，以此推进治理主体有效监督和治理机制的制度化。

2. 建设政府和市场协作的多元化旅游治理队伍

旅游市场治理不仅是政府的事，还涉及企业、非政府组织、行业协会、民间社团、学校、社区等广大社会组织，它是政府—社会—个人良性互动形成的均衡态势。要发挥好政府和企业在旅游市场治理中的协同作用，政府要在立法、执法和监管中发挥主体作用，形成政府部门协作配合的综合治理队伍，企业要在旅游市场自治中发挥主体作用，特别是大型旅游企业要带头做好自身市场治理。同时，要发挥好学校、社区、街道等机构的教育、监督功能。除了多样化队伍建立的制度因素外，治理主体的素质也决定了治理能力，这既包括官员的素质，也包括旅游从业者的素质，还包括旅游者和当地居民的素质。要构建科学的旅游行政管理人员选拔制度，在旅游行政管理部门率先试点雇员制，高薪聘请一批懂产业、懂管理的高素质人才。完善旅游职业资格准入制度，加强旅游从业者职业培训，做好服务过程监管。构建多层次的游前、游中、游后游客教育制度，形成文明旅游的社会氛围。

3. 形成供给管理和需求引导相结合的依法治旅机制

按照依法治旅的原则，构建供需两侧相结合的旅游市场治理体系。在要素供给层面，要补齐吃、住、行、游、购、娱旅游要素中的市场治理短板，特别要通过完善导游自由执业制度、改革旅行社质量保证金制度、完善旅游综合监管和社会治理制度、创新企业主体问责制度等，加强旅行社、导游、餐饮等重点市场风险环节的控制。在制度供给层面，在《旅游法》框架下，加快推动省一级制定和完善符合自身实际的旅游条例，该条例既要合法，更要科学、合理；积极完善地方的行政法规、地方规章、涉旅标准，大力倡导有利于涉旅市场秩序的社会规则、道德准则、伦理秩序。在需求侧层面，要从旅游消费需求、游客行为、消费习惯等对游客进行文明、有序引导，从需求端杜绝旅游市场秩序乱象。

（三）近期工作重点

1. 以"全域旅游"理念为指导推动治理主体多元化

改变旅游行政主管部门单打独斗局面，加强旅游市场综合监管，形成旅游部门牵头，多部门联合执法的监管体制。进一步健全旅游警察、旅游巡回法庭、旅游工商分局等机构的职能设置和队伍建设，完善"1+3"综合执法保障机制。突出地方党委、政府在全域旅游治理中的作用，各级政府要建立旅游综合协调、旅游案件联合查办、旅游投诉统一处理的工作机制，尽快将旅游市场秩序整理纳入政府质量工作考核。各级旅游部门要联合相关部门制定责任清单，建立健全职责配套制度。鼓励有条件的旅游城市出台旅游市场治理行动方案，鼓励不同旅游城市开展旅游市场治理联合行动。推广在旅委成立旅游管理综合执法局等制度创新的好经验、好做法。除了发挥政府综合监管职能外，要发动社会力量参与市场治理，使旅游企业、协会、民间组织、新闻媒体、公民自身等都成为旅游治理的主体，国家旅游行政管理部门要通过信息公开制度对这些主体进行监督。

2. 以供给侧改革为重点推动治理行为制度化

近期要针对强买强卖、虚假宣传、低价促销等开展专项清查行动，形成每季一专题清查与不定期典型事件追查相结合机制。加快建设市场主体、旅游从业者、游客的信用信息档案平台，完善 A 级景区、星级酒店、旅行社等级、特色目的地等品牌工程的进入退出机制。建立旅游市场秩序黑榜公示制度，在主流媒体按月公布严重违反旅游市场秩序的市场主体、游客等名单，形成高压警示效果。完善政府约谈机制，对影响较大的反面事件追查到底。

3. 制定科学的旅游市场治理效果评价制度

要坚持游客主体地位，高度重视游客满意度在旅游治理评价中的重要作用。要发挥地方政府和涉旅部门的积极性，由国家旅游行政主管部门编制、发布科学的省级、重点旅游城市的旅游市场秩序综合水平指数。建立旅行服务业服务质量评价指标体系，对从事旅行社业务的旅游企业进行科学评价，并通过主流媒体对外发布。要建立导游荣誉制度、导游从业服务档案制度，从正反两面对旅游从业人员进行科学评价。

4. 开展多层次的国际旅游市场治理合作

在立足国内旅游市场治理的同时，积极参与全球旅游市场治理，利用我国出境旅游市场力量，主导我国公民出境旅游占份额较大的国家和地区的国际治理合作，保障我国公民出境旅游权益。鼓励我国跨国旅游企业在国外开展全球市场治理行动，为我国出境游客提供高品质的旅游服务。推出旅游目的地国（ADS）升级版，将境外旅游市场治理秩序纳入中国境外旅游目的地升级版的重要指标。以中欧旅游年、中国东盟旅游年等为契机，开展旅游市场联合治理行动。以 2017 年国际可持续旅游发展年为契机，在 UNWTO \ WTTC 等世界性组织、亚太经合组织、金砖国家组织等地区合作组织、双边或多边框架内开展国际旅游市场治理交流合作，将旅游市场的双边、多边治理作为旅游合作的重点议题。利用世界旅游城市联合会、国际山地旅游联盟、国际旅游学会等我国主导的国际旅游组织，开展全球旅游治理合作，搭建新的全球旅游市场治理平台。

四、构建起旅游产业效率提升的旅游经济宏观调控机制

我国旅游业正处于大众旅游发展初级阶段，经济发展和假日制度改革促进旅游业蓬勃发展的同时，还存在国内旅游业增长方式偏向粗放型、旅游经济发展规模与质量不均衡、旅游产品质量不高、旅游服务质量问题较多、游客满意度整体水平有待提升等问题，为了促进旅游业健康可持续发展，旅游经济宏观调控问题成为管理部门、产业界等关注的焦点，但是学术界关于构建我国旅游经济宏观调控体系的研究还是个空白，此方面的学术研究滞后于产业实践，本部分拟对此进行探索性研究。只有构建科学的旅游经济宏观调控体系，才能发挥市场在旅游经济发展中主导作用的同时，以政府干预形式有效改进外部性和信息不对称等造成的旅游市场失灵问题，从而保证旅游经济持续稳定增长，实现到 2020 年实现把旅游业培育成为国民经济战略性支柱产业和人民群众更加满意的现代服务业两大战略目标，实现我国迈入世界旅游强国的"旅游梦"。

（一）旅游经济宏观调控体系建立的紧迫性

近年来，我国旅游经济宏观调控愈趋常态化。构建适应时代要求的旅游经济宏观调控理论，既是对中国旅游业进入国家战略体系的回应，也是对大众旅游阶段产业政策创新的支撑。当前和今后一个时期理论建设的重点任务包括但不限于：明确旅游宏观经济调控的对象、目标与手段，搭建创新科研平台，建立基础数据系统，夯实学术支持以及提供有效的激励制度。

我国旅游经济运行进入了全新的战略机遇期，迫切需要旅游经济宏观调控理论的引导。经过改革开放 40 多年来的发展，我国旅游业迅速壮大，已经实现从世界旅游资源大国向世界旅游大国的跨越，目前拥有世界上最大规模

的国内旅游市场，同时已经成为世界第一大出境旅游客源国，入境旅游市场规模也位居世界前列。"十三五"期间的发展目标是建设世界旅游强国，但是从旅游发展质量效益、产业竞争力和国际话语权等方面看，建设世界旅游强国还任重道远。其中产业政策仍是政府促进国家旅游发展战略的重要抓手。从国家利益与国家经济安全角度出发，政府层面的国际博弈依然难以避免。如何从战略上谋划和巩固旅游强国的产业基础，并在广泛的国际合作与竞争中共同促进全球旅游业的繁荣与发展，迫切需要理论从旅游经济宏观调控层面做出全面系统的回答。

旅游政策与产业实践互动日趋活跃，需要构建旅游经济宏观调控理论以明晰两者行为边界。随着降息、减税和资本市场改革等宏观政策和旅游业发展"515战略"、全域旅游发展等一系列政策利好效应的显现，旅游产业运行的基本面更加稳固，对经济社会发展特别是对经济下行压力的支撑作用更加明显，依法兴旅已经进入宏观调控的新阶段。管理方式正从单纯以建设、推广和监管为主向多种方式转变。企业日益成为旅游投资与运营主体，制定政策、加强调控、引导产业发展成为大众旅游时代旅游主管部门的主要方向。长期来看，加强对旅游经济的宏观调控，充分发挥市场力量来配置资源，依法对旅游市场进行治理和旅游资源开发利用，将是多部门合力推进旅游业发展的基础，客观上要求在扎实的理论基础上，尽快建立包括调控目标、调控工具和政策绩效评估在内的旅游宏观调控体系。

加快构建旅游经济宏观调控理论是顺应大数据时代发展趋势的客观要求。数据是政府部门用于宏观调控的基本依据。在规划引导、法律规范、信息引导和行政干预等可选的调控工具中，依托数据进行信息引导应当也可以成为旅游产业宏观调控的基本手段。特别是随着大数据时代的到来，我国各级政府开始将大数据用于宏观决策和公共服务，可以预见大数据将在旅游宏观调控中发挥更加重要的作用。我国旅游业有过一些统计数据，但是总体说来还非常不够，可用的数据信息并不多，关于旅游业对经济的影响还缺少权威的理论。在未来一段时期，我们一方面要加强基础的旅游统计工作；另一方面也要着手探讨基于大数据时代基本特征的旅游宏观调控理论。只有把握好大数据时代的基本特征，我们才能更好地利用大数据为政府决策服务。

当前很多调控着力点都放在对旅游企业的微观监管，宏观调控体系有待完善。过去 40 年，基于特殊国情，我国旅游行政主管部门形成了"重监管，轻调控"的行业管理体制，调控着力点主要放在对以旅行社为代表的旅游企业和导游为代表的从业人员的市场准入、业务资格审批上，对整个旅游宏观调控体系的建设相对忽视。这在创汇导向和重点发展入境旅游的时代具有规避和弥补"市场失败"的积极意义。在旅游业进入国民大众主导的新阶段，微观监管的方式已经不适应旅游业发展需要，迫切需要减少对市场主体的行政干预，尽快建立包括调控目标、调控工具和政策绩效评估在内的旅游宏观调控体系。

调控手段以对旅游企业特别是旅行社的行政干预为主，政策调控、信息引导等工具应用少。从调控手段看，尽管当前旅游经济宏观调控综合应用了法律规范、规划引导、行政干预、信息引导等多种工具，包括颁布了《旅游法》、每五年制定一次旅游业发展规划、建立旅游发展调节基金、建立假日办工作机制、促成假日政策调整、进行旅行社许可及外资、出境等资格审批、发布旅游经济数据和出行安全提示等，但由于调控着力点设定在行业微观监管上，调控对象重点指向旅游企业特别是旅行社企业，调控手段仍旧以准入监管的行政干预为主。与此对应，面向旅游经济的产业政策和产业指导目录则长期缺位，协调相关部门形成的经济政策工具持续匮乏，主动以规划及信息引导形成调控效果的理念尚未成型。

微观监管一定程度上束缚了市场机制作用的有效发挥，限制而不是提升了政府对行业的领导力。现阶段，面向市场主体的旅游宏观调控模式由于采用的调控工具不同，效果差异很大。面向游客的调控应用了政策工具，促成了假日政策调整，释放了大众的出游时间，激活了国民旅游市场，政策效果甚佳。而对旅游企业的微观监管采用行政干预工具，过分注重准入监管，对旅游企业管得过死，限制了市场在资源配置中作用的发挥。规划引导方式则由于规划针对性不强，缺乏相应产业政策配套，常被流于形式。信息引导工具，如旅游经济预警、统计数据发布等效果均不甚明显。出行安全提示方式则形式较为简单，达到了一定效果，但范围有限。对广大游客特别是散客持续关注的强迫消费、欺客宰客、投诉不畅等难点问题，对入境旅游市场增长乏力、高端业态过度投资等热点问题无法有效应对，直接导致旅游行政主管部门和行业协会对产业领导力的下降。

（二）旅游经济宏观调控体系的内涵

从我国旅游经济宏观调控的实践情况看，我国现有旅游经济宏观调控体系更加强调星级酒店、旅行社、导游监管等市场供给管理问题，是包括微观企业监管在内的旅游供给管理层面的体系，而旅游需求管理层面的调控并没有明确纳入现有的旅游经济宏观调控体系内。旅游行政主管部门的各级旅游局（委），应该将旅游经济宏观调控的方向从片面强调供给管理向兼顾需求管理转变，旅游行政管理部门除了管好旅行社、导游、星级酒店、A级景区等的市场主体供给行为，还要做好游客需求、投资需求、管理需求、营销需求、地方政府旅游发展战略诉求等方面的需求管理与引导，从过去片面强调供给管理向兼顾供给与需求管理方向转变，这是由我国城镇化、工业化所处阶段与大众旅游初级阶段的旅情决定的。

首先，我国正处于大众旅游发展的初级阶段，正在从工业社会向后工业社会过渡，我国国民的一些传统陋习与当今社会应具有的人类文明共识产生了冲突，一方面国内大量文化水平偏低的农民变为城市市民或进城打工，根据《2012年国民经济和社会发展公报》，2012年全国农民工总量为26 261万人，其中，外出农民工16 336万人；另一方面受过良好礼仪与文化教育的国民人数不断增多，不同知识水平和教育背景国民之间的生活习惯、理念存在差异、冲突，同时，在出境旅游时，国内民众的文化、社会、生活习惯与外国民众存在差异、冲突，比如，传统上我国老百姓喜欢热闹，在饭店等公共场所热热闹闹是惯有的社会习俗，历史上文人墨客、达官贵人在文物古迹题字也是历来有之，但是现代社会在公共场所大声喧哗、在文化古迹乱写乱画已为社会所不容，因此，应该以一种循序渐进之心态做好游客需求方面的引导，下大力气做好游客需求引导与管理的长期工作，形成新时期游客在公共场所禁止大声喧哗、不随地吐痰、不在文物古迹上乱写乱画等文明共识，告诉老百姓文明社会公民的行为准则、法律底线与道德约束，循序渐进做好舆论和行为引导。其次，我国出现了海南等区域旅游投资过热局面，对酒店、旅游地产、旅游综合体等业态盲目投资、过度投资现象也比较突出，这就要求旅游部门制定旅游相关产业投资与发展指导目录，做好旅游投资需求的理性引导。从旅游内需角度看，当前国内旅游消费需求有待释放，我国老百姓年人均出游4次，与欧美发达国家5~7次相比存在差距，消费结构还不甚合理，特别是出境旅游消费中，购物占比例偏大，这就需要旅游部门做好消费需求方面的引导与管理。再次，现阶段，不同旅游目的地雷同开发、重复开发现象严重，未来需要根据要素适宜度做好旅游目的地开发的需求引导，形成度假、观光、商务等类型旅游目的地在不同区域合理布局，通过启动旅游功能区创建等需求引导工作形成不同类型旅游目的地的集聚经济。最后，当前旅游市场欺客宰客、以次充好、景区门票过高等问题依然突出，旅游供给方面的调控与管制依然迫切，所以旅游部门在做好旅游消费、投资等需求管理与引导的同时，要继续做好市场监管、产业政策制定等供给管理工作。

为了保障我国旅游业持续健康发展，国家和地方旅游行政主管部门必须发挥旅游经济宏观调控的主体作用，在《旅游法》为首的全国性与地方性旅游法律、法规指导下，旅游经济宏观调控需要同时兼顾需求管理和供给管理，以需求管理作为重点调控方向，通过调控旅游消费需求和投资需求管理好有效旅游需求，同时以中观产业政策扶持和微观企业监管作为旅游经济平稳的重要支撑，做好供给层面的管理与引导，最终可以通过基于需求管理和供给管理的旅游经济宏观调控体系保障我国旅游业健康可持续发展。我国旅游经济宏观调控体系如图7-1所示。

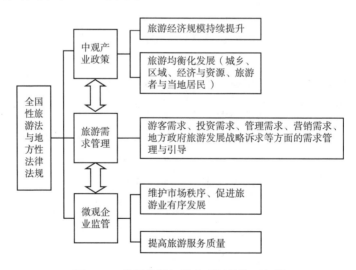

图7-1 我国旅游经济宏观调控体系架构

我国旅游经济宏观调控体系是以旅游法与地方性旅游法规为基础的，一切旅游消费与服务提供都要遵循全国性和地方性的旅游法律法规，现阶段，《中华人民共和国旅游法》已经出台，我国旅游业进入了依法治旅的新时代，因此，我国旅游经济宏观调控体系必须以遵循《旅游法》为前提，在促进旅游经济规模稳步提升的同时，有效保障旅游者和旅游经营者的合法权益，规范旅游市场秩序，保护和合理利用旅游资源，促进旅游业发展质量全面提升，除了遵循全国性的《旅游法》外，各地方在旅游业经济调控中，应该遵守自身制定的旅游法规，如杭州市制定的《杭州市旅游条例》，因此，国家和地方性的旅游法律法规是我国国家层面和地方层面旅游经济宏观调控的基础。

构建我国旅游经济宏观调控体系要以需求管理作为重点调控方向，通过调控旅游消费需求和投资需求管理好有效旅游需求。旅游需求管理需要以需求引导为中心，通过公开信息的手段，对旅游消费需求和旅游投资需求进行引导，比如通过旅游信息化建设进行旅游目的地智能化引导，通过旅游业投资目录进行旅游投资需求引导，通过红色旅游、避暑旅游等有效旅游需求挖掘进行消费引导等，需求引导是我国旅游经济宏观调控中需求管理的中心，它是行政管理水平、管理层次提高的重要体现和方法。

旅游产业政策是我国旅游经济宏观调控的重要支撑，属于旅游供给管理层面的范畴。产业政策是1970年日本通产省代表在OECD大会上所作的《日本的产业政策》中首次提出的，关于产业政策各国没有统一的看法，总体来看，产业政策是各国在工业化过程中所采取的一种经济政策，任何有能力履行经济职能的国家或地区都存在这种政策（苏东水，2009）。对旅游来说，旅游产业政策是我国中央或地方政府为了全局和长远利益而主动干预旅游业活动的各种政策的总和。我国旅游产业政策的作用表现在可以弥补由于旅游公共物品、外部性等引起旅游市场失灵的缺陷，可以弥补某些区域实现旅游业超常规发展、缩短赶超时间的政策举措，也能够促进旅游产业结构的合理化与高度化，实现旅游资源的优化配置，在国际竞争中能够不断提升我国旅游业的国际竞争力，推动我国旅游业全面融入全球化竞争与合作中。根据旅游产业政策的功能，我国的旅游产业政策主要包括旅游产业组织政策、旅游产业结构政策、旅游产业布局政策、旅游产业支撑政策、旅游国际化政策。

旅游微观企业监管机制是我国旅游经济宏观调控的另一个重要支撑，它也是旅游供给管理层面的范畴。它通过旅游行政主管部门的旅游质监所等监督管理机构和相关机制，规范现有的企业行为，规范旅游市场秩序，保证我国旅游市场有序发展，不断提升旅游者的旅游品质和满意度，它是比产业政策更微观的层面，是对旅游企业市场行为的监督和管理，使旅游企业遵循市场规律基础上获取收益的同时，保证旅游者的合法权利得到保护，从而使旅游业发展形成良性循环，保证旅游业健康持续发展。

（三）旅游经济宏观调控体系的目标

我国旅游经济宏观调控体系的总体目标是保持旅游业健康持续稳定增长。具体来说，就是保持旅游经济规模稳步增长的同时，促使旅游发展质量协同提升，兼顾旅游者与当地居民旅游福利均等化，保证旅游经济发展与资源环境可持续发展同步，促进城乡旅游、区域旅游发展向均衡化方向发展，在旅游经济宏观调控体系的指导下，到2020年，我国实现旅游强国目标，基本将旅游业培育成为国民经济的战略性支柱产业和人民群众更加满意的现代服务业。

我国旅游经济宏观调控体系的目标就是解决现阶段和未来一段时期内旅游经济发展的主要矛盾，表现为五个不平衡：一是旅游发展质量与旅游经济规模的不平衡，2012年我国旅游总收入已达到2.57万亿元，旅游经济规模持续扩大，与此同时，旅游市场秩序还有待规范，旅游欺诈、旅游服务质量低劣、旅游产品雷同等发展质量问题依然突出，我国旅游发展质量与旅游经济规模不平衡问题是亟待需要解决的主要矛盾之一；二是旅游者效应最大化与当地居民社会福利最大化之间的不平衡，旅游目的地发展一方面应该满足旅游者需求为导向；另一方面应该使当地居民尽可能分享旅游经济发展的成果，让该旅游目的地成为当地居民休闲的区域，当地居民真正享受到旅游发展带来的经济、社会、文化、生态等成果；三是旅游经济发展与资源环境可持续利用之间的不平衡，旅游经济发展不应该以破坏和过度开发利用旅游资源为代价，而是应该寻求当代旅游经济发展与未来旅游可持续发展相平衡；四是城市与乡村旅游发展之间的不平衡，改变城市旅游经济较发达、乡村旅游由于资金等限制发展缓慢的局面；五是区域旅游经济发展之间的不平衡，改变东部地区旅游经济与中、西部地区旅游经济发展不平衡局面，改善东、中、西内部旅游经济发展不平衡的问题。

（四）旅游经济宏观调控的手段

现阶段，我国旅游行政主管部门进行旅游经济宏观调控的手段有限，主要是从市场供给层面利用产业政策和微观市场监管作为调控的主要手段，具体来说，旅游行政主管部门主要是通过管理旅行社、导游，以及通过对酒店和景区进行星级、A 级资质评定进行管理，旅游宏观调控的手段有限，旅游市场欺客宰客、强买强卖等市场不规范行为屡禁不止，局部地区出现旅游地产投资过热现象，旅游消费需求没有充分释放出来，特别是农村地区的旅游消费规模有限。世界旅游目的地的管理职能调查可以为我国旅游行政主管部门调整宏观调控的手段提供指南，从调研结果看，全球 687 个目的地管理组织的职能既包括产业层面和公共服务层面的供给管理，更包括旅游消费和投资层面的需求管理。

我国旅游经济宏观调控的方向应该从目前的供给管理为主向兼顾供给管理和需求管理方向转变，调控手段从市场供给层面利用产业政策引导和微观市场监管作为调控的主要手段转变为兼顾需求管理层面的需求引导与以上所述的供给管理层面的手段。需求管理思想是凯恩斯经济学的精髓，它主张通过调节有效需求来进行宏观经济调节，以财政政策和货币政策为手段进行宏观经济调控的逆向操作，在经济过热时降温，在经济过冷时刺激经济，是短期内调控经济波动的主要思想，目前，该思想是西方大多数国家和中国等发展中国家进行经济宏观调控的主要依据。在当前，我国旅游经济宏观调控的手段既要考虑从市场供给层面利用产业政策引导和微观市场监管进行调控，更要重视从市场需求管理层面以信息引导为主要手段进行旅游消费需求管理和旅游投资需求管理，从而将需求管理与供给管理思想相结合应用于我国旅游宏观体系建构中，保障我国旅游经济持续健康增长。

（五）建构我国旅游经济宏观调控理论的保障措施

加快建设国家旅游经济运行与政策仿真实验室。国家实验室是我国重点实验室体系框架中的核心和高端部分，代表着国家在相关领域科技自主创新的整体实力和水平。加强旅游经济宏观调控理论创新体系建设是全球化背景下旅游强国战略的重要措施，要把建设和发展一流的科学研究实验基础设施和开放、联合、共享的科研基地作为创新体系建设的基本任务，提升整体创新能力，争取尽快纳入国家重点实验室，使旅游经济宏观理论具有稳定的继承性和积累性，并可形成持续的科学研究能力，为理论发展奠定坚实的组织基础。

构建覆盖全国范围的旅游大数据监测系统。建立覆盖旅游活动各环节的产业运行大数据监测平台，使大数据成为政府部门实现旅游经济精准调控的新工具，为宏观调控理论研究提供科学的数据。包括建立面向政府部门的、与当前旅游产业发展相适应的大旅游统计体系，面向产业主体的、多元结构的动态数据监测系统，面向公众的、与旅游公共服务相关联的数据系统，建立旅游大数据交换平台，统筹行政主管部门与各省市的大数据资源，推进跨地区信息资源共享和业务协同。根据大数据监测结果的趋势变化，及时发现和解决苗头性问题，研究宏观经济政策的重点、力度和节奏，为旅游经济宏观调控实现精确干预提供理论依据。

加强旅游舆情信息监测和动态分析，主动引导形成有利于产业发展的舆论环境。健全旅游服务质量监管体系，定期发布企业信用、游客满意度等信息，优化旅游市场环境。制定旅游消费指南导引，传授消费技能，改善消费方式，拓宽旅游消费市场。建设游客出行信息系统，进行出行安全提示，为游客提供及时、准确、便捷的旅游信息公共服务。加强窗口指导，通过发布国家旅游白皮书、旅游蓝皮书、旅游产业目录、旅游专项规划、会议讲话、定期新闻发布、市场主体和地方政府约谈等方式，引导社会资本理性投资，优化部门及区域旅游发展格局，提高旅游经济运行质量，推动产业持续稳健地向前发展。

鼓励围绕旅游宏观调控进行跨学科的理论研究。旅游宏观调控理论一方面要根植当前的旅游产业实践；另一方面要广泛从相关学科理论中汲取营养。当前要通过旅游科研立项以及课题招标、课题委托等不同方式，动员各相关学科的研究力量，对旅游经济发展中的基础性问题和重大问题进行集中攻关。鼓励围绕同一问题从不同学科切入研究以及进行交叉学科研究，支持协调创新中心等新型政、产、学、研一体化合作平台建设，加快构建中国特色旅游智库群。加大跨学科人才引进和培养力度，尽快改变复合型人才急缺的状况。鼓励整合各方面智力资源投入旅游经济宏观调控基础研究工作，服务我国旅游强国建设。

第八章
以公司治理现代化提升旅游产业效率

第一节 公司治理现代化内涵

一、公司治理理论

公司治理是现代企业经营的核心。狭义的公司治理主要指股东、董事会、经理层之间的监督、激励机制，其实质是对企业剩余索取权和控制权优化配置的制度安排。广义的公司治理则还包括公司的人力资源管理、收益分配激励制度、财务制度、企业战略发展决策管理系统、企业文化和一切与企业高层管理控制有关的其他制度安排。公司治理理论主要包括三类理论：委托代理理论、利益相关者理论、现代产权理论。

（一）委托代理理论

美国经济学家伯利和米恩斯于 20 世纪 30 年代提出的委托代理理论被认为是现代公司治理的起源。委托代理理论的基本假设是所有者和经营者之间存在信息不对称，由于所有者（股东）和经营者（经理人）在公司运行过程中角色不同，导致所获取的公司相关信息的不对称，经理人比股东拥有更多的信息，同时，两者的利益诉求不同，从而导致逆向选择和道德风险问题。具体来讲，委托代理理论认为委托人（股东）可以观测到委托代理的行为结果，但对行为过程的信息获取不足，而代理人（经理人）对委托代理结果和具体行为过程拥有完备信息。

如何解决委托代理问题是学者们一直关注和讨论的问题。现有研究分别从委托人和代理人的角度给出了解决方案。从委托人角度，引入激励机制，加强监督。为了防止代理人经营背离委托人的利益，可以对公司代理人以现金和股权进行奖励；此外，通过完善公司治理结构，引入监督机制，使委托人获取更多的信息。从代理人角度，引入代理人担保机制，即代理人对公司经营进行担保承诺，一旦触及委托人和公司利益，要给予相应的补偿。

（二）利益相关者理论

利益相关者理论源起于 20 世纪 30 年代美国通用公司一份经理演讲，演讲中提到公司经营过程中，除关注股东的利益外，还应关注雇员、顾客等群体的利益。因此，相对于"股东利益至上论"，利益相关者理论认为不能仅仅只关注股东利益，而应该同时关注除股东外的其他利益相关者。狭义的利益相关者包括股东、债权人、经营者等与公司现金流直接相关的主体；广义的利益相关者指一切与公司有利益关系的人和组织，除了股东、债权人和经营者外，还包括企业员工、客户、供应商、社区居民、工会组织和政府等主体。

减少企业经营过程中的信息不对称，保护弱势利益相关者的利益是利益相关者治理的核心。而要保护弱势群体，就必须发挥监事会的功能，因此，与企业利益相关者如企业员工、客户、债权人等应为监事会的成员，该比例可有所高低，但必须具有代表性并能维护好相关利益者的合法合情合理的利益。

（三）现代产权理论

产权是指财产的所有权、使用权、处置权等。产权制度就是指关于产权的界定、划分、组合以及使用、保护等的一系列规则、规范，其包含的内容主要有产权界定、产权分割、产权使用及收益以及产权处置等。

现代产权理论在 20 世纪 60 年代，由美国经济学家罗纳德·科斯首先提出，并在七八十年代由威廉姆森、诺思、舒尔茨、斯蒂格勒、阿尔钦、德姆塞茨和张五常等人丰富和发展之后逐步形成的，主要研究现代市场经济中产权安排及产权结构对资源配置和经济效率的影响，是"新制度经济学"的主要流派之一。

科斯对于现代产权理论的发展贡献主要是从交易费用角度提出了"科斯三定理"：一是如果交易费用为零时，市场机制可以实现资源的有效配置，即初始资源配置不会对资源最优配置产生影响；二是如果交易费用不为零时，由于权利配置的差异，因而资源的配置也会存在差异；三是由于交易费用的存在，使得不同权利配置制度下的经济效率也会存在差异。

现代产权理论是现代公司治理理论的一个重要组成部分，如何改善企业治理机制，形成一个合理有效的产权安排和产权结构，进而优化资源配置方式、降低交易费用是促进企业经营效率提高的一个重要手段。

二、公司治理现代化内涵

（一）现代化的内涵

随着时代的发展，现代化的内涵不断扩大、标准逐步严格、理解不断升华的过程。但是到目前为止，学术界对于现代化的理解还是局限在讨论的范畴，现代化的定义尚未明确。

人们对于现代化的理解经历了由点到面、由单维到多维的过程，简言之，现代化是动态的，而非静止的。现代化是一个过程，包括了社会转变过程、全球化过程、系统过程、长期性过程、阶段性过程、同质化过程、不可逆转过程、进步过程等（罗荣渠，1993；疏仁华，2004）。也就是说，现代化是不断演进的，在不同的时期现代化的内涵是不同的。

现代化是涉及经济、社会、政治、文化、思想等领域的历史进程（曾智华，1993）。经济领域的现代化包括科学技术现代化、工业现代化、公司治理现代化、经济市场化等；社会领域现代化包括社会结构现代化、社会治理现代化、城镇化等；政治领域现代化包括政治制度现代化、法治化、民主化、国家治理现代化等；思想文化领域包括人的价值观念和道德水平现代化、教育现代化等；个人的现代化包括能力素质现代化、职业现代化、社会关系现代化、思想观念现代化等（李国华，1999；许耀桐，2014）。

（二）公司治理现代化的内涵

对于公司治理现代化的内涵，目前学术界尚未给出明确定义，大多数研究均基于公司治理存在的问题分析，提出应以公司治理现代化解决当前公司治理存在的各种问题。因此，本书试图通过当前公司治理存在的问题梳理来解析公司治理现代化的内涵。

对现有研究的梳理发现，公司治理主要存在五大问题。

（1）股权问题。我国企业股权结构比较单一，特别是国有企业国有控股比较偏高，导致中小股东、债权人等其他利益相关者的利益受到影响。国有控股行导致企业经营行政色彩比较浓，其经营自主性较弱、经营积极性较低、经营效率低等成为一直为人所诟病的问题。另外，企业股权过于集中，使得控股股东权力过于集中，往往集控制权、执行权于一身，缺乏有效的监督和制衡，导致公司决策具有垄断性，进而影响决策的合理性、正确性。

（2）监事会问题。我国部分民营企业，由于个人的职业操守、专业水准等问题，监事会成员未能很好履行监事职能，造成企业产生重大经济利益损失。此外，由于一部分监事会成员是公司员工代表，由于其与经理层和董事层有着各种利益关系，导致行使监事职能时会产生约束。然而，如果监事会权力过大，影响董事层的决策和经理层的经营，也会对企业的经营产生负面影响。因此，如何完善我国的监事会制度，明确监事会的职能范围，也是我国公司治理中需要解决的问题之一。

（3）董事会问题。董事会是公司治理的核心机构，我国董事会存在运作失衡现象。首先，在独立董事构成方面，从经理人市场雇用的独立董事在我国企业的独立董事中不超过五成，从而导致很多独立董事缺乏市场的声誉约束。其次，对于独立董事的报酬缺乏明确、统一的规定，导致企业独立董事从业人员素质参差不齐，不能很好发挥独立董事对企业的监督作用。

（4）信息披露问题。信息披露是现代公司治理的重要内容，信息披露一方面对保护投资者利益和公司产权具有重要意义；另一方面是公司接受监督、提高公司治理水平的重要工具。当前，我国上市公司信息披露的透明度还不够高，由于不同相关利益者所关注的信息不同，公司对于相关利益需求者所需的应披露的信息未能有效披露，进而影响投资者投资意愿、投资信心。

（5）监督和激励机制。监督和激励机制是解决委托代理问题的一个重要手段。当前，我国一部分企业的监督和激励机制还不够完善，对于企业家精神的培养相对困难，而企业家能力和精神的培养对于公司治理极其重要。

现有研究认为要解决以上公司治理存在的问题，就必须实现公司治理现代化。通过对以上问题的梳理，可得出公司治理问题主要包括两个方面，即公司治理结构和公司治理机制。由此，公司治理现代化的内涵应包含公司治理结构的现代化和公司治理机制的现代化两个方面。

公司治理结构是指公司的产权安排，包括股东大会、董事会、监事会和经理层四个组成部分。通过现代产权制度的改革，在"三会一层"架构下实现产权主体多元化，形成有效的相互制衡，是现代企业制度的一个重要特征。

公司治理结构现代化包括：产权安排方面，通过所有权和经营权的分离，解决股权过度集中问题，提高董事会和经理层的工作效率；监事会方面，提高监事会成员进入门槛，合理安排监事成员构成结构，必须有一定比例的外部监事，以防止内部监事的关联关系的影响，提高监事工作的透明度；董事会方面，独立董事的来源应呈现专业化、多元化、无关联性的特征，一方面可以对内部董事产生制约；另一方面对经理层产生有效监督，进而更好地维护股东利益，保障公司决策的科学性、公平性以及高效运行。概括地讲，公司治理结构的现代化就是要以企业法人治理结构的建立和完善为目标，明确独立董事和监事会的职责边界，强化独立董事和监事会的履职保障和问责机制。

公司治理机制包含内部机制和外部机制。内部机制是指实现公司经营系统、技术创新系统、财务系统等运行过程中各环节内部以及各环节之间协调发挥作用，引导企业人、财、物等资源优化配置的具体运行方式。公司内部治理机制现代化应包括公司经营系统现代化（王志刚、郭雪萌，2018）、公司技术创新系统现代化、公司财务系统现代化（姚前，2018）等。具体来讲，公司治理机制现代化的内容包括：建立完善的诚信体系，破解股东、董事会、经理层之间的委托代理问题，搭建相互信任机制，关注各方利益关切；建立合理的高管薪酬、企业股东分红制度，落实股东权力和利益；积极培育企业家能力和精神，落实经理层的有效监督和长期动态激励机制；企业积极承担社会责任。外部治理机制包括外部投资者、债权人等非公司内部的利益相关者构建成的监督制衡机制，其中兼并重组就是外部治理机制中的典型代表。一方面企业兼并重组降低了企业经营的平均成本，使得公司治理显现出规模效应；另一方面企业兼并重组替代了董事会等内部治理机制来监督和约束企业管理层，对企业管理层显现出警告效应。

依据公司治理现代化内涵，本章剩余部分注重分析公司治理机制现代化，通过企业技术管理的现代化和企业法人治理现代化案例，分析旅游企业如何通过公司治理机制现代化提升旅游产业效率的实现路径。

第二节　以公司内部治理现代化提升旅游产业技术效率

实现公司内部资源的优化配置，提高资源的利用效率，需要有现代化的技术支撑，企业技术管理现代化成为公司治理机制现代化的重要环节。企业技术管理现代化包含两方面内容，分别是技术创新管理和技术应用管理。技术创新管理指在原有技术的基础上开发出新产品和新技术。技术应用管理指新科技、新技术、新成果的应用。本部分将以金陵饭店集团、曲阜三孔和中国国家博物馆为例，分析以技术管理现代化提升旅游产业技术效率的实现路径。

一、技术创新管理——信息化管理

（一）金陵集团信息化创新模式

外部实现信息化创新。公司先后聘请 IBM、安永为专业顾问，从战略、组织、运营等层面形成 IT 建设的顶层设计，在中国酒店业率先开启信息化建设战略规划（ITSP），实施营销全球化、采购网络化、管理精细化、技术智能化，实现了以信息化手段提升传统服务业的突破。全力启动数字化变革，推进"互联网+"信息系统智能化升级，提升酒店未来发展和整体营运、业务协同、风险管控能力，注重新业务、新技术的应用和大数据建设，注重业务模式重组、组织架构优化、管理体系升级和业务流程再造。

搭建多元化管理平台，降低企业经营成本。以 CRS、CRM、PMS、ERP、HR、OA 集成管理系统为核心，实现了信息化建设与经营管理深度融合、酒店主业与多元孵化业务的资源共享和产业集聚，打造了具有金陵特色、国内领先的酒店连锁管理平台。金陵中央预订系统成为国内首家拥有自主知识产权的酒店预订系统；金陵物流系统成为酒店业电子采购供应链的示范样板，"金陵酒店采购网"已有 1.3 万个酒店物资品种、600 多家供应商实现网上交易。公司与全球旅游技术领导者 PEGASUS、EXPEDIA、PRICELINE 等达成战略合作，金陵预订系统与全球 GDS 分销巨擘实现"无缝连接"，全球 60 万家旅行社、70 万个直接销售点、1 000 家主流网站可以直接在线预订金陵饭店，进一步扩大了金陵的市场影响力。[①]

（二）金陵集团信息化建设的启示

金陵集团是中国酒店业最早开启信息化建设的酒店，2003 年就与 IBM 公

---

① 金陵饭店 2017 年度社会责任报告。

司签订了信息化建设战略规划（ITSP）协议。金陵集团高层敏锐的洞察力，对旅游酒店前景趋势的把握，使得金陵集团先发制人，站立在旅游信息化建设的潮头，由此也获得了巨大的成功。

金陵集团中央预订系统、物流系统、全球分销系统的建立，提高了金陵集团技术管理效率，降低了技术管理成本，极大地提升了技术管理的质量，彰显出金陵集团强大的管理软实力。

金陵集团所使用的信息化系统和软件，是具有金陵集团特色，这种个性化管理使得金陵集团技术管理更具适用性，与金陵集团的业务高度耦合，这样就减少了使用通用版信息系统和软件的成本。

二、新技术应用——智慧旅游建设

（一）智慧景区——"曲阜三孔"

山东省"曲阜三孔"景区作为国家 5A 级景区，以智慧旅游方式创新景区管理、服务和营销。2013 年 4 月"曲阜三孔"景区微信服务平台正式建立，次年，该平台增加了微网站、微活动、微客服等功能。该功能满足了信息时代的游客们的需求，通过该平台不仅能够获得智能导游、旅游规划，还能够进行门票预订和交通线路查询，方便了旅客出行，增强了游客的旅行体验。

2016 年 4 月，"曲阜三孔"与阿里旅行签署战略协议，景区正式接入信用游、扫码支付、码上游、地图导览等在内的阿里旅行"未来景区"全线产品，使得"一部手机"游遍全景区成为现实，线上线下双向互动，游客体验和服务更加优化，"曲阜三孔"由此也成为国内首批"未来景区"。"曲阜三孔"智慧旅游建设，不仅提高了景区旅游服务质量和效率，也使得景区管理更加高效化、智能化、便民化。2017 年 12 月，"曲阜三孔"由此获得"济宁首批智慧旅游示范单位"。2019 年 2 月，"曲阜三孔"完成 6 座 5G 基站的布设，目前孔府、孔庙已经实现了 5G 网络的全覆盖，未来有望助力"三孔"景区实现远程 VR、AR 游览。

（二）智慧场馆——中国国家博物馆

中国国家博物馆是世界上单体建筑面积最大的博物馆，是"中国十大博物馆"之一。鉴于公益和展品保护的目的，中国国家博物馆每日游客限流，门票免费。中国国家博物馆引入智慧管理系统，其中包括观众预约系统、电子导览系统、配备智能检验通道、观众行为分析系统。观众预约系统主要通过官方网站和官方微信公众号进行实名预约，智能检验通道主要进行客流的管理，电子导览系统主要应用于参观路线指导和展品讲解，观众行为分析系统是对游客旅游行为进行分析实现运营管理决策。为了推进智能化、精准化服务，国家博物馆"智慧国博"于2018年启动，目的就是使得游客获得个性化体验，有效提升了观众的预约和观展效率，场馆对旅游客流量管理更加高效。

（三）智慧旅游案例启示

智慧旅游这一新技术的应用改变了旅游企业发展的方式，提升了旅游服务质量、改善了游客旅游体验、创新了旅游营销方式，实现了旅游企业经营成本的下降、旅游企业竞争力的提升，提高了旅游行业管理水平、扩大了行业。

第三节　以公司外部治理现代化提升旅游产业效率

兼并重组是公司外部治理机制现代化中的典型代表。企业兼并重组是指两家乃至更多家企业通过一定的程序和途径合并成一家企业。一方面企业兼并重组降低了企业经营的平均成本，使得公司治理显现出规模效应。企业兼并重组扩大了原有企业的规模，这种行业调整改善了公司的资产管理方式和格局，使得企业以更有效的产出或更低的成本获得更有效的企业边界，实现规模经济效应。另一方面企业兼并重组替代了董事会等内部治理机制来监督和约束企业管理层，对企业管理层显现出警告效应。企业兼并重组其实质是产权的转移、剩余控制权的重新配置，它改变了企业的产权结构，产权结构的改善有助于改善企业内部监督机制，提高企业的经营决策和资源配置的效率。总的来说，企业兼并重组可以降低生产成本，促进技术资源和管理资源的聚拢，增强企业的实力和规模，降低经营风险，促进企业公平竞争，进而提高整个公司的效率。

一、众信旅游集团简介①

众信旅游集团的前身是北京众信国际旅行社有限公司，2008年6月13

---

① 众信旅游集团股份有限公司章程、众信旅游：2018～2019年年度报告。

日经北京市工商行引智政管理局批准建立，2016 年开始集团化经营。公司品牌建设最早可追溯到 1992 年，2014 年 1 月 23 日，公司在深圳证券交易所成功挂牌上市，成为 A 股市场首家民营旅行社上市公司（股票简称：众信旅游，股票代码为 002707），是中国领先的全国性的大型旅游业运营商、全国最大的出境游批发商之一，主要从事出境游批发、出境游零售、整合营销服务业务。近年来，公司业务由出境游拓展至"旅游 +"服务，逐步向游学留学、移民置业、旅游金融、健康医疗等一系列旅游综合服务延伸。

截止到 2018 年末，公司已经拥有 2 000 多家代理客户，超过 1 万家的合作经营网点，在北京、江西、南京等主要省（区市）建立了 400 多家零售实体门店，形成了覆盖全国的线上线下协作的批发销售体系，目前公司是各大线上线下零售旅行社的主要供应商。公司以科技创新为引领，自主研发了同业分销系统，使得代理商实时掌握公司产品动态，完成在线预订，大大提高了工作效率并降低了沟通成本。公司还自建了企业资源管理系统，这就使得形成了一完整的产品信息链，对于企业资源配置、提高资源利用率都具有重大的意义。

公司具有强劲的产品和服务优势。公司坚持"以服务品质为前提，以产品为核心"的理念，产品已覆盖欧澳美非亚全球主要目的地国家和地区，跟团游、定制游、自由行/半自由行、海外目的地玩乐等丰富的出境游产品，为游客提供了多样化选择，产品出行日期密集、产品出发城市丰富、为非口岸城市游客提供国内联运机票等，为游客出行提供便利。公司坚持不断优化业务流程，通过游客评议表、呼叫中心回访等多种方式进行客户回访，公司内部使用信息化系统进行流程管控，并坚持开展"质量年""标准年"等活动，不断提升客户体验。

二、众信旅游集团并购历程

众信旅游自 2014 年 1 月 23 日在深圳证券交易所上市以来，就开启了公司并购的历程。笔者梳理、查阅了众信旅游 2014～2018 年年度报告等相关数据，整理其并购历程如下：

2014 年 5 月 31 日，收购杭州众信，取得 100% 股权。

2014 年 7 月 31 日，收购上海巨龙，取得 60% 股权。

2014年6月30日，收购乾坤运通，取得51%股权。

2015年6月30日，法国安赛尔由本公司之子公司北京开元境外子公司德国开元完成收购，取得70%股权。

2015年7月28日，江苏众信由本公司之子公司上海众信完成收购，取得100%股权。

2015年7月15日，收购北京开元，取得51%股权。

2015年3月13日，收购竹园国旅，取得70%股权。

2016年1月31日，上海新魅力由子公司上海众信国际旅行社有限公司完成收购，取得100%股权。

2016年3月23日，收购杭州四达，取得51%股权。

2016年3月31日，日本三利由子公司香港众信完成收购，取得70%股权。

2016年6月30日，波兰车公司由子公司香港众信完成收购，取得80%股权。

2016年12月31日，收购北京众信，取得100%股权。

2016年9月22日，收购广州好吧，取得100%股权。

2016年8月31日，收购优展逸途，取得70%股权。

2016年10月19日，收购厦门凡星，取得60%股权。

2017年12月31日，上海悠哉网络科技有限公司由子公司天津众信悠哉网国际旅行社有限公司收购其85%的股权（剩余15%为公司持有）。

2017年7月1日，Activo Travel GmbH由子公司Hongkong UTour International Travel Service Co.，Limited完成收购。

2017年10月23日，苏州众信星舟国际旅行社有限公司由子公司上海众信国际旅行社有限公司完成收购，取得70%股权。

2017年4月18日，收购北京优泰科网络科技有限公司，取得100%股权。

2017年11月21日，九江中国旅行社有限公司由子公司北京众信优游国际旅行社有限公司完成收购，取得60%股权。

2017年3月31日，KAYTRIP DE MEXICO SA DE CV由公司之子公司北京开元周游国际旅行社股份有限公司境外子公司Kai Yuan Information & Business GmbH 完成收购，取得 61% 股权。

2017 年 12 月 22 日，河北众信省青国际旅行社有限公司由子公司北京众信优游国际旅行社有限公司完成收购，取得 60% 股权。

2018 年 2 月 6 日，内蒙古众信旅游山水国际旅行社有限公司，由子公司北京众信优游国际旅行社有限公司完成收购，取得 60% 股权。

2018 年 1 月 9 日，石家庄众信优游国际旅行社有限公司由子公司北京众信优游国际旅行社有限公司完成收购，取得 60% 股权。

2018 年 1 月 15 日，南通众信和平国际旅行社有限公司由子公司上海众信国际旅行社有限公司完成收购，取得 51% 股权。

2018 年 12 月 18 日，收购竹园国旅余下 30% 股份，竹园国旅成为公司的全资子公司。

三、并购对企业效率提升的影响

据原国家旅游局统计，2014 年我国出境旅游人数首次突破 1 亿人次，2018 年达到 1.5 亿人次，5 年间出境游一直保持良性增长趋势。在出境旅游快速发展背景下，作为主打出境旅游的上市公司，众信旅游适时把握发展机遇，公司刚刚上市就开启了大刀阔斧的企业收购，自 2014 年以来，公司先后以直接或者间接方式收购了 25 家公司，企业资产规模也从 2014 年的 10.72 亿元上升到 2018 年的 53.39 亿元。2015 年通过收购同样是以出境游为主的竹园国旅，使得众信旅游在当年实现出境游营业收入 749 331.09 万元，同比增长 111.98%，其中，出境游批发业务收入 584 362.32 万元，同比增长 131.82%；出境游零售业务收入 164 968.76 万元，同比增长 62.66%。2016 年、2017 年、2018 年众信旅游出境游营业收入分别达到 924 292.95 万元、1 096 390.91 万元、1 099 300 万元，同比分别增长 23.35%、18.62%、0.23%。2014～2018 年，众信旅游的营收增速分别为：40.32%、98.48%、20.71%、19.24%、1.52%，旅游营业收入增长态势良好，市场份额也不断提升，达到了众信旅游通过并购扩大市场规模的战略初衷。可以看到的是，通过企业并购，众信旅游产品互补性能力增强，特别是收购了竹园国旅 70% 股份后，使得众信旅游在东南亚的优势地位得以奠定，两家的合并达到了规模经济效应，整合了出境旅游资源，扩大了营业收入规模，提升了行业竞争力和议价能力。

四、众信旅游集团并购案例启示

以兼并实现规模经济，进而提升企业经营效率。众信旅游通过企业兼并重组，来达到扩大市场份额的目的。事实证明，众信旅游通过 5 年的企业并购，迅速成为出境旅游业的翘楚，市场规模迅速扩大，由此带来出境游市场份额的提升。

实现兼并对象企业的精准定位，实现资源的优化整合。众信旅游定位准确，主打出境旅游，企业兼并对象精准定位。众信旅游与竹园国旅的重组，成为众信旅游打造成中国最大的出境服务供应商具有重大的一步，使众信旅游整合了出境旅游资源，促进技术资源和管理资源的聚拢，降低了生产成本，增强企业的整体实力和规模，降低了经营风险，对于公司乃至整个行业的经营效率的提高都具有重大现实意义。

|第九章|
以业态创新增强我国旅游产业效率

当前，我国已是世界第一大国内旅游消费市场，2017 年我国旅游总人数超过 57 亿人次，总收入超过 5.3 万亿元，在巨大旅游需求带动下，我国旅游供给呈现出品质化、国际化和多元化的发展特征，以乡村旅游、红色旅游、冰雪旅游为代表的旅游新业态呈现不断壮大的趋势，这些旅游新业态一方面有效满足了人民群众对于美好生活的不断追求；另一方面这些旅游新业态通过整合、利用国内的旅游要素和旅游资源，加强了国内旅游资源和商业设施的利用效率，从而能够不断提升旅游产业的综合效率，本章以乡村旅游、红色旅游和冰雪旅游三种新业态为例阐释业态创新对于旅游产业效率提升的研究。

第一节　以农民受益、农业转型和农村
发展为导向发展乡村旅游[①]

乡村旅游发展的首要任务是解决"三农"问题，因其综合带动作用成为众多国家战略的交汇点。但是，在城乡二元结构背景下，农村人居环境恶化、乡村文化断代、乡村旅游庸俗化等问题使乡村旅游可持续性面临考验。未来，需要在尊重农民对现代生活向往基础上，切实提高乡村旅游发展的组织化程度，以农民易懂易掌握的方式引导他们掌握运用现代商业手段的能力，以专业志愿者、驻村艺术家、驻村科学家机制提高乡村旅游吸引力，使农民真正成为乡村旅游发展的主体，并从中获益。

一、新型国家战略格局下乡村旅游面临的重要机遇

（一）乡村旅游是众多国家战略的交汇点

乡村旅游作为农业和旅游业融合的一种新型业态，能够在统筹城乡经济

---

① 韩元军. 新时期我国乡村旅游转型升级的战略导向 [J]. 中国旅游评论，2014 (2)：44 – 50.

发展、拉动内需、优化农村经济结构、提高农民收入、解决农民就业、保护生态环境等方面发挥重要作用。乡村旅游是众多国家战略的交汇点，也是解决"三农"问题直接而有效的途径。为了贯彻党的十八大精神，我国选择浙江、贵州、海南等7个重点省份启动美丽乡村建设试点，中央和地方财政总共投入29.85亿元，在130个县（市、区）、295个乡镇开展了试点，1 146个行政村将被打造成为宜居、宜业、宜游的美丽乡村，受益农民达235万人，发展乡村旅游被作为美丽乡村建设的重要导向。早在2014年的中央城镇化工作会议就提出"让城市融入大自然，让居民望得见山、看得见水、记得住乡愁"，新型城镇化必然是城镇与乡村的共同发展，正如习近平总书记指出的，"中国要美，农村必须美；中国要富，农民必须富"，发挥好乡村旅游的综合功能对于新型城镇化和新农村建设具有战略意义。中共中央、国务院印发的《关于创新机制扎实推进农村扶贫开发工作的意见》提出，在农村扶贫工作领域要实现《中国农村扶贫开发纲要（2011－2020）》提出的奋斗目标，到2020年，要扶持约6 000个贫困村开展乡村旅游，带动农村劳动力就业，这是中央文件中首次专门部署乡村旅游发展，把乡村旅游作为我国扶贫工作的重要手段。

（二）乡村休闲度假是我国旅游业转型升级的重要着力点

现阶段，乡村休闲度假已成为我国旅游经济的重要力量，据测算，乡村旅游营业收入占全国旅游总收入的9.3%以上，乡村旅游从业人员占全国农村劳动力达到6.9%以上。《国民旅游休闲纲要》提出要加强特色旅游村镇建设，鼓励开展城市周边乡村度假，乡村旅游作为一种重要休闲方式被纳入国家休闲经济蓝图规划中。改革开放之初，城市曾经是我国发展旅游业的桥头堡，发展创汇导向型的入境旅游所需要的各种旅游接待要素主要集中在城市，在我国旅游经济由大众化初级阶段向中高级演化过程中，城市不仅是重要的旅游目的地，而且在相当一个时期会作为我国主要的旅游客源地。受文化传统、时间约束和资源特征等因素影响，西方流行的滨海度假在短期内很难发展成为我国城市老百姓的主要度假方式，到乡村短途休闲度假成为当前我国城市老百姓的现实选项，特别是我国城市中普遍存在的雾霾天气使行程中看不见美丽，统计显示，我国的雾霾已波及25个省份，100多个大中型城市，全国平均雾霾天数达30余天，城市旅游、入境旅游受到显著影响，乡村休闲度假成为我国很多居民甚至入境游客休闲观光的首选。巨大的市场规模、良好的资源禀赋以及众多国家财政、文化、政策的扶持使乡村休闲度假成为我国旅游业转型升级的重要着力点。

（三）新兴产业力量为乡村旅游注入了活力

随着游客自主意识的增强，散客化已成为我国旅游业的发展趋势，国内旅游市场团队游客比例不足4%，以散客为主的乡村休闲度假面临巨大的市场机遇。去哪儿网、马蜂窝、百度旅游、同程网等在线旅游服务商为乡村旅游发展提供了自由、便捷的商业平台，不同诉求的游客很容易找到属于自己的社交圈子或者利益诉求，可以自由交流旅游经验，自主选择实惠、品质高的乡村旅游产品。乡村驿站、家庭农场、生态农业观光园、"非主流"度假村等新兴业态为乡村旅游发展注入活力，城市游客的多样化诉求得到积极回应。一些其他产业的标志性企业，利用自身的资本优势，积极在乡村投资旅游融合性项目，华谊的冯小刚电影公社、万达的武汉电影乐园、煤炭企业巨邀集团的芦芽山景区、云南白药的大理苍山东麓旅游度假区等项目已产生巨大的市场效应。

二、外部环境、本土能力影响乡村旅游发展

（一）环境脆弱和基础设施配套落后使农村人居环境恶化

在工业化、市场化与消费文明的冲击下，由于农村基础设施缺乏的约束，乡村发展的外部环境不断恶化，特别是农药、化肥等投入品过度使用，使很多农村的绿色农产品成为过去式，垃圾乱扔、污水乱排、秸秆焚烧、厕所脏差导致农村满目疮痍。外来游客在体验乡村旅游的同时，也给农村的人居环境造成了很大压力，再加上基础设施配套跟不上，原本能满足本村生产、生活需要的人居环境，极有可能会随着乡村旅游开发遭到破坏。广西巴马由长寿村变为癌症村就是因为不能承受乡村旅游开发带来的巨大旅游客流，使本地人居环境不断恶化。除了本地居民、外来游客给环境造成的压力外，基于利益导向的乡村旅游企业因为公共资源使用的无限制，进一步加剧了乡村环境的公共地悲剧，资源被过度使用。

（二）乡村文化断代和乡村旅游庸俗化使乡村旅游与乡村性脱节

对于乡村旅游来说，乡村文化是它的核心。乡村文化的消失既与城市文

化、西方文化等强势文化的侵蚀有关，更与乡村文化本身缺乏可传承主体有关，年轻人主体缺位造成了乡村文化断代，农村的年轻人对乡村文化缺乏认同感，他们更向往现代城市的生活，但是现实的制度、经济等约束条件使城市并没有有效接纳他们，从而造成乡村文化传承的夹心问题。与此同时，很多地方实行的乡村旅游标准化管理往往套用城市旅游管理的经验条款，这在一定程度上导致乡村旅游地域文化的消失。此外，在经济利益驱动下，很多乡村文化被作为一种商业来开发。在成功实现规模化经营的同时造成了"伪乡村"文化的泛滥，虽然这些项目打着乡村旅游的旗号，但对自身乡村文化特色建设重视远远不够，更有很多乡村项目开发成了豪华旅游产品，偏离了老百姓的大众需求，成了名副其实的"伪乡村"旅游项目。

（三）产品创新匮乏和分散化支持使乡村旅游可持续性缺乏支撑

在乡村旅游产品生产标准化、工业化影响下，农民基于剪纸、年画等本地乡村文化制作的旅游产品利润微薄，再加上缺乏有效的财政补贴等支持政策，在现实的生存压力下，农民往往放弃乡村旅游产品传承与创新，用现代工业化生产的旅游商品代替传统手工业产品成为普遍现象。现阶段，乡村旅游发展一方面缺乏传统观光旅游目的地的旅行社的组织支持；另一方面又受到土地、规划、消防等国家政策严格限制，在农民房屋、土地流转权不能抵押约束下，金融机构对乡村旅游发展资金的支持也非常有限，乡村旅游发展内生动力不足问题明显。

三、把农民培育成乡村旅游的经营主体和利益主体

（一）乡村旅游发展要尊重农民对现代生活的向往

乡村旅游发展的首要目标是解决"三农"问题，而不是为了满足城市居民的旅游需求。要通过财政专项、大型乡村旅游企业、集体内部等渠道筹集资金改善农村人居环境，重点解决厕所、垃圾、污水处理、交通、危房改造等紧迫问题。要抓紧制定推进城乡要素平等交换和公共资源均衡配置的改革时间表和实施路线图，使农民也充分享受到现代社会发展的福利。由于我国农村的土地、规划、消防制度等往往都是基于城市需要和实际而设计的，制定区别于城市、符合乡村旅游发展实际的配套政策和制度迫在眉睫。欧洲乡村旅游可持续发展的经验告诉我们，小规模经营、本地人所有、社区参与、

文化与环境可持续是保持本地乡村性的关键。在中国现实环境下，一方面要形成旅游产业链的本地化，将乡村旅游的收益最大程度留在本地；另一方面要实现经营共生化，外来经营者和本地经营者通过提供不同等级和类别的旅游产品吸引不同的旅游市场，要形成乡村地区外来者经营乡村旅游的村民或集体入股制度，实现外来经营者与本地村民利益共生共存。

（二）提高乡村组织化程度和农民运用现代商业手段的能力

未来乡村旅游发展的方向是组织化，而不是分散化。农村地区较小的乡村旅游企业要灵活选择"支部＋合作社＋农户"模式、"公司＋农户"模式、"股份制"模式、"农户＋农户"模式等形式，发挥好集体在资金筹集、产品开发、客源共享、旅游营销、劳动力流动等方面的组织力量。建议国家相关部门尽快制定土地承包经营权、住房财产权抵押操作层面的实施细则，拓展农民以财产抵押形式从农村信用合作社、农业银行等金融组织获取乡村旅游发展资金的渠道，解决当前农民信贷额度偏小的问题。要坚决扭转农业、旅游、建设、文化等部门对乡村旅游分散化指导的困局，旅游部门通过信息引导手段，构建需求管理和供给管理并重的乡村旅游引导体系。旅游部门要协同农业、人力资源与社会保障等部门，聘请互联网企业员工和学界专家开展培训，制作图文并茂的乡村旅游网络平台操作手册等，帮助农民提高运用现代信息技术包括马蜂窝、百度旅游、去哪儿网等在线旅游商业平台进行乡村旅游网络营销、管理的能力。

（三）探索专业志愿者、驻村艺术家和驻村科学家机制

台湾地区的"志工"和"驻村艺术家"经验为发展乡村旅游提供了很好借鉴。台湾地区的"志工"行动通过专业志愿者和相关机构的辅导，能够提升乡村旅游地现场演出的吸引力和手工艺术品制作的乡村性、精致化，帮助塑造休闲农庄的文化氛围，提高旅游从业者的专业服务能力。"驻村艺术家"工作职位的设计则很好地帮助原住民保护和发展本土文化，创造新的旅游吸引物，让居民与游客共同分享。海南已尝试开展驻村艺术家行动，以秦荣燮为代表的韩国艺术家驻海口市博学村，分别以蜜蜂形象造景、村口壁画创作等内容进行艺术创作。我国有资源优势的乡村应该以台湾、海南等地经验为借鉴，在全国范围内选择海南、福建、贵州等省份作为试点，形成旅游、文化、教育等部门联合组织的专业志愿者、驻村艺术家机制，积极在乡村旅游地开展智力支持。此外，充分考虑乡村旅游季节性强导致农民收入不稳定的特点，在发展乡村旅游的同时，要积极引入农业、文化创意等领域的驻村科学家，使乡村旅游与其他产业多元化发展，并且加快乡村旅游产业融合。

（四）以税收减免、财政补贴等扶持乡村旅游企业和产品创新

在地方政府已对规模较小农家乐税收减免基础上，建议对于中等规模的乡村旅游企业实行免税优惠政策。借鉴日本对于非物质文化遗产保护的经验，以"扶持专人"形式对传承人拨专款改善其生活、传承技艺，对我国通过非物质文化遗产发展旅游的乡村企业经过地方认证的，除了免税外，还给予企业法人必要的财政补贴，并对资金使用进行必要规制，保证其有精力、有愿望从事乡村文化传播。不定期组织本地区文化名人、民间手工艺人到乡村旅游地开展送教上门活动，提高本地居民的文化旅游产品传承和创造能力。

第二节　用市场机制实现红色旅游新发展

自中央在 2004 年正式提出发展红色旅游以来，在各部门的配合、各地党委政府的高度重视和全社会的共同努力下，红色旅游发展取得了辉煌的成就，全面完成两期规划纲要的目标。新时期，红色旅游需要担负更高的国家战略使命、满足人民群众更多的现实要求。要坚持将社会效益放在首位、更大发挥红色旅游综合效益，坚持改革创新、国际化发展主方向不动摇，促进社会参与和适度市场化运作，为中国梦的实现凝聚更广泛的共识，进一步发挥红色旅游在国家"五位一体"建设中的重要作用。

一、全面完成红色旅游发展预期的目标

2004 年以来，按照党中央要求，中央有关部委和地方党委、政府密切配合，着眼于当前目标与长远规划的统一，不断创新发展方式，推进红色旅游各项工作稳步前进，开创了红色旅游大发展、大繁荣的局面。

1. 统筹推进红色旅游基础设施建设

中央有关部门协同地方在红色旅游资源密集的革命老区统筹推进铁路、公路、机场等重大基础设施建设，在列车、航空班次安排上给予优先考虑。10 年来，先后新建和改扩建了百色机场、遵义机场、淮安机场等多个红色旅

游机场，引导和组织航空公司开通淮安、井冈山、遵义等多个重点红色旅游城市与北京、上海、广州等重要客源地的航线航班，共计增加红色旅游航线条数 400 余条。积极推动四平、龙岩、枣庄、信阳、广安、嘉兴等红色旅游重点城市实现高铁通达。积极推出红色旅游专列产品，并且票价上给予九折优惠，全国红色旅游专线达到 40 余条，红色旅游专线共开通列车 1 万多列，北京—井冈山—漳州、北京—张家界—桂林—长沙、长沙—韶山等已成为热点线路。①

2. 持续提升红色旅游景区景点质量

2004 年来，国家共安排红色旅游专项建设资金约数百亿元，重点对列入三期规划纲要目录的红色旅游经典景区基础设施进行了改善。在国家专项资金引导下，各地积极筹措资金，加大了投入力度，不断完善景区场馆、道路、停车场、游客服务中心等基础设施和配套设施。同时积极发动民间组织和个人等保护红色历史文化遗产，推动红色旅游与农业、体育、创意产业等的融合发展，通过科技化和现代化手段使革命遗产展陈形式呈现多样化，除了故居、博物馆和铜像广场等红色旅游的"老三样"，还开发出了如井冈山斗争全景画声光电演示馆、永新县"红色记忆"景观带、韶山太空农场、山东沂蒙红色影视拍摄基地等新型红色旅游景区。截至 2017 年底，全国共建成红色旅游经典景区 300 个。

3. 稳步提高红色旅游管理和服务水平

各地积极进行旅游行政管理、景区管理等方面改革，稳步提高旅游管理、服务水平。北京、湖南等众多地区建立了红色旅游联席会议制度、红色旅游工作协调小组等形式的协调机制；江西吉安成立了红色旅游一体化办公室，使旅游、文化、公安等部门协调更加顺畅；延安成立旅游环境大整治活动领导小组，致力于提升游客和当地居民满意度。在景区运营管理体制方面，各地通过引入竞争和绩效考核机制，探索建立红色旅游景区管理服务综合评价体系，如北京市出台全国首个《红色旅游景区评定规范（试行）》，湖北省制定了《红色经典景区服务规范》，湖南省印发了《省级红色旅游区（点）评定规范细则》等，红色旅游景区管理水平持续提升。各地通过旅游信息化、

---

① 国家旅游局. 红色旅游发展十年回顾与展望［M］. 北京：中国旅游出版社，2016.

标准化等举措提升红色旅游服务水平，完善了以红色旅游信息网站为平台的在线服务系统，建立了以旅游咨询中心为基础的现场服务窗口，开通了以旅游服务热线为中心的声讯服务系统，同时实施博物馆、纪念馆、全国爱国主义教育基地以及红色旅游景区（点）的免费开放，使广大老百姓充分享受到红色旅游产品。

4. 不断加强红色旅游人才队伍建设

红色旅游发展注重通过提升从业人员素质提高红色旅游发展质量。全国红办联合地方每年对红色旅游从业人员进行分级分期培训，培训对象包括导游、景区管理人员、市场推广、骨干旅行社总经理以及文博系统员工等众多人员。10 年来，全国红办共举办红色旅游培训班百余期，培训各类从业人员上万人次，带动各地举办培训班 5 000 余期，上百万人次的从业人员参与培训。此外，通过连续举办全国红色旅游导游员电视大赛、全国红色旅游讲解员电视大赛、全国红色旅游线路设计大赛，培养了一批优秀的红色旅游导游讲解人员。很多地区鼓励革命烈士后代、大中小学生等群体来展览馆、纪念馆做讲解员，注重讲解的知识性、生动性和趣味性，增强了红色旅游的吸引力、感染力，使红色展览的讲解更加形象、生动。

5. 全面深化红色旅游区域合作

红色旅游地区注重通过区域联合推动区域旅游一体化。通过各种方式的区域合作，实现不同地区之间的红色旅游资源共享、客流互送、市场共推，提升区域整体和本地区的红色旅游吸引力。目前已经成立闽粤赣原中央苏区联盟、鄂豫皖大别山红色旅游区域联合体、晋冀豫太行山联盟等数十个合作平台，一批无障碍红色旅游区正在形成。在合作中，采用红色旅游文化节、红色旅游论坛、红色旅游运动会、红歌会、联合促销会、博览会、摄影竞赛等多种形式，使人民群众的精神需求得到更好的满足。目前，红色旅游的区域合作不断深化，从最初一次性合作发展到"一年一主题、一年一宣言"等常态化合作，力度不断加大，内容不断拓展。

二、红色旅游发展的综合效益显著

红色旅游经过两期发展，大力培育和践行了社会主义核心价值观，有效带动了人民群众脱贫致富，建设和巩固了社会主义文化阵地，增强了中华民族的凝聚力，取得了预期效果。

1. 发展红色旅游培育和践行了社会主义核心价值观

红色旅游以寓教于乐的形式使人民群众自觉接受了爱国主义和革命传统教育。2017 年，全国红色旅游接待游客 13 亿人次，年接待游客人数由 2004年的 1.4 亿人次增长至 2017 年的 13 亿人次，红色旅游人次占全国旅游总人次的比例从 2004 年的 14.3% 增长至 2017 年的 26%①，红色旅游已经深入民心，成为人们出游的重要选择。青少年自觉接受爱党、爱国、爱社会主义传统教育成为常态。抽样调查显示，目前 80% 左右的红色旅游的游客是散客，红色旅游从过去以单位组织为主转向单位组织和自费出游并存，并且自费旅游占据越来越大的比例。红色旅游日益受到年轻人青睐，80 后、90 后的年轻群体更喜欢通过旅游的形式感受红色精神，红色旅游市场从老年、中年、青年三足鼎立逐渐转向以年轻人为主的发展格局。调查表明，15～35 岁的游客占 64.6%，其中，15～25 岁的游客占 36.4%。②红色旅游景区成为新时期党的群众路线教育实践活动的生动课堂。河南兰考焦裕禄纪念园、重庆红岩革命历史博物馆、古田会议会址等每天吸引大批全国各地党员干部接受革命传统教育。

2. 发展红色旅游丰富了人民群众的文化生活

各地通过开展歌唱比赛、艺术节等一系列的群众性红色文化活动，极大地丰富了人民群众的文化生活。从 2006 年连续九年，中国红歌会共吸引了60 万人直接参与，15 亿人次观众收看。红色旅游文化节开展的自驾游、修学游、培训游等系列活动吸引数百万学生、干部、企业管理人员等广泛参与，取得了良好的社会效益和经济效益。各地结合红色旅游发展实践，深入挖掘红色文化内涵，大型系列电视专题片《爱我中华》、大型情景歌舞剧《井冈山》、实景演出《中国出了个毛泽东》、电影《共和国摇篮》、红色歌曲《我的陕北》等反映社会主义核心价值观的文化精品得以推出。其中，一批红色题材的电视剧（《延安颂》《辛亥革命》等）、电影（《张思德》《建党伟业》等）、戏剧（《井冈山》《立秋》等）、歌曲（《当代革命军人核心价值观之歌》等）、图书（《长征》《三十七孔窑洞与红色中国》等）等获得国家"五

---

① ② 国家旅游局. 红色旅游发展十年回顾与展望［M］. 北京：中国旅游出版社，2016.

个一工程"奖。红色旅游总体满意度较高,景区红色氛围获赞。调查显示,86.7%的游客对其红色旅游经历表示"非常满意"和"比较满意"。其中,游客对景区资源开发利用、景区红色范围、景区展陈方式和活动的满意率均在80%以上。[①]

3. 发展红色旅游带动了地区经济社会全面发展

红色旅游有效整合了资源、资本、市场和技术等要素,成为很多革命地区经济社会发展的重要引擎。红色旅游发展吸引了全国先进生产要素加入地方经济社会发展中,促进了当地基础设施全面升级,推动了公共服务体系不断完善,不仅游客满意了,而且当地居民更加安居乐业。延安、临沂、井冈山等地区以发展红色旅游为重要抓手,改变了以往贫穷落后的城市形象,已成为国内知名的旅游经济强市。红色旅游提供了大量就业机会,有效改善了当地居民生活。红色旅游发展有效推动了社会主义新农村建设,使革命遗迹周边农村的道路、车站等基础设施更加完善,环境卫生得到有效改进,村民实现脱贫致富。在湘潭韶山村,全村从事个体旅游服务的村民占总人数的42%。大寨景区推出"红+绿+农"的新型旅游模式,以2013年为例,62%以上的大寨人从事了旅游业,村民的家庭收入有45%左右来源于旅游,直接从事旅游服务业的村民人均收入达2.6万元。大型实景演出《井冈山》招收周边大量农民参加演出,参演农民年人均收入增收6000多元,初步形成了"白天是农民,晚上是演员"的新农民生活风尚。

4. 发展红色旅游保护了革命历史遗产遗迹

在红色旅游两期规划纲要带动下,中央有关部门通过投入大量资金、制定系列政策保护和修缮了一大批革命历史遗产遗迹,挖掘和整理了大量红色历史文献。通过将旅游与红色文化相结合,一大批经典红色演出剧目、红色书籍、电影等实现创新传承。由于发展红色旅游能够产生巨大的综合效益,各地区高度重视红色旅游资源保护,坚持保护与开发协调推进,以开发促进革命遗产的保护,除国家批准的53个文物保护单位外,各地还设立了一大批省、市级文化保护单位。在红色旅游热潮带动下,一批未列入红色旅游经典景区名录的红色景区,如贺子珍纪念馆等依靠社会组织和个人等"外援"资

---

① 国家旅游局. 红色旅游十年回顾与展望［M］. 北京:中国旅游出版社,2016.

助而得到有效保护和开发。

5. 发展红色旅游增强了中华民族凝聚力

红色旅游一期规划以中国共产党领导的革命战争时期形成的纪念地和标志物为载体开展学习、游览活动，激发了广大人民群众的爱党、爱社会主义热情。二期规划将范围延伸至鸦片战争以来的一切爱国主义和革命传统精神，有效拉近了全球华人包括两岸同胞的距离。通过东北抗联史实纪念馆、世界反法西斯战争海拉尔纪念园等抗战红色旅游经典景区，使不同党派、不同民族重温了共御外敌、艰苦斗争的苦难历程。通过抚顺雷锋纪念馆、聊城孔繁森纪念馆等模范人物红色经典景区，使党员干部体会到了老一辈无产者的高尚品格。通过上海世博园、凤阳小岗村等改革开放红色经典景区，使世界华人体会到了新中国发展的巨大成就和人民群众的幸福生活。

红色旅游经过 10 年发展实践，为我们积累了很多宝贵经验，这些经验既是过去全国红色旅游成功发展的基础，也可以为未来实现红色旅游更好更快发展提供借鉴。在取得成绩和经验的同时，我们也看到红色旅游发展过程中仍然存在一些薄弱环节和需要重视的问题：红色旅游建设中重硬件、轻软件的倾向仍然存在，一些地区在纪念设施建设上相互攀比、贪大求洋，纪念设施存在过度形式化倾向；个别地区红色旅游发展偏离主题，有过度娱乐化、庸俗化的倾向；红色旅游发展还面临着资金严重不足的制约，这其中既有已经开发红色景区后续维护、管理资金的不足，也存在未开发红色旅游资源新开发、新保护的费用不足；红色旅游产业化程度还有待加强，市场效益还有较大发挥空间；红色旅游发展存在区域不平衡问题等。这些问题需要在红色旅游下一步发展中引起重视。当前是全球化和信息化的时代，发展红色旅游面临着如何在开放型社会中有效传播主流价值观、如何解决红色旅游投资来源的稳定性和持续性、如何提升红色旅游景区创新能力以及目的地可持续发展能力、如何取得国际社会更广泛的共识等一系列挑战。

三、红色旅游中长期发展目标

坚持社会效益优先，统筹兼顾政治、经济、文化、生态效益。坚持政府主导，市场推动，社会参与。坚持基础设施建设和公共服务体系完善两手抓，硬件和软件齐头并进。坚持国内和国际两个市场共同发展，积极推动国际化。

坚持寓教于游，让人们自觉接受爱国主义和革命传统教育。

到 2020 年，全国红色旅游年出行人数突破 14 亿（二期规划 8 亿）人次，年均增长 12%（二期规划 15%），国内旅游总人次的比例提高到 28% 左右（二期规划 25%）。综合收入突破 3 200 亿（二期规划 2 000 亿）元，年均增长 10%（二期规划 10%）。累计新增直接就业 80 万（二期规划 50 万）人、间接就业 250 万（二期规划 200 万）人。[①] 红色旅游在培育和践行社会主义核心价值观方面的载体作用更加明显，在增强主流文化认同方面的群众基础更加广泛，在提升国家形象传播和文化软实力的作用更加显著，人民群众对红色旅游的满意度进一步提高，力争到 2025 年红色旅游成为国家"五位一体"建设的重要支撑力量。

四、红色旅游发展的战略方向

1. 加大红色旅游的支持力度

中央和地方政府进一步加大红色旅游投入，在前两期重点支持红色旅游经典景区基础上，扩大非经典景区财政支持范围。从重点支持景区建设向兼顾支持红色旅游区域联合和线路开发，形成点、线、面统筹发展格局。实行红色旅游景区门票价格分类管理，对于公益博物馆、纪念馆继续采取免票政策，允许地方对革命遗址遗迹等适当收取成本性门票。注重对地方红色旅游发展的分类指导，从规划制定、市场营销、产业融合等给予协调和引导。

2. 发动多元力量发展红色旅游

动员行政、市场和社会等更广泛的力量支持红色旅游发展。创新红色旅游目的地基础设施投融资方式，鼓励社会资本积极参与目的地开发。出台税收抵扣优惠政策，实施鼓励个人和企业公益捐助的红色行动。实施红色旅游公益广告工程，在全国范围内推行文明旅游、红色旅游国家公益计划。实施"新中国建设伟业"红色旅游整合工程，鼓励国内外企业家投入到新中国建设伟业红色旅游景区建设中。

3. 提升红色旅游发展品质

在前两期注重硬件建设基础上，通过财政资金和政策设计引导红色旅游

---

① 中国旅游研究院承担的《2016～2020 年全国红色旅游规划纲要前期研究》学术成果。

从硬件建设向软件提升转变，注重旅游管理体制创新、公共服务体系、品牌形象等软件提升，切实提升红色旅游发展质量。以智慧旅游为抓手，充分利用大数据、云计算和信息技术对于传统旅游业改造的机遇，全面提升红色旅游的现代化水平。分级分期开展红色旅游从业人员培训，加强行业管理和服务水平，不断提升游客满意度。

4. 重构红色旅游解说系统

红色旅游解说系统要注重历史性与通俗性、专业性与趣味性、实用性与教育性结合，从解说员、受众、解说信息、解说设施等方面进行系统创新。实行红色旅游景区分类管理，将景区分为庄严肃穆的民族苦难记忆类（如中国人民抗日战争纪念馆）、民族自豪感强的走向胜利类（如西柏坡、延安系列景区）、寓教于乐的伟人成长类（如韶山毛泽东故居景区）等。针对青少年、老年人、企业家、国外游客等人群设计不同的解说系统。针对不同年龄段对红色景区进行分级。

5. 推动红色旅游国际化

积极吸引境外人士到我国参加红色旅游，把红色旅游做成对外宣传国家形象和党的形象的重要窗口。在国家遗产旅游、世界反法西斯联盟等框架内，利用 APEC、上海合作组织、金砖国家等国际平台加强红色旅游协调机构、企业交流合作机会，利用 UNWTO、WTTC、PATA 等国际旅游机构加强红色旅游重要议题的讨论，积极与美国、俄罗斯、以色列、古巴、朝鲜等国家形成双边红色旅游交流机制，进行定期国际交流合作。

五、需要实施的工作重点

1. 规范红色旅游景区发展

适当控制红色旅游景区数量和建设规模，将知青文化等纳入红色旅游范畴，此外原则上不再新增红色旅游经典景区。建立红色景区科学考核指标体系，使接待较多游客的红色景区可以获得较多财政转移支付，提高红色景区积极性。建立红色旅游经典景区年度考核制度，通过进入退出机制和等级考核政策激励红色景区不断提升自身发展水平。

2. 丰富红色旅游活动内容

结合社会主义核心价值观和中国梦，举办参与性强的红色旅游系列活动。

深入挖掘红色文化内涵，加大主题旅游线路开发力度。鼓励红色旅游和生态旅游、历史文化旅游、乡村旅游等融合发展，促进红色旅游和第一、第二、第三产业融合发展，支持演艺、影视旅游等红色旅游文化软项目开发。

3. 培育红色旅游市场主体

推动红色旅游市场向社会资本开放，积极引导各种主体的创新活动，加强红色旅游投资、运营主体的培育。坚持政府主导与市场推动相结合，在加大政府引导资金投入的同时，大力引进红色旅游战略投资者。以资产为纽带，通过参股、控股等方式形成集团，通过信贷、融资、财政等方面的扶持，培育一批全国知名的红色旅游龙头企业。制定税收、贷款、土地等优惠政策，扶持一批具有鲜明地域文化特色的红色旅游纪念品生产企业。

4. 优化红色旅游空间布局

积极推进重点红色旅游区内部优化重组，旅游区要以其确定的主题形象为核心，加强区域合作，尤其是推进跨省区合作，建立优势互补的红色旅游产品群。积极完善30条"红色旅游精品线"，打造产品项目成熟、红色旅游与其他旅游项目密切结合、交通连接顺畅、选择性和适应性强、受广大旅游者普遍欢迎的热点游线。加强规划引导，进一步优化各经典旅游景区内部空间布局，合理划分旅游区空间结构层次，进行分区分层次的开发与管理。

5. 完善红色旅游基础设施

中央部门要继续安排专项资金，支持各地红色旅游基础设施建设、陈列布展和革命文物保护。加大力度扶持红色旅游目的地与主要客源地之间开通高速列车和旅游专列，支持重点红色旅游城市开通和增加与主要客源地之间的航线。健全经典红色旅游景区交通集散体系。制定智慧红色旅游景区标准，提高红色旅游景区智慧化水平。

6. 拓展红色旅游客源市场

积极寻找红色文化与美食、体育、科技、动漫、网络游戏等的结合点，注重使红色旅游更适合年轻人的旅游时尚。将红色研学旅行列于大中小学生必修的社会实践课程，在江苏、安徽、陕西等九省研学旅行试点基础上，将试点范围扩展至全国。发动社会力量挖掘红色历史、文化与职业教育的契合点，积极开发针对不同职业人群的红色培训项目。要注重红色旅游自身建设的国际化，增强红色旅游景点景区、博物馆等开发方式的国际化。

第三节　将冰雪旅游培育成"冰天雪地也是金山银山"示范产业[①]

我国已是冰雪旅游资源和旅游经济大国，以冰雪旅游为核心的冰雪产业体系不断完善。以冰雪观光为主体，冰雪休闲、滑雪度假为补充的中国特色冰雪旅游发展模式正在形成，冰雪旅游的时代已经到来。设立"中国冰雪日"、构建冰雪旅游品牌、培育冰雪旅游市场主体、补齐冰雪旅游标准化和人才短板应为下一阶段工作重点。

一、我国冰雪旅游发展的重要特征

1. 冰雪旅游成为老百姓新的生活方式

在大众旅游新时代，冰雪已不再是中国老百姓要去躲避、抵御的冷资源，冰雪资源已经成为满足老百姓日益增长美好生活需要的热资源，冰雪旅游成为老百姓主动追求的一种时尚生活方式。拥有丰富冰雪旅游资源的吉林、黑龙江、新疆、内蒙古、河北等地区正在成为中国旅游业新的增长极，冰雪旅游景区已经成为北京、天津、青海、山西、贵州、山东、河南等众多省份冬季旅游的热点。改革开放 40 多年，特别是 2015 年北京获得 2022 年冬奥会举办权后，我国已从冰雪旅游资源大国转变为冰雪旅游经济大国，据测算，2017～2018 年冰雪季我国冰雪旅游人数达到 1.97 亿人次，冰雪旅游收入约合 3 300 亿元，分别比 2016～2017 年冰雪季增长 16%、22%，我国冰雪旅游进入爆发式增长的黄金时代。2017～2018 年冰雪季我国冰雪旅游人均消费 1 675 元，2017 年我国国内旅游人均消费 914 元，冰雪旅游是国内旅游人均消费的 1.83 倍，冰雪旅游人均停留 2.8 天，停留天数比 2016～2017 年冰雪季略有增加，冰雪旅游成为高品质的旅游体验方式。按照各省冰雪产业规划和旅游业发展实际，分别以 15% 和 20% 的人数和收入符合增长率保守估计，预计到 2021～2022 年冰雪季，我国冰雪旅游人数将达到 3.4 亿人次，冰雪旅

[①]　本部分内容出自中国旅游研究院韩元军任主编的《中国冰雪旅游发展报告 2017》《中国冰雪旅游发展报告 2018》。

游收入将达到 6 800 亿元，"三亿人参与冰雪运动"目标将超额完成，冰雪旅游正在成为践行 2022 年北京冬奥会庄严承诺的旅游担当。①

2. 冰雪旅游产业投资正当时

相比于瑞士、奥地利等西方冰雪旅游发达国家，我国处于大众冰雪旅游的初级阶段，以滑雪旅游为例，2017 年我国滑雪人次仅为 1 750 万人次，滑雪渗透率不及 1%，相较于瑞士、瑞典等达到 4% 以上的国家渗透率较低，存在较大的提升空间。随着冰雪旅游文化兴起、冰雪产品和基础设施等供给短板补齐，我国冰雪旅游市场巨大，按照联合国世界旅游组织（UNWTO）测算方式，2021～2022 年冰雪季我国冰雪旅游将带动冰雪特色小镇、冰雪文创、冰雪运动、冰雪制造、冰雪度假地产、冰雪会展等相关产业的产值达到 2.92 万亿元，冰雪旅游具有巨大的投资前景。②在国家系列冰雪产业政策带动下，我国冰雪旅游投资呈现出规模化、多样化、大众化、国际化特征，2017～2018 年是我国冰雪旅游项目的立项高峰期和建设启动期，预计 2020～2022 年冰雪旅游项目将进入大规模营业期，据不完全统计，2017～2018 年我国冰雪旅游项目投资规模达到 5 400 亿元，冰雪旅游投资领域涉及冰雪旅游产品和基础设施两类，冰雪旅游产品涵盖了冰雪小镇、冰雪商贸综合体、冰雪景区、滑雪旅游度假区、冰雪文旅产品（冰雪演艺、旅游创意商品）、冰雪装备、冰雪餐饮、冰雪住宿等项目，由于很多冰雪资源丰富的地区基础设施相对薄弱，国家和地方加大了机场、道路等基础设施投资，长春机场新航站楼、京张高铁、阿勒泰机场、敦化至白河（长白山）高速铁路等项目正在提升热门冰雪目的地的可进入性。冰雪旅游成为"冰天雪地也是金山银山"的示范产业，冰雪旅游投资成为国家乡村振兴战略和东北、西北、华北等地区经济转型升级的重要抓手。中国旅游研究院从冰雪旅游资源价值、区域旅游发展现状及区域开发综合条件 3 大方面、4 个层次、20 项特征指标对我国具有投资潜力的地区进行综合评价，长白山保护开发区、延庆区、崇礼区、漠河市、牙克石市、阿尔山市等成为 2018 年我国冰雪旅游具有投资潜力的热门地区。

---

① ② 资料来源：《中国冰雪旅游发展报告 2017》《中国冰雪旅游发展报告 2018》。

3. 冰雪氛围的国家战略已成形

在北京冬奥会重大事件和老百姓冰雪消费需求的驱动下，政府、企业、社会和个人多方力量参与的国家冰雪文化战略已经成形，以冰雪旅游为重要产业依托的冰雪文化氛围日渐浓厚。虽然我国新疆阿勒泰是公认的人类滑雪起源地，但是古人滑雪目的主要是狩猎和生存的需要，相比之下，现代滑雪运动起源于欧洲，更多是休闲娱乐的功能，我国现代冰雪文化落后于西方社会。近年来，我国出台了一系列宏观政策推动冰雪文化和冰雪产业发展，国家相关部委出台了《全国滑雪场地设施建设规划（2016－2022年）》《滑雪运动发展规划（2016－2025年）》《群众冬季运动推广普及计划（2016－2020年）》《"带动三亿人参与冰雪运动"实施纲要（2018－2022年）》等系列相关政策文件，北京、河北、吉林、黑龙江等省份以省委、省政府名义出台了促进冰雪旅游发展相关的意见，哈尔滨、长春、张家口、牡丹江、承德、顺义、呼伦贝尔、乌鲁木齐等30余个城市出台了冰雪旅游专项规划或者涉及冰雪旅游的意见、专项规划。黑龙江省、吉林市、牙克石市等相继设立了全民冰雪日，推动冰雪休闲旅游的全民参与。北京市、张家口市、吉林市、沈阳市等启动了青少年普及冰雪系列活动，以青少年群体带动成年人参与冰雪休闲旅游体验。特别是，随着2016年12月教育部等11部门出台的《关于推进中小学生研学旅行的意见》全面落地实施，冰雪体验成为研学旅行重要选项，大众参与冰雪的文化氛围已经形成。

4. 冰雪旅游成为冬季旅游和冰雪经济的双核心产业

对我国大部分地区来说，冬季曾经是四季旅游市场中的淡季，随着2022年冬奥会进入中国时间和冰雪文化氛围的兴起，以冰雪旅游为核心的冬季旅游正在迎来新的高潮。2018年11月，文化和旅游部办公厅发布《关于做好冬季旅游产品供给工作的通知》，推出系列冬季旅游产品，满足游客需求，冰雪旅游热带动了温泉旅游、红色旅游、生态旅游、乡村旅游、体育旅游、康养旅游、民俗旅游、避寒旅游等冬季旅游的新发展。在大众冰雪旅游的带动下，冰雪经济已形成以冰雪旅游为核心、冰雪运动为基础、冰雪文创为引领、冰雪制造为支撑、冰雪康养为特色、冰雪度假地产为补充的"1＋5"冰雪产业体系，冰雪旅游也成为冬季旅游和冰雪经济的双核心产业。青海、内蒙古、吉林、黑龙江、河北、辽宁、北京等地区通过冰雪旅游政策创新引领冬季旅游和冰雪经济高速成长。北京市以财政资金补贴形式推动冰雪产业发展，2018 年安排资金 3 亿元，同比 2017 年增长 60%，重点用于推动群众冰雪运动普及、提升竞技冰雪运动实力、支持冰雪场地建设等。黑龙江省推出了历史上力度最大的旅游市场整治举措，设立旅游诚信基金，建立涉旅投诉先行赔付制度，全面推进优质旅游发展。吉林省推出了冰雪令等政策创新，涉及土地政策、扶持政策、奖励政策、惠民政策等 7 项举措，从供给和需求两端推动冰雪旅游大发展。青海推出了自驾游、冰雪游、摄影游等冬春季系列旅游产品，使青海旅游向全域全季全时均衡发展。2018 年新疆旅游业一改往年冬季停业、进入淡季的做法，通过推出百余项旅游活动、百余条优惠政策，推动冬季冰雪旅游繁荣，特别是新疆阿勒泰通过新增三条低空旅游航线提高目的地可进入性。

5. 冰雪旅游发展空间呈现双核驱动、一带崛起和多点开花的格局

我国冰雪旅游发展的空间格局已经形成，两个核心是以吉林省和黑龙江省为代表的东北冰雪旅游资源驱动核、以北京和河北张家口为代表的京冀奥运滑雪旅游驱动核，正在崛起的一带是以新疆和内蒙古为代表的文化和冰雪资源融合的冰雪文旅风情崛起带，辽宁、青海、天津、四川、河南、贵州、山东、湖北、云南等省份依靠城市周边滑雪场、冰雪旅游小镇和市内冰雪商业综合体，形成了众多特色鲜明的冰雪旅游休闲点，这些冰雪景区成为本区域冬季旅游的热点，成都西岭雪山景区、湖北神农架滑雪场、贵州六盘水玉舍雪山滑雪场等每年吸引了数以万计游客前来体验。中国旅游研究院在经过全国普查、重点城市调研、模型构建、实验室模拟测试与模型修正等多个科学研究环节的基础上，最终构建了中国冰雪旅游城市评价的"综合指数—单项指数—特征指数"三级评价体系，该评价体系包括冰雪资源丰裕度、城市旅游化的发达与便捷程度、自然与人文环境的友好性、政府支持性 4 个领域、15 项指标，通过综合评价，哈尔滨市、长春市、沈阳市、吉林市、张家口市、乌鲁木齐市、阿勒泰地区、呼伦贝尔市、延边朝鲜族自治州、大同市凭借良好的综合实力，成为"2018 十佳冰雪旅游城市"，这些冰雪旅游城市为我国冬季旅游优质发展提供了品牌保证。

6. 文化和旅游融合为冰雪旅游发展提供新动能，冰雪旅游产品不断丰富

通过对冬季旅游者的出游动机调查显示，冰天雪地的壮美景色、浓郁的

本地民俗风情都是冰雪旅游的重要吸引物。旅游者对于冰雪运动、赏雪活动、主题节庆、娱雪等具有显著偏好，此外，旅游者对当地特色的美食、民俗、文艺、生活体验也有强烈的需求，同时体验冰雪项目和民俗活动的游客比例达到64%，"冰雪＋温泉""冰雪＋美食＋民俗"等成为深受老百姓追捧的冰雪套餐。东北、西北、华北等地区将文化和旅游融合作为冰雪旅游产品创新的渠道，注重本地 IP 冰雪产品形象塑造，开发出的赏雾凇、玩冰雪、泡温泉、观冬捕、品民俗等冰雪旅游产品深受旅游者喜爱。文化和旅游融合不仅为旅游者提供了美丽的风景，同时目的地的音乐会、实景演出、博物馆、图书馆、民俗馆等为游客提供了市民般的优质生活体验。在文化和旅游融合带动下，冰雕艺术品、雪雕、狗拉雪橇、冰雪那达慕、冰上龙舟、冰湖捕鱼、冰滑梯、冰雪美食节、冰雪旅游专列等冰雪旅游产品层出不穷。

7. 冰雪旅游市场秩序得到空前重视，现代化的冰雪旅游市场治理体系正在形成

2018 年是优质旅游年，冰雪旅游目的地在注重冰雪经济规模的同时，更加重视旅游发展质量，积极主动建立旅游市场综合监管体系，以游客满意度和获得感作为冰雪旅游发展的取向。黑龙江省发布《关于切实加强冬季旅游市场综合监管优化旅游服务环境的通知》，重拳整治冬季旅游市场，通过省、市、县三级政府初步建立起"政府主导、属地管理、部门联动、行业自律、各司其职、齐抓共管"的旅游市场综合监管机制，各地旅游投诉热线并入"12345"市长热线，统一受理、跟踪督办，在省级层面和哈尔滨市均设立旅游诚信基金，建立涉旅投诉先行赔付制度。吉林省在舆情安全方面走在全国前列，通过建立鹰眼全网监测系统，密切监测网络舆情，发现问题、快速出击、依法处置、及时发布，全力化解旅游网络暴力风险。长白山管委会设立1 000 万元旅游消费诚信基金，执行先行赔付制度。为推动冬季旅游发展和旅游品质提升，2018 年 9 月新疆成立了冰雪旅游品质服务联盟，提高新疆冬季旅游服务品质。

8. 冰雪旅游目的地更加重视品牌建设，冰雪节事的数量和品质齐头并进

当前，我国冰雪旅游市场不断扩大的同时，冰雪旅游目的地的竞争更趋激烈，冰雪旅游目的地形象不突出、冰雪产品同质化等问题导致冰雪旅游目的地冷热不均现象突出。文化和旅游部通过举办全国冬季旅游推广季启动仪

式暨北国冰雪主题推介会，突出冰雪旅游的品牌价值。中国旅游研究院为了推动冰雪旅游品牌化发展，拟推出"2018冰雪旅游双十佳（2018十佳雪旅冰游城市、2018冰雪旅游投资潜力区）"和"2018冰雪旅游二十强（2017－2018冰雪季滑雪旅游区十强、2017－2018冰雪季冰雪旅游节事十强）"两个品牌，推动我国冰雪旅游高质量发展，为游客提供高水平的旅游服务。很多冰雪旅游城市开始重视冰雪品牌的打造，注重以品牌引领冰雪旅游目的地的可持续发展。哈尔滨积极打造"冰城夏都"旅游城市形象，阿勒泰地区推出"净土喀纳斯，雪都阿勒泰"品牌，积极打造人类滑雪起源地的目的地形象，崇礼以城市冰雪有形符号营造"中国雪都"的文化氛围，牙克石成功获评国家气候中心的"中国冰雪之都"品牌，吉林市积极打造"雾凇之都，冰雪名城"旅游品牌。冰雪旅游节事对于地方冰雪旅游品牌的带动作用突出，通过对2017～2018年冰雪季全国各地的冰雪旅游节事活动报道进行全面采集、系统分析的结果，共筛选出具有一定影响力的冰雪旅游节事181件。其中，内蒙古为28件，数量最多；其次是黑龙江，为26件；新疆为20件，居第三位，第四位吉林为18件。这四个省的冰雪旅游节事活动数量占到全国的半数以上。对冰雪旅游节事活动影响力的评价有四方面的维度：冰雪旅游基础条件、节事活动管理能力、营销传播力和活动传播效果评价，中国·哈尔滨国际冰雪节、中国长春冰雪旅游节暨净月潭瓦萨国际滑雪节、中国·吉林国际雾凇冰雪节、中国西部冰雪旅游节暨中国新疆冬季旅游产业交易博览会、中国（呼伦贝尔）冰雪那达慕、中国·查干湖冰雪渔猎文化旅游节、中国·崇礼国际滑雪节、中国·满洲里中俄蒙国际冰雪节、延庆区冰雪欢乐节、湖北神农架冰雪节等获得"2017－2018冰雪季冰雪旅游节事十强"称号。

二、我国冰雪旅游发展的十大趋势

1. 深度参与全球竞争，顶层设计臻于完善

瑞士、美国、日本等世界旅游强国均将冬季冰雪旅游作为冰雪经济支柱业态进行重点培育，随着2022年冬奥会临近以及国家冰雪经济政策的落地执行，我国冰雪旅游必然要积极参与世界旅游竞争，将冰雪旅游冷资源转化为市场热资源、将冰雪旅游培育为战略支柱产业，必然会成为更多地方经济转型的战略选择。未来国内更多冰雪资源富集地区会以世界标准谋划一流产品，

建设一流冰雪旅游目的地，从冰雪景区规划、建设和运营、冰雪人才体系建设、冰雪装备制造、冰雪旅游服务质量提升、冰雪标准化、冰雪旅游公共服务和基础设施完善等全方位瞄准世界一流，补齐我国冰雪旅游短板，将冰雪旅游作为冬季旅游的重中之重，以参与全球冰雪价值链竞争，将我国冰雪旅游吸引力转化为世界性的、独一无二的。

2. 政策红利进一步释放，市场规模高速扩张

未来我国冰雪旅游政策红利将进一步释放，冰雪旅游将迎来井喷期、爆发期，参照相关省份的冰雪旅游规划和产业实际，分别以年均 15%、20% 的人数和收入复合增长率计，预计 2021～2022 年冰雪季我国冰雪旅游人数将达到 3.4 亿人次，冰雪旅游收入达到 6 700 亿元，"三亿人参与冰雪运动"目标将在 2021～2022 年冰雪季超额完成。现代旅游业能够影响、带动和促进的行业多达 110 个，据世界旅游组织测算，旅游业每收入 1 元，可带动相关产业增加 4.3 元收入，冰雪旅游能够显著带动冰雪旅游地产、冰雪制造、冰雪农业、冰雪林业、冰雪文化、冰雪运动等多行业发展，预计 2011～2022 年冰雪季我国冰雪旅游将带动旅游及相关产业的产值达到 2.88 万亿元。[①]

3. 冰雪旅游将成为双创新高地，投资新热点

在全国 34 个省级行政区中，除港澳台、上海、江西、西藏及海南等少数省份尚未建成滑雪场馆设施外，滑雪设施在全国层面得到广泛重视。在滑雪场消费人群中，75% 为游客群体，旅游业对于滑雪场带动作用突出，同时，这些游客中 90% 以上为一次性体验消费，按照冰雪旅游发达国家如瑞士、奥地利等的年人均滑雪 5 人次左右计算，未来我国冰雪旅游市场潜力巨大，滑雪产业比将成为资本市场追逐的高地。从滑雪旅游度假区营业收入看，2016～2017 年冰雪季我国滑雪旅游人次超过 30 万人次的有万达长白山国际度假区、万科松花湖度假区、万龙滑雪场、北京密云南山滑雪场等，综合收入超过 1 亿元的有万达长白山、北大壶、万科松花湖、万龙滑雪场等企业。从冰雪景区看，2016～2017 年冰雪季哈尔滨冰雪大世界实现收入 3 亿元，雪乡实现收入近 8 000 万元，雾凇岛实现收入 2 000 多万元。[②] 随着滑雪旅游度假区、

---

① 资料来源：《中国冰雪旅游发展报告 2018》。
② 资料来源：《中国冰雪旅游发展报告 2017》。

冰雪景区接待能力提升、冰雪产品丰富和冰雪文化在全社会推广，特别是在北京冬奥会的带动下，滑雪旅游度假区、冰雪景区、冰雪演出、冰雪商品、冰雪中介服务、冰雪传媒、冰雪装备制造、冰雪创意、冰雪房地产等将成为未来产业资本重点投资、大众创业创新的领域。

4. 冰雪旅游从竞争走向合作，以特色引领发展

东北地区将进一步巩固长距离游客第一选择的龙头地位，特别是吉林省和黑龙江省将联合营销东北冰雪旅游产品，从区域内部竞争走向联合发展。京冀将更紧密合作进行冬季奥运会冰雪旅游联合营销，河北张家口加速从小众滑雪发烧友市场向大众冰雪旅游市场转变，通过丰富冰雪旅游产品，除了吸引北京客源，努力向天津、长三角、珠三角等潜在客源地扩展，积极打造高端、中等、经济三个层次的冰雪旅游细分市场。北京将借助奥运契机，发展更多高标准冰雪旅游产品，积极满足市场需求。内蒙古和新疆等冰雪资源富集区将通过将冰雪资源与本地民族特色文化、优美自然风光相结合，联合开展丝绸之路冰雪旅游带开发，这两地将成为众多潜在游客进行冰雪旅游新选择。贵州、四川、山东等地方，甚至海南、广东等省份将从滑雪场等反季节旅游产品上大胆创新，以特色实现冬季旅游新突破。

5. 冰雪旅游产品类型更加丰富，更多民俗、运动、时尚、科技元素融入

通过对我国冬季冰雪旅游时游客主要动机调查显示，"冰雪＋运动""冰雪＋时尚""冰雪＋民俗""冰雪＋文化""冰雪＋科技"等相结合的产品更加契合冰雪旅游者的需求，而且旅游者对当地特色的美食、文艺、生活体验也有一定程度的需求。未来各地会将更多民俗、运动、时尚、科技元素融入我国冰雪产品创意开发中，除了重点开发满足女性市场的冰雪旅游产品外，设计更多符合少年儿童、老年人和家庭游客需求的冰雪旅游产品成为必然。冰雪旅游的主要动机如图 9-1 所示。

6. 研学旅行将成为冰雪旅游新增长点

中小学研学旅行是通过集体旅行、集中食宿方式开展的研究性学习和旅行体验相结合的校外教育活动，2016 年 12 月，教育部等 11 部门印发了《关于推进中小学生研学旅行的意见》，要求各地将研学旅行摆在更加重要的位置，推动研学旅行健康快速发展。冬季进行冰雪研学旅行既是在青少年中普及冰雪冬奥会知识的需要，也是增加对于国情、省情、市情以及乡土情等认

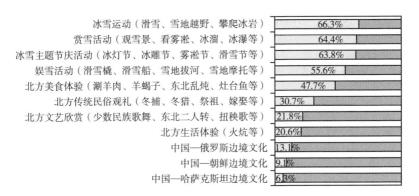

图 9 - 1 冰雪旅游的主要动机

资料来源：《中国冰雪旅游发展报告 2017》。

识的需要，更是开阔眼界、强身健体、愉悦身心等的需要。随着教育部对于研学旅行的高度重视和各地具体举措的落地，特别是黑龙江、吉林、张家口、北京等实施的将冰雪运动作为基本课程，免费滑雪、百千万青少年上冰雪等活动将极大促进冰雪旅游在青少年中的普及，在冬季进行冰雪旅游将成为青少年的常态化研学方式。

7. 避暑和冰雪两季互动，促进四季繁荣

冬夏气候旅游资源丰富的城市在继续强化夏季旅游开发的同时，以更大力度开发冰雪旅游，积极实现旅游发展的两季带动、四季繁荣。冰雪旅游企业也通过丰富夏、冬两季旅游产品，努力实现冬、夏两季营收平衡。优美环境、洁净空气、便利生活设施、良好的景区管理品质、适宜的气候、浓郁的地方特色成为冰雪城市冬、夏两季旅游产品的主打特色。国内一流水平软件服务的国际标准越来越引起冰雪旅游城市的重视。一部分历史悠久冰雪旅游企业从早期"滑雪场经营＋地产销售"商业模式向冰雪旅游综合度假区经营模式转变。

8. 冰雪旅游目的地品牌竞争更加激烈

随着冰雪旅游目的地的竞争加剧，目的地要想脱颖而出，将更加注重品牌营销，注重从 IP 形象标志标示、冰雪吉祥物、冰雪歌曲等全方位进行营销，更加重视冰雪标志性建筑，从路灯、建筑、酒店名称等冰雪文化的塑造，在旅游标志性建筑印记体现上，让冬天的属于冬天，夏天的属于夏天。"冰雪"是冰雪旅游的核心资源及吸引物。调研显示，旅游者对于"冰雪魅力"的认知（见图 9 - 2），主要集中在美丽、纯洁、透明、永恒、浪漫、速度、敬畏、雄伟、浓烈等关键词上，集中提炼成三要素即是：无邪（innocent）、无界（infinite）、无畏（intrepid），即"3I 模型"。无邪：与美丽、纯洁、透明、永恒、浪漫等关键词相关，代表冰雪在旅游者心目中的整体形象。无界：与雄伟等关键词相关，代表亚洲思维影响下的中国旅游者，对大尺度的空间感知强烈，同时更在意"人景合一"的意境、空旷之美。无畏：与速度、敬畏、浓烈等关键词相关，主要迎合对娱雪活动、冰雪运动有需求的不同类型旅游者。我国冰雪旅游城市在进行品牌形象定位、市场细分、传播元素遴选、冰雪文化有形载体营造时，注重冰雪的"3I 特质"和本地文脉、地脉相结合将是城市冰雪旅游品牌创建的发展趋势。

图 9 - 2　旅游者对于"冰雪魅力"的认知云图

9. 冰雪旅游发展质量更受关注，标准化与规范化是大势所趋

当前，我国冰雪旅游发展处于粗放发展阶段，正在积极实现市场规模扩大的阶段，国家旅游局在 2015 年出台《旅游滑雪场质量等级划分 LBT 037 - 2014》在全国没有推广开，只在黑龙江省内实行，很多质量规范发展领域处于空白地带。未来，国家会更加注重冰雪旅游规范化、标准化发展，从注重规模向注重规模和质量协调推进转变。国家相关部门将会密集出版一批青少年参与冰雪运动普及的权威教材，实施冰雪旅游服务质量标准化，推行冰雪旅游景区规范化，加大力度推进冰雪旅游人才培养、冰雪旅游专业设置、冰雪旅游课程研发和培训等方面的工作。

10. 国际冰雪旅游目的地对中国市场的开发力度进一步加大

途牛旅游网大数据显示，去欧洲、日本、美国等滑雪旅游资源丰富国家

开展冰雪旅游已经成为国内很多滑雪发烧友的每年必选项目。2016 年 11 月
至 2017 年 4 月，我国游客赴境外进行冰雪旅游预订排名前 5 位的国家是日
本、法国、意大利、美国、瑞士，我国预订冰雪旅游目的地中排名前 5 位的
城市是卢塞恩、日内瓦、札幌、赫尔辛基、斯德哥尔摩。2016 年 11 月至
2017 年 4 月，我国去往境外进行冰雪游的主要客源地中，预订排名前 6 位的
国内客源地城市是北京、上海、南京、天津、成都、深圳，一线城市成为境
外冰雪旅游的主要客源地。随着冰雪资源和温泉资源丰富的日本、冰雪旅游
老牌发达地区的欧洲、美国、加拿大等北美冰雪旅游目的地加大对于我国出
境旅游的促销力度，同时，随着我国冰雪文化的培育和国内老百姓消费能力
不断增强，出境进行冰雪旅游将成为一股不可阻挡市场力量。

三、我国冰雪旅游发展面临的突出问题

1. 冰雪旅游顶层设计不够完善，冰雪旅游系列规划缺位现象突出

冰雪旅游缺乏像全国红色旅游工作协调小组这样的国家相关部委参与的
协调机构，文化和旅游部、国家体育总局、国家林业和草原局、国土资源部、
国家水利部等相关部门都有交叉管理的冰雪旅游部分，比如滑雪度假区建设
涉及山体利用、水源开发、林业开发、旅游开发、项目审批、文化利用，等
等。冰雪旅游景区也缺乏类似国家公园的统一管理机构和体制。冰雪旅游总
体规划以及滑雪旅游度假区、冰雪旅游品牌营销、冰雪旅游装备制造业升级、
冰雪旅游公共服务等专项规划在很多地方是真空地带。

2. 冰雪旅游淡旺季显著，产业政策创新性不足

冰雪旅游发达国家如美国、瑞士、挪威、日本等，夏季避暑旅游与冬季
冰雪旅游的收入往往各占 50% 左右，而且这些滑雪旅游度假区往往是集运
动、疗养、休闲等一体的高端度假区。与之不同，我国大型滑雪度假区的收
入过度依赖冬季，夏季旅游、春季旅游、秋季旅游往往缺乏市场号召力，冬
季旅游只有不到 4 个月时间营业期，其他季节企业收入较少，形成了一季养
四季的局面，滑雪场商业配套设施在其他季节闲置率较高，造成了一系列恶
劣后果，比如滑雪度假区工人在淡季流失严重、滑雪人才留不住、设备设施
淡旺季利用率严重失衡等问题。面向东北、西北、京冀等冰雪旅游资源富集
区产业政策的针对性不足，在国外，高尔夫等高端度假设施往往与滑雪度假

区一体的，这样才能确保滑雪场四季盈利平衡，我国可以考虑在特定地区创新高尔夫球场等建设的准入政策，慎重采取高尔夫球场禁建的全国"一刀切"政策。

3. 冰雪旅游目的地基础设施落后，旅游服务质量亟待提高

很多冰雪旅游资源富集区的机场吞吐量与国内一流旅游城市还存在一定差距，机场基础设施改扩容亟待解决。重要旅游城市的支线机场建设步伐较慢，支线机场的开通航线数量、航空公司数量还远远不足。低空飞行基地、自驾车营地、风景道等基础设施建设还处于初级阶段，数量远远不能满足游客的需要。东北、西北等主要机场与大型景区交通可达性、便利性没有满足游客需要，高速公路条数较少。东北、西北等地区城际铁路网络建设远远落后于中东部发达城市，广大居民和游客出行时间成本较高。这些地区存在"一流资源、二流开发、三流服务"的说法。近年来的冰雪旅游市场不规范事件凸显了冰雪旅游服务水平与产业发展不匹配的现状，很多地区冰雪旅游服务质量相对较低，欺客宰客、以次充好、服务意识不足等导致游客满意度不高现象较为突出。服务质量较低与旅游标准化不足密切相关。在冰雪旅游标准化方面，我国的冰雪人才培育体系标准化、滑雪旅游度假区建设标准化、冰雪旅游服务标准化、冰雪旅游装备标准化、特色冰雪旅游村落和特色旅游小镇标准化等方面均处于空白，这导致冰雪旅游服务质量提升、产品开发、景区建设等缺乏高水平的引导机制。

4. 冰雪旅游制造业国产化严重不足，国外企业垄断国内市场

欧美已建立了完善的冰雪装备产业链，形成了完整的科技研发、装备制造供给体系。日本本土品牌冰雪产品国内市场占有率达到50%以上，国际竞争力较强。我国冰雪消费者商品品牌已在软性产品，比如服装、雪镜、头盔等占据一席之地，有了诸如探路者、奔流（running River）等品牌，但是雪鞋、雪板、冰刀等，以国外品牌为主。一是高科技材料需要手工制作，由于滑雪历史、滑雪规模原因，国内成熟手工业者缺乏；二是滑雪规模不大，导致产量和投资回报短期难以实现，限制了这些产品国产化步伐。在面向冰雪旅游供应商的装备制造业方面，我国冰雪旅游国产化严重不足，以造雪机为例，我国已有造雪机4 000余台，其中3 500台左右为进口设施，500台左右为国产设施，高空缆车、压雪机等大型设备更是被奥地利、瑞士、挪威等国

家所垄断。[①]

5. 冰雪旅游供给存在结构性问题，具有品牌影响力的产品较少

当前，在北京冬奥会和国家冰雪政策驱动下，冰雪旅游资源富集的地区出现了冷热不均、产品雷同、缺乏自主品牌等问题。黑龙江雪乡热催热了无数的雪乡，吉林省查干湖冬捕热催热了无数的冬捕，这导致全国冰雪旅游目的地冷热不均现象显著，每年雪乡、哈尔滨冰雪大世界、长白山等聚集了大量甚至超负荷的游客，而其他冰雪景区却门可罗雀。特别是冰雪旅游产品缺乏创新和自主品牌，导致产品缺乏足够的体验性、故事性和市场号召力，冰雪旅游的本地民俗文化与冰雪旅游没有很好融合起来。

四、我国冰雪旅游发展的战略重点

1. 创新体制机制，提升政府管理效率和市场活力

国家积极构建冰雪旅游部际协调机制，地方建立党政主要领导挂帅的冰雪旅游组织机制，相关部委尽快制定我国冰雪旅游总体规划和专项规划。要尽快制定我国冰雪旅游总体规划以及滑雪旅游度假区、冰雪旅游精品线路、冰雪旅游品牌营销、冰雪旅游制造业升级、冰雪旅游公共服务等专项规划。

设立东北、西北、华北等冰雪经济示范区，以优化投资环境激发民营经济的市场活力。要以冰雪旅游发展为契机，设立东北、西北等冰雪经济示范区，以更加开放理念，赋予税收、贸易自由化、制度等创新优先权，改变投资软环境，改革国有企业制度、人才吸引制度、土地等生产要素市场化制度，引入市场竞争制度，用严刑峻法规范公民行为、道德，振兴民营企业吸引人才留下、引进各层次人才，用青山绿水、冰天雪地吸引游客来东北、西北、华北等旅游。

加强产业政策创新。一是注重提高冰雪项目存量的发展质量，在冰雪项目审批环节，通过差异化项目定位，协调好冰雪项目增量的总体规模和发展质量。二是由于冰雪项目，特别是大型滑雪项目多依靠高山，对于拟新建、扩建的滑雪场项目，涉及发改立项、土地征收、林地使用等问题，受到林地、农地、环保等红线限制，审批较为困难，通过政策创新，优先扶持旅游作为

---

① 资料来源：《中国冰雪旅游发展报告 2018》。

战略支柱产业地区的冰雪旅游项目的建设。由于冬季冰雪旅游与夏季避暑旅游、山地探险旅游、山地休闲度假旅游是一体的，高尔夫球等高端休闲项目往往与滑雪场度假区共同形成四季旅游吸引物，国家可以尝试在特定滑雪旅游发达地区，适当放开对于高尔夫球场的建设，引导高端度假旅游健康发展。

2. 坚持品牌营销，抓住国内和国外两个市场

尽快启动"中国冰雪日"设立事宜。针对冰雪旅游正处于培育期的现实，突出重大节事营销，由旅游部门牵头，联合发改委、体育局等国家部委，启动设立"中国冰雪日"事宜，每年以"中国冰雪日"为契机开展大众冰雪旅游、冰雪运动系列活动，引导老百姓将冰雪休闲旅游作为常态化的生活方式。

创建中国冰雪旅游总品牌和地方子品牌。中国冰雪旅游总品牌必须形成卡通偶像、标志标识、品牌歌曲、品牌代言明星等组成的旅游 IP（intellectual property）独特标识，提高黑龙江省冬季旅游品牌"冰雪之冠言·畅爽龙江"、吉林冬季旅游品牌"冬季，到吉林来玩雪"等地方品牌知名度和美誉度，将时尚、科技、动漫等形象加入地方冰雪旅游品牌元素中。

创新市场营销渠道和方式。开展东北、西北、华北地区与京津冀、长三角、珠三角等发达地区的游客交换计划，用雪花、冰花交换沿海城市的浪花、用北方的冰天雪地迎接南方的温暖如春等方式形成特定地区冰雪旅游稳定客源地客流。注重面对面直销的作用，开展冰雪旅游进社区系列活动。注重开展冰雪运动进校园活动，通过将冰雪运动引入大中小学生体育课堂，从青少年培养参与冰雪活动的消费习惯。

3. 从冰雪旅游标准化、规范化和人才扶持突破，大力完善公共服务体系

大力实施冰雪旅游标准化、规范化。由国家相关部委成立专家委员会，分别制定冰雪旅游装备制造、滑雪旅游度假区安全管理和服务、冰场建设和管理、冰雪旅游信息化、冰雪旅游人才培训等标准化的方案，以标准化提升冰雪旅游的发展质量。

加大冰雪旅游人才扶持力度。制订、实行冰雪旅游分层次、分行业人才培养计划，每年进行不定期集中培训，培训对象涵盖职业经理人、企业高管、普通员工、研究人员、学校教育人士等。实现国内外双向、多项交流机制，每年国家公费委派一定数量人员到国外进行学习、交流，引冰雪旅游智力回国。

4. 搭建国际交流合作平台，增强冰雪旅游国际竞争力

面向东北亚、欧洲、美国等形成国际交流平台和机制。鼓励东北、西北、华北等冰雪产业发达地区主导成立世界冰雪旅游城市或者国家联盟，在国际旅游竞争中占据话语权和主导性。加强冰雪经济双边、多边合作，利用我国世界第一出境市场和国内旅游消费规模，与冰雪装备制造强国的挪威、瑞士、美国等加强产业合作，引进世界知名的专业设备生产商、管理运营商落户我国投资建厂或者设立公司分总部。

| 第十章 |

增强旅游目的地的综合竞争力

第一节　基于波特钻石模型的我国旅游
目的地综合竞争力分析

旅游行为涉及行、游、住、食、购、娱六大要素，旅游产业主要包括住宿与餐饮业、交通客运业、商务服务业、旅游游览、娱乐业等（郭为等，2017）。本章运用美国波特教授的产业竞争力理论——钻石模型对我国旅游目的地综合竞争力进行分析，以丰富旅游竞争力的实证研究。

一、波特钻石模型简介

一个国家（地区）的竞争力取决于四个基本要素：生产要素、需求要素、政府和机会。其中生产要素包括人力资源、资本资源、基础设施等五类要素，创新性要素比原始要素重要得多；需求要素包含规模和质量的内容。这四类因素构成了一个形状和框架，非常像钻石，所以称为"钻石模型"（见图10-1）。

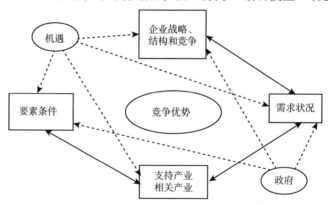

图 10-1　波特的"钻石模型"

旅游产业竞争力取决于矩形框架中的生产要素、需求要素、政府和机会。

二、我国旅游目的地竞争力的影响要素分析

生产要素、需求条件、相关与支持性产业以及企业战略、企业结构、竞争政府和机会是构成竞争优势的重要因素（迈克尔·波特，2002）。从相关利益者、主题要素、供给要素、基础要素和辅助要素等方面分析我国旅游目的地竞争力。

（一）相关利益者

结合旅游目的地综合竞争力的定义，我国旅游目的地综合竞争力的利益相关者主要涉及旅游企业、地方政府、游客、社区居民、旅游从业人员等。

目前，在我国旅游目的地综合竞争力的发展过程中地方政府仍处于主导地位，发挥着重要的作用；旅游从业人员专门人才相对比较匮乏，处于高速增长阶段；旅游企业对旅游者的多样化和个性化没有及时准确地掌握，在很大程度上影响了"旅游者"这一重要因素在我国旅游目的地竞争力中的作用；而社区居民的利益没有得到完全兼顾，话语权没有完全发挥，没有真正介入旅游目的地综合竞争力的发展中去。

（二）主题要素

主题要素主要是旅游吸引物，是旅游者关注的焦点。我国围绕精品旅游、休闲度假、乡村旅游、红色旅游、自驾车旅居车旅游、海洋及滨水旅游、冰雪旅游、低空旅游主题把综合竞争力战略应用到旅游产业，为企业提供创新的激励措施，系统地开发和运营，形成旅游目的地的综合竞争力。目前在我国旅游目的地综合竞争力中，主题要素发展比较好，但缺乏高质量、高层次拳头旅游产品。同时主题要素与其他要素之间关联度不够高，之间协作性不够协调。

（三）供给要素

在旅游目的地综合竞争力理论中，为旅游者提供交通、住宿、购物、餐饮、娱乐场所等服务的旅游企业被界定为集群的供给要素，它们共同构成旅游业的供应价值链。供给因素为消费者提供相对间接的服务，是消费者完成出行的重要保证（张艳，2009）。我国旅游目的地综合竞争力中的供给要素依托主题要素在空间分布上也表现出一定的集聚性，发展比较成熟。例如，

我国目前拥有星级酒店从其空间分布上看，主要集中在景区周边以及城镇中。但是总体来看，行业间基本上处于低水平和无序竞争状态，企业规模普遍偏小，对旅游目的地综合竞争力参与度较低。

（四）基础要素

基础要素主要是影响我国旅游目的地竞争力的重要因素，如旅游资源、基础设施、社会环境等。旅游资源是旅游业的中心，是作为物质载体承担着地方竞争力的要素。目前，我国旅游资源开发已粗具规模，形成主题鲜明、组合良好的旅游产品体系。下一步仍需考虑开发部分潜在旅游资源，例如，三线建设时期的军工企业。基础设施建设缺少整体思路，没有考虑整体旅游业的发展要求，同时考虑满足当地经济发展的需要。社会环境的培育保存也没有适应旅游业的发展。总的来看，基础要素的支撑作用没有得到应有的发挥。

（五）辅助要素

辅助要素包括为旅游企业提供物质、文化、信息、人力资源、情报、管理等服务和支持的企业和组织。辅助要素对旅游者的旅游体验和旅游目的地综合竞争力的发展提供了有力保障，是旅游目的地综合竞争力的重要参与者。相关辅助层还能充分展现旅游业的拉动能力，是旅游目的地综合竞争力促进区域经济发展方面的见证。我国的教育培训、金融保险、新闻媒体、房地产、信息通信等辅助要素已经较好地参与到旅游目的地综合竞争力的发展中去，例如，针对旅游目的地综合竞争力发展成立了专门为旅游产业融资投资的旅游投资公司。与政府的关联程度比较高，而与旅游业的发展表现得比较松散，尤其教育培训尤为明显。高校科研单位对我国旅游目的地的竞争力没有发挥其应有的作用，在一定程度上导致了我国旅游目的地综合竞争力内部技术创新能力不足。

（六）我国旅游目的地综合竞争力钻石模型分析

六要素构成的钻石模型是评估旅游目的地综合竞争力的重要方法。对于我国旅游目的地综合竞争力而言，钻石模型的六个要素相当于我国旅游目的地综合竞争力的相关利益者、主题要素、供给要素、基础要素和辅助要素，由于相关利益者代表不同要素的利益，所以对此进行单列，在对我国旅游目的地综合竞争力现状研究的基础上，构建我国旅游目的地综合竞争力的"钻石模型"（见图10-2）。

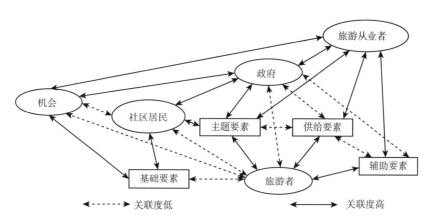

图 10 - 2 我国旅游目的地综合竞争力的"钻石模型"

总之，我国旅游目的地竞争力形成的基础条件、外部条件和内在机制初步具备，政府主导的旅游目的地综合竞争力初步形成。将旅游目的地综合竞争力理论应用于区域旅游产业发展研究是可行的。以旅游者需求为导向，围绕旅游景点实现旅游产业的空间集聚发展，是区域旅游经济的常态。在此基础上形成旅游目的地的综合竞争力。竞争优势初步显现，标志着我国旅游目的地综合竞争力初步形成。

第二节 我国旅游综合竞争力评价指标体系的构建与影响因素分析

伴随着产业结构的升级转型，新的产业分工按照区域竞争力进行布局，区域综合竞争能力日益成为获取竞争优势的决定性因素。2015 年 7 月 28 日的国务院常务会议提出"通过改革创新促进旅游投资和消费，推动现代服务业发展"。在旅游产业创新发展背景下，旅游综合竞争力理论研究方兴未艾。

一、文献综述与问题提出

旅游综合竞争力已经得到学者重视，主要从旅游创新对策及模式、旅游创新理论建构、旅游创新影响及评价等方面展开研究（黎耀奇等，2018）。（1）旅游创新对策及模式方面：沃尔提出具有较强操作性的旅游创新定义和评价框架；海格等建立用户驱动型创新（user-driven innovation）的类型学理论框架；杨志祥探讨城市旅游核心竞争力与旅游创新的关系；陈雪钧构建乡村旅游的创新路径模型；石培华提出构建国家旅游创新体系的战略思路；崔家善探讨"旅游创新＋公益养老"融合发展模式；张钰瑜探讨供给侧视域下乡村生态旅游创新模式。（2）旅游创新理论建构研究方面：海格和魏玛提出并不断完善旅游创新研究理论框架；丁焕峰等界定大城市边缘山地旅游创新系统；杨颖等提出三层次（企业、网络、系统）旅游创新认识模式；郭峦阐述旅游创新系统的意义；任瀚提出区域旅游创新发展体系包括观念、策略和行动创新三个维度；李文兵等论述旅游综合竞争力是从企业创新到区域创新；格美儿对旅游综合竞争力的最新成果进行文献计量学分析；宋慧林、曾艳芳、辛安娜、江金波等对国外旅游综合竞争力进行文献分析与梳理，认为旅游综合竞争力的研究主要可以划分为依赖技术创新—依赖服务创新—旅游综合竞争力三个阶段；王丽华、江金波等对我国旅游综合竞争力研究进行理论梳理。（3）旅游综合竞争力影响及评价研究方面：奴沃尔等研究英国旅游中小企业的网络、集聚与创新；偌玛等提出一种基于创新能力、环境和其他企业因素的两阶段交互模型；孙博等总结旅游企业的创新行为特征及影响因素；陈等研究管理者社会资本感知对旅游业创新的重要影响；钟海生设计旅游科技创新的体系框架；王兆峰描述区域旅游产业的技术创新演化路径及其影响；石建中等研究社会资本、旅游综合竞争力与旅游绩效的耦合关系；黎耀奇等基于全球创业调查数据分析制度环境、创业动机与旅游综合竞争力的作用机制。

旅游竞争力按国家、区域、城市、行业四个层面展开分析（温碧燕等，2007）。较统一地认识为，决定旅游竞争力的因素主要包括旅游资源特征、市场需求条件、产业管理、支持产业、人力资源、区域竞争、技术创新等（Crouch G I，Ritchie J R B，1999）；区域旅游竞争力是某区域旅游业较之其他区域竞争中所体现出来的差别优势和综合素质（甘萌雨等，2003），受区域内旅游资源禀赋、旅游企业及社会、政治、经济、文化、环境等多方面因素的影响。Romão 等分析区域创新体系对欧洲旅游目的地竞争力的影响；Booyens 实证表明创新对于区域旅游经济竞争力具有重要意义；黄松等在评价智慧城市旅游竞争力时考虑旅游综合竞争力维度的影响。

创新竞争力是创新投入、产出、创新环境等多方面要素的综合，需从多视角、多层次、多时序进行定量分析（张振山等，2016）。旅游综合竞争力已经引起学者关注，但研究成果仍有待丰富和深入，已有成果主要从旅游综合竞争力对策及模式、旅游综合竞争力理论建构、旅游综合竞争力影响及评价研究三个方面展开，旅游综合竞争力主要可以划分为依赖技术创新—依赖服务创新—再聚焦旅游综合竞争力三大阶段，研究中体现出学科交叉明显、研究视角多元、研究方法多样等特点。从研究方法来看，仍以定性研究为主，定量分析中因子分析（主成分分析）、AHP、熵值法、灰色关联、DEA 方法应用较多，鲜见运用投影寻踪方法进行动态评价和运用 Tobit 回归进行影响因素动态分析成果。旅游综合竞争力与区域竞争力的结合研究过于薄弱，有关旅游综合竞争力界定与评价方面成果相对偏少、内容较为分散，科学客观地构建评价指标体系方面仍存在一定局限性，需要从多角度、深层次、动态化方面展开进一步理论探讨与实证（Hjalager A M，2002；Mei X Y，2012）；旅游综合竞争力应是旅游综合竞争力投入、产出、创新环境等多方面要素的综合，需从多视角、多层次、多时序进行定量分析；研究我国省域旅游综合竞争力演化趋势及影响因素，对于政府有针对性地制定旅游综合竞争力政策、构建创新体系、制定旅游综合竞争力战略、提升整体创新能力具有重要现实意义（樊华等，2012）。

鉴于此，本部分以我国旅游综合竞争力为研究对象，从旅游综合竞争力投入、旅游综合竞争力产出、旅游综合竞争力环境三个维度构建评价指标体系，以省域为研究单元，运用投影寻踪方法和 Tobit 回归方法，基于面板数据，借助 Matlab 2014a、Stata14 等分析工具，主要思考分析以下三个问题：（1）在综合前人研究成果的基础上，构建省域旅游综合竞争力评价指标体系；（2）运用投影寻踪分析方法综合评价我国省域旅游综合竞争力，分析其整体和分类型时序演化特征；（3）运用 Tobit 方法分析我国省域旅游综合竞争力影响因素。通过上述问题研究，以期对政府有针对性地制定旅游综合竞争力战略、提升旅游综合竞争力能力有所借鉴。

二、旅游综合竞争力评价指标体系与研究方法

（一）指标体系构建

参考王毅、袁潮清、吴鸣然、魏江、温碧燕等研究成果，提出旅游综合

竞争力是某行政单元旅游综合竞争力较之其他行政单元，在竞争中所体现出来的差别优势和综合素质，是行政单元内旅游综合竞争力投入、产出和环境的综合体现，并受到旅游综合竞争力相关的人力、资本及环境（如旅游发展水平、旅游产业基础、经济、教育等）多方面因素的影响；结合区域旅游综合竞争力实际特征，依据指标体系涵盖全面、指标数据搜集可得、指标选取规范等原则，构建旅游综合竞争力评价指标体系，包括旅游综合竞争力投入、旅游综合竞争力产出、旅游综合竞争力环境三个一级指标，旅游综合竞争力产业投入、教育投入、产业科出、科技成果产出、人才产出、人力环境、财力环境、科技环境等 8 个二级指标、21 个三级指标如表 10 - 1 所示。

表 10 - 1　　　　　　　　　旅游综合竞争力评价指标体系

一级指标	二级指标	三级指标	指标意义	指标性质	变量
旅游综合竞争力投入竞争力	旅游综合竞争力产业投入	旅游从业人员数/人	反映旅游综合竞争力投入水平	正	x_1
		A 级旅游景区/个		正	x_2
		星级饭店/座		正	x_3
		旅行社/个		正	x_4
		公路密度/千米/百平方千米		正	x_5
	旅游综合竞争力教育投入	旅游高等院校数量/座		正	x_6
		旅游中等职业学校数量/座		正	x_7
旅游综合竞争力产出竞争力	旅游综合竞争力产业产出	旅游总收入/亿元	反映旅游综合竞争力产出水平	正	x_8
		接待游客量/亿人次		正	x_9
	旅游综合竞争力科技成果产出	发表期刊类旅游论文数/篇		正	x_{10}
		旅游博硕论文数/篇		正	x_{11}
		国内旅游专利申请授权数/项		正	x_{12}
	旅游综合竞争力人才产出	高等院校学生数/人		正	x_{13}
		中等职业学校学生数/人		正	x_{14}
旅游综合竞争力环境竞争力	旅游综合竞争力人力环境	每 10 万人大专及以上文化程度人口/人	反映旅游综合竞争力环境支持水平	正	x_{15}
		每万人专业技术人员数/人		正	x_{16}
	旅游综合竞争力财力环境	地区人均 GDP/亿元		正	x_{17}
		R&D 经费占 GDP 比重/%		正	x_{18}
		科技拨款占财政总支出的比重/%		正	x_{19}
	旅游综合竞争力科技环境	研究与开发机构数/个		正	x_{20}
		研究与开发机构 R&D 人员数/人		正	x_{21}

（二）研究方法

1. 投影寻踪法

投影寻踪分析法（projection pursuit analysis，PPA）是分析评价高维数据的一种多元统计方法，需通过计算机技术和人工智能算法实现，对于克服"维数祸根"、小样本、超高维等问题具有明显优势，现已广泛应用于工程和管理领域（张先起等，2006）。其基本思想为：在数据变换的基础上，构造评价投影指标函数，将高维数据投影至低维子空间，找出最能反映原数据特征的投影值与投影方向，进而确定指标权重，实现评价分析（曹霞等，2015）。实际应用中，最佳投影方向 a 的确定极为关键，确定最佳投影方向的优化方法有遗传算法（GA）、粒子群优化（particle swarm optimization，PSO）算法等，本研究采用遗传算法（GA）进行优化。投影寻踪方法的基本步骤为（陈治等，2017）：

（1）评价对象原始数据预处理。设待评价对象原始数据集为 $\{x^*(i,j) \mid i = 1 \sim m, j = 1-n\}$，其中 $x^*(i,j)$ 为第 i 个待评价对象的第 j 个指标的原始数据值。为使评价指标体系中各指标值具有横向可比性，必须对原始数据进行无量纲处理，常采用极差极准化方法进行，公式如下：

对于"正向"评价指标：

$$x(i,j) = [x^*(i,j) - x_{\min}(j)]/[x_{\max}(j) - x_{\min}(j)]$$

对于"逆向"评价指标：

$$x(i,j) = [x_{\max}(j) - x^*(i,j)]/[x_{\max}(j) - x_{\min}(j)]$$

式中，$x_{\min}(j)$ 为第 j 个评价指标所有取值中的最小值，$x_{\max}(j)$ 为第 j 个评价指标所有取值中的最大值。$\{x(i,j) \mid i = 1 \sim m, j = 1 \sim n\}$ 为进行极差标准化处理后的评价数据集。

（2）构造评价投影指标函数。设 $a(j)$ 为投影方向向量，待评价对象 i 在该方向上的投影值为：

$$z(i) = \sum_{j=1}^{n} a(j)x(x,j) \quad (i = 1,2,\cdots,n)$$

在优化投影值时，要求 $z(i)$ 的分布特征应满足：投影点局部尽可能密集，整体上尽可能散开。据此评价投影指标函数可构造为：

$$Q(a) = S_z D_z$$

式中，S_z 为投影值 $z(i)$ 的标准差（组间散开度），D_z 为投影值 $z(i)$ 的局部密度（组内密集度），即：

$$S_z = \left[\sum_{i=1}^{m} (z(i) - E_z)^2 / (n-1) \right]^{0.5}$$

$$D_z = \sum_{i=1}^{m} \sum_{j=1}^{n} (R - r_{ij}) u(R - r_{ij})$$

E_z 为评价投影值序列 $\{z(i) i = 1 \sim m\}$ 的均值；r_{ij} 为评价对象 i 和评价对象 j 综合投影值 z_i 和 z_j 之间的距离，有 $r_{ij} = | z_i - z_j |$；R 是由评价数据特征决定的局部宽度参数，其值一般可取 $0.1 * S_z$；$u(R - r_{ij})$ 为单位阶跃函数，当 $R - r_{ij} \geq 0$ 时，$u(R - r_{ij})$ 取值为 1，否则取值为 0。

（3）寻求最佳评价投影方向。在评价对象集给定的情况下，评价投影指标函数 $Q(a)$ 仅与投影方向向量 $a(j)$ 有关。评价投影指标函数取最大值时所对应的方向 a 即是最佳投影方向，在此方向上投影得到的低维数据对原始数据具有最佳解释力。构建以 $\{a(j) | j = 1,2,3,\cdots,n\}$ 为优化变量的非线性目标优化函数，在约束条件下，求解 $Q(a)$ 的最大值及最佳投影方向 a。

以 $\{a(j) | j = 1,2,3,\cdots,n\}$ 为优化变量的非线性目标优化函数如下：

$$\max Q(a) = S_z D_z$$

约束条件：

$$\text{s. t.} \sum_{j=1}^{n} a^2(j) = 1$$

（4）计算评价得分。上述非线性目标优化模型不能用传统优化方法求解，只能通过启发示算法、人工智能等近似算法求解，本书利用遗传算法进行求解。利用遗传算法求解得到最佳投影方向 a 后，将其代入式 $z(i) = \sum_{j=1}^{p} a(j)x(i,j)$，即可得到各对象的最佳评价投影值 $z^*(i)$，可据之判断各对象的优劣进而排序。

2. Tobit 回归分析法

Tobit 回归分析法是由著名经济学家托宾（Tobit）于 1958 年提出，用来考察因变量受限制的回归。投影寻踪方法得出的评价值都是非负值，因此是受限因变量。而且，本书按照旅游综合竞争力综合评价得分 $0 \leqslant \sum F \leqslant 0.668$；$0.668 < \sum F \leqslant 1.336$；$1.336 < \sum F \leqslant 2.004$；$\sum F > 2.004$，进行旅游综合竞争力强型、较强型、一般型、弱型 4 种类型划分，并进一步研究每一种类型的影响因素，此时被解释变量也属于取值受限变量，如果采用常规 OLS 方法，易加大估计的偏差，而 Tobit 回归分析方法则可以克服上述不足，其基本模型如下：

$$y_{it} = \begin{cases} y_{it}^*, 若\ y_{it}^* > a \\ 0, 若\ y_{it}^* \leqslant a \end{cases}$$

上式 a 点是被解释变量 y_{it} 的受限点，a 值与本书中的类型划分取值边界点相对应，y_{it} 则与综合评价得分值相对应。

3. Tobit 回归模型构建

以旅游综合竞争力综合评价得分为被解释变量，从旅游综合竞争力人力、创新资本、创新环境三个方面选取指标（Furman J L, 2002；魏守华等, 2010；周业安等, 2012）。Tobit 回归模型变量说明如表 10-2 所示。

表 10-2　　　　　　　　　　　　　Tobit 模型变量说明

变量	指标	符号	具体指标	指标说明
被解释变量	旅游综合竞争力	Y	旅游综合竞争力综合得分	利用投影寻踪方法得到
解释变量	旅游综合竞争力人力	$Thrd$	旅游科技人员规模	旅游 R&D 人员数/人
		Thr	旅游人力资源规模	旅游从业人员数/人
	旅游综合竞争力资本	$Trdr$	旅游科技经费投入规模	旅游 R&D 经费/亿元
		$Sfrd$	科技经费投入水平	科技拨款占财政总支出比重/%
	旅游综合竞争力环境	Trr	旅游发展水平	旅游总收入占 GDP 比重/%
		Tr	旅游产业基础	旅游总收入
		$Pgdp$	经济发展水平	人均 GDP/元
		Stu	教育发展水平	10 万人口中在校大学生数量/人

注：旅游 R&D 经费 = 全社会 R&D 经费数额 × 旅游业产值占国民经济总产值的比值；旅游 R&D 人员数 = 全社会科技活动人员数 × 旅游业从业人员占地区就业人员总数的比值。

（1）旅游综合竞争力人力方面。根据内生增长理论，人力是创新的基本动力（魏守华等，2010）。因此，本研究假设区域旅游综合竞争力人员数量越大，知识积累存量越丰富，旅游综合竞争力产出亦会增大，从而旅游综合竞争力越强。选取旅游 R&D 人员数、旅游从业人员数两个指标加以衡量，分别记为 *Thrd* 和 *Thr*。

（2）旅游综合竞争力资本方面。根据内生增长理论，资本同样是创新的基本动力（魏守华等，2010）。因此，假设旅游综合竞争力资本投入比例越大，区域政府对旅游综合竞争力的重视程度越高，旅游综合竞争力绩效越好，旅游综合竞争力越强。选取旅游 R&D 经费占 GDP 比重、科技拨款占财政总支出比重两个指标加以衡量，分别记为 *Trdr* 和 *Sfrd*。

（3）旅游综合竞争力环境方面。旅游综合竞争力环境包括旅游发展水平、旅游产业基础、经济发展水平、教育发展水四个方面：旅游发展水平方面，葛莱瑟提出产业水平提升引致外部规模经济和知识溢出，进而推动创新能力提升；郁培丽、王超等进一步实证产业水平与创新绩效之间的密切相互关系，因此，假设旅游发展水平与旅游综合竞争力密切相关，选取旅游总收入占 GDP 比重指标衡量，记为 *Tr*。旅游产业基础方面，学者较为统一地认为，产业基础状况对其创新竞争力有重要影响（林寿富等，2017），因此假设旅游产业基础对旅游综合竞争力有显著影响。经济发展水平方面，根据弗曼、魏守华、周业安等的研究，选择人均 GDP 代表地区经济发展水平，记为 *Pgdp*，该指标是衡量地区经济发展水平的常用指标，对区域创新有重要影响，因此假设经济发展水平对旅游综合竞争力有显著影响。教育发展水平方面，学者研究发现（李金华，2017），区域教育投入强度越高，创新竞争力越强，因此假设教育发展水平越高，旅游综合竞争力越强，选取 10 万人口中在校大学生数量作为衡量指标，记为 *Stu*。

基于上述理论分析，构建如下 Tobit 面板回归模型如下：

$$y_{it} = \alpha_0 + \alpha_1 Thrd + \alpha_2 Thr + \alpha_3 Trdr + \alpha_4 Sfrd + \alpha_5 Trr$$
$$+ \alpha_6 Tr + \alpha_7 Pgdp + \alpha_8 Stu + u_{it} + \varepsilon_{it}$$

式中，Y_{it} 为被解释变量，其取值为旅游综合竞争力综合评价得分；*Thrd*、

Thr、*Trdr*、*Sfrd*、*Trr*、*Tr*、*Pgdp*、*Stu* 分别指代旅游综合竞争力人力、资本、创新环境所涉及的 8 个解释变量；α_0 为常数，α_1、α_2、…、α_8 为待估计系数，用于衡量相关因素对旅游综合竞争力的影响强度；u_{it} 为所构建模型的个体效应项，ε_{it} 为随机误差项。

三、我国省域旅游综合竞争力水平与演化特征测度

（一）数据来源

研究样本为我国大陆地区 31 个省、自治区、直辖市（简称为省域）。本研究数据来源于《中国旅游年鉴》（2008 ～ 2017 年）、《中国统计年鉴》（2008 ～ 2017 年）、《中国科技统计年鉴》（2008 ～ 2017 年），以及佰腾专利查询数据库。

（二）省域旅游综合竞争力综合水平评价

利用 Matlab2014a 软件对我国 31 个省市 2007 ～ 2016 年数据分年度进行投影寻踪分析，得到各省市旅游综合竞争力综合评价得分，进而计算得到 2007 ～ 2016 年平均值并排序，结果如表 10 - 3 所示。由表 10 - 3 可知，我国 31 个省市中，有 12 个旅游综合竞争力得分达到全国平均水平以上（经计算全国评价得分平均值为 1.336），占比全国的 39%，可知我国 31 个省市旅游综合竞争力整体水平较低。

分析我国省域旅游综合竞争力评价得分平均值特征，确定如下分类原则，即 $0 \leqslant \sum F \leqslant 0.668$；$0.668 < \sum F \leqslant 1.336$；$1.336 < \sum F \leqslant 2.004$；$\sum F > 2.004$（式中 1.336 为全国平均值，0.668 为全国平均值的 1/2 值，2.004 为全国平均值的 3/4 值），把我国 31 个省市旅游综合竞争力可分为四大类：旅游综合竞争力强型、较强型、一般型、弱型，见表 10 - 4。

（三）省域旅游综合竞争力影响因素分析

首先，利用极差标准化方法对表 10 - 2 中各变量进行预处理，然后在 Stata14 上运行 Tobit 面板回归指令，得到估计结果如表 10 - 5 所示，5 个模型的个体效应标准差（*sigma_u*）和随机干扰项标准差（*sigma_e*）值均较小，说明 5 个模型的拟合效果都较好，适合用于影响因素分析。

表10-3　我国省域旅游综合竞争力评价结果

城市	2007年		2008年		2009年		2010年		2011年		2012年		2013年		2014年		2015年		2016年		2007~2016年	
	得分	排名	得分	排名	得分	排名	得分	排名	得分	排名	得分	排名	得分	排名	得分	排名	得分	排名	得分	排名	平均得分	排名
北京	3.003	1	2.569	2	2.528	2	2.976	1	2.687	2	2.777	1	2.813	2	2.769	1	2.678	4	2.620	4	2.742	1
江苏	2.227	7	2.569	3	2.586	1	2.348	4	2.687	3	2.625	3	2.493	4	2.765	2	2.795	2	2.831	1	2.593	2
广东	2.229	4	2.445	5	2.190	5	2.351	3	2.687	1	2.600	4	2.813	1	2.641	4	2.944	1	2.706	3	2.561	3
浙江	2.232	2	2.569	4	2.401	4	2.342	5	2.687	4	2.774	2	2.614	3	2.646	3	2.724	3	2.434	5	2.542	4
山东	2.229	3	2.570	1	2.483	3	2.356	2	2.503	5	2.567	5	2.383	5	2.589	5	2.676	5	2.717	2	2.507	5
上海	2.227	6	1.950	7	1.952	6	2.002	6	1.967	6	2.000	6	2.068	6	1.926	6	1.917	6	1.935	6	1.994	6
四川	2.227	5	1.952	6	1.944	7	1.879	7	1.937	7	1.945	7	1.884	7	1.821	7	1.729	7	1.803	7	1.912	7
辽宁	1.769	8	1.781	8	1.599	9	1.553	8	1.592	11	1.619	9	1.537	9	1.719	8	1.580	13	1.489	13	1.624	8
河南	1.479	10	1.578	9	1.600	8	1.512	10	1.618	9	1.601	10	1.527	12	1.606	11	1.730	7	1.796	8	1.605	9
湖南	1.533	9	1.552	10	1.443	11	1.539	9	1.614	10	1.578	12	1.530	11	1.606	10	1.730	8	1.794	10	1.592	10
湖北	1.416	11	1.362	12	1.451	10	1.360	12	1.530	12	1.590	11	1.532	10	1.606	12	1.709	12	1.794	9	1.535	11
安徽	1.099	15	1.399	11	1.200	12	1.406	11	1.626	8	1.741	8	1.539	8	1.624	9	1.723	10	1.791	11	1.515	12
河北	1.193	13	1.280	13	1.174	13	1.158	14	1.291	13	1.263	16	1.268	20	1.390	13	1.425	15	1.603	12	1.305	13
云南	1.074	20	1.025	17	0.965	16	1.162	13	1.204	17	1.263	13	1.293	16	1.372	15	1.723	11	1.431	17	1.251	14
福建	1.173	14	1.109	14	1.049	14	1.129	16	1.203	18	1.258	20	1.316	15	1.372	14	1.423	16	1.429	18	1.246	15
重庆	1.091	17	0.998	20	0.964	18	1.126	19	1.203	14	1.263	14	1.420	14	1.367	17	1.580	14	1.431	16	1.244	16
陕西	1.096	16	1.019	18	0.964	19	1.126	18	1.208	19	1.259	19	1.280	17	1.355	18	1.421	17	1.381	19	1.211	17
天津	1.257	12	1.055	15	0.965	17	1.132	15	1.029	20	1.263	17	1.280	19	1.372	16	1.263	19	1.432	15	1.205	18

续表

城市	2007年		2008年		2009年		2010年		2011年		2012年		2013年		2014年		2015年		2016年		2007~2016年	
	得分	排名	得分	排名	得分	排名	得分	排名	得分	排名	得分	排名	得分	排名	得分	排名	得分	排名	得分	排名	平均得分	排名
广西	1.051	21	1.025	16	0.965	15	1.079	20	1.157	19	1.263	18	1.280	18	1.349	19	1.400	18	1.342	20	1.191	19
山西	1.091	19	1.014	19	0.964	20	1.127	17	1.204	16	1.263	15	1.420	14	1.083	21	1.077	21	1.240	21	1.148	20
江西	0.952	22	0.934	21	0.923	21	0.856	22	0.906	22	0.959	22	0.959	21	1.083	20	1.233	20	1.440	14	1.025	21
黑龙江	1.091	18	0.905	22	0.907	22	0.986	21	0.959	21	1.089	21	0.872	23	0.954	22	0.953	23	0.962	24	0.968	22
吉林	0.821	23	0.743	23	0.682	23	0.738	23	0.797	25	0.819	24	0.864	25	0.916	25	0.940	25	1.010	23	0.833	23
贵州	0.551	27	0.616	26	0.558	27	0.700	24	0.716	26	0.808	25	0.867	24	0.949	23	1.071	22	1.148	22	0.798	24
内蒙古	0.696	24	0.619	25	0.605	24	0.654	25	0.803	24	0.884	23	0.892	22	0.919	24	0.946	24	0.950	25	0.797	25
新疆	0.690	25	0.647	24	0.561	26	0.598	27	0.689	27	0.665	27	0.677	27	0.714	26	0.741	26	0.631	26	0.661	26
海南	0.497	28	0.458	28	0.474	28	0.649	26	0.840	23	0.699	26	0.734	26	0.701	27	0.719	27	0.617	27	0.639	27
甘肃	0.679	26	0.583	27	0.568	25	0.522	28	0.526	28	0.567	28	0.565	28	0.560	28	0.611	28	0.583	28	0.576	28
宁夏	0.345	29	0.183	29	0.124	30	0.217	29	0.259	29	0.274	29	0.303	29	0.293	29	0.289	29	0.296	29	0.258	29
青海	0.237	30	0.155	30	0.156	29	0.152	30	0.252	30	0.251	30	0.258	30	0.232	30	0.235	30	0.194	30	0.212	30
西藏	0.089	31	0.044	31	0.064	31	0.084	31	0.159	31	0.186	31	0.162	31	0.139	31	0.157	31	0.182	31	0.127	31
V_t	0.555		0.598		0.607		0.570		0.550		0.533		0.524		0.520		0.513		0.499			

注：当省市得分相同时，以拼音排序进一步排名。

表 10 – 4 　　　　　　　　基于旅游综合竞争力的省市类型划分

类型	城市及增长特征
旅游综合竞争力强型	北京（ － ）***、江苏（ ＋ ）*、广东（ ＋ ）***、浙江（ ＋ ）*、山东（ ＋ ）**
旅游综合竞争力较强型	上海（ － ）**、四川（ ＋ ）*、辽宁（ － ）*、河南（ － ）**、湖南（ ＋ ）***、湖北（ ＋ ）**、安徽（ ＋ ）***
旅游综合竞争力一般型	河北（ ＋ ）**、云南（ ＋ ）***、福建（ ＋ ）***、重庆（ ＋ ）***、陕西（ ＋ ）***、天津（ ＋ ）**、广西（ ＋ ）***、山西（ ＋ ）**、江西（ ＋ ）*、黑龙江（ ＋ ）***、吉林（ － ）***、贵州（ ＋ ）***、内蒙古（ ＋ ）***
旅游综合竞争力弱型	新疆（ ＋ ）、海南（ ＋ ）**、甘肃（ － ）、宁夏（ － ）、青海（ － ）、西藏（ － ）

　　注：（ ＋ ）表示此省市旅游综合竞争力为递增趋势，共有 22 个省市；（ － ）表示递减趋势，共有 9 个省市；* 表示递增（减）幅度为 0.1 ~ 0.2，** 表示递增（减）幅度为 0.2 ~ 0.3，*** 表示递增（减）幅度为 0.3 以上。

表 10 – 5 　　基于 Tobit 模型我国省域旅游综合竞争力影响因素分析结果

变量	模型 1	模型 2	模型 3	模型 4	模型 5
常数项	0.258 ***	0.343 ***	0.198 ***	0.262 ***	0.471 ***
$Thrd$	0.097	－ 0.052	－ 0.010	0.090	0.224 *
Thr	0.064 *	－ 0.206 *	0.206 **	0.108 **	0.179 **
$Trdr$	0.027	－ 0.192	0.005	0.118	0.076
$Sfrd$	0.172 ***	0.304 ***	0.292 ***	0.198 ***	0.198 ***
Trr	0.075 **	－ 0.002	－ 0.1778 ***	0.212 *	－ 0.411 *
Trr	0.023	0.389 **	0.477 ***	－ 0.242 **	0.225
$Pgdp$	0.101 ***	0.154 ***	0.017	0.136 **	－ 0.120
Stu	0.228 ***	－ 0.028	0.280 ***	0.102	0.082
$sigma\_u$	0.175 ***	0.192 ***	0.103 ***	0.168 ***	0.085 ***
$sigma\_e$	0.036 ***	0.018 ***	0.026 ***	0.033 ***	0.054 ***
ρ	0.959	0.991	0.941	0.962	0.712

　　注：模型 1 ~ 5 分别对应整体竞争力模型、竞争力强型模型、竞争力较强型模型、竞争力一般型模型、竞争力弱型模型；星号表示显著性水平，* 表示通过 10% 水平，** 表示通过 5% 水平，*** 表示通过 1% 水平。

　　模型 1 为旅游综合竞争力模型，用来分析我国 31 个省市旅游综合竞争力的影响因素。模型 2、模型 3、模型 4、模型 5 分别用于分析旅游综合竞争力强型、较强型、一般型、弱型 4 类省市的影响因素。由模型 1 可知，8 个因素中有 5 个对省域旅游综合竞争力产生显著影响。对于我国整体省域旅游综合竞争力提升而言，省域教育水平、科技经费投入水平、省域经济发展水平要素的提升极为重要；而且，由于旅游业属于服务业范畴且具有综合性特征，其创新竞争力提升对省域旅游发展水平、省域旅游人力资源规模 2 个要素也表现出一定的依赖性。

由模型 2 可知，8 个因素中有 4 个对省域旅游综合竞争力弱型省市产生显著影响。对于弱型省市而言，其旅游综合竞争力提升要在省域旅游产业基础夯实、省域科技经费投入增加、省域经济发展水平提升等要素方面做出更大努力；而且，鉴于省域旅游人力资源规模要素产生抑制作用，因此可以考虑加强省域旅游从业人员教育培训与结构优化，充分发挥其人力资源规模优势，促进其旅游综合竞争力提升。

由模型 3 可知，8 个因素中有 5 个对省域旅游综合竞争力一般型省市产生显著影响，其中省域旅游产业基础、省域科技经费投入水平、省域教育发展水平、省域旅游人力资源规模要素系数值均大于 0.100，而省域旅游发展水平系数值为负，即产生抑制作用。对于一般型省市而言，其旅游综合竞争力提升要在省域旅游产业基础、省域科技经费投入、省域教育发展、省域旅游人力资源规模等要素方面做出更大努力；而且，鉴于省域旅游发展水平要素产生抑制作用，因此可以考虑充分发挥省域旅游发展的关联带动作用，推动旅游经济与省域经济的协调发展。

由模型 4 可知，8 个因素中有 5 个对省域旅游综合竞争力较强型省市产生显著影响，省域旅游发展水平、省域科技经费投入水平、省域经济发展水平、省域旅游人力资源规模要素系数值均大于 0.100，而省域旅游产业基础要素系数值为负，即产生抑制作用。对于较强型省市而言，其旅游综合竞争力提升要在省域旅游发展水平、省域科技经费投入水平、省域经济发展水平、省域旅游人力资源规模等要素方面做出更大努力；而且，鉴于省域旅游产业基础要素产生抑制作用，因此可以考虑不断提升省域旅游发展质量，延伸其价值链，实现其跨部门、跨行业的包容性、可持续、协调化发展。

由模型 5 可知，8 个因素中有 4 个对省域旅游综合竞争力强型省市产生显著影响，省域旅游科技人员规模、省域科技经费投入水平、省域旅游人力资源规模要素系数值均大于 0.100，而省域旅游发展水平系数值为负，即产生抑制作用。对于旅游综合竞争力强型省市而言，省域旅游科技人员规模、省域科技经费投入水平是其旅游综合竞争力提升的最重要因素，此类省市已经具备旅游综合竞争力专业化的基本条件，可以考虑制定专门的旅游技术创新政策；而且，由于旅游业具有的服务性、综合性特征，其创新竞争力提升对省域旅游人力资源规模要素的依赖性仍较强，此类省市通过教育培训提升其旅游从业人员服务水平和创新能力也极为必要；同时，此类省市的旅游发展规模要素系数值为负，对其旅游综合竞争力产生抑制作用，说明此类省市也存在旅游发展与省域经济发展不协调问题，其旅游综合竞争力提升需要不断增强其旅游发展的关联带动作用，实现其旅游经济与省域经济的协调发展。

四、结论与政策建议

（一）结论

（1）基于规范、全面、数据可得原则，构建省域旅游综合竞争力评价指标体系，应用投影寻踪分析法进行评价，得到 2007～2016 年我国 31 个省市旅游综合竞争力综合水平，实证所构建指标体系的合理有效性。

（2）计算得到我国省域旅游综合竞争力整体水平较低，仅 39% 省市达到全国平均水平以上；空间上存在明显的地区差异，可划分为旅游综合竞争力强、较强、一般、弱 4 种类型；得到旅游综合竞争力强型省市为北京、江苏、广东、浙江、山东；旅游综合竞争力较强省市为上海、四川、辽宁、河南、湖南、湖北、安徽；旅游综合竞争力一般型省市为河北、云南、福建、重庆、陕西、天津、广西、山西、江西、黑龙江、吉林、贵州、内蒙古；旅游综合竞争力弱型省市为新疆、海南、甘肃、宁夏、青海、西藏；整体演化时序上表现出倒"U"型特征，分类型时序演化表现出明显的地区和类型差异，竞争力表现为递增趋势的省市有 22 个，占比我国 31 个省市的 71%，递增幅度较大（0.100 以上）的省市数目较多（高达 21 个），递减幅度较大（0.100 以上）的省市数目相对较少（5 个），分别为北京、上海、辽宁、宁夏、河南、吉林。

（3）考虑旅游综合竞争力人力、资本、环境 3 个方面共 8 个因素对旅游综合竞争力的影响，利用 Tobit 回归分析方法进行分析，得出省域旅游人力资源规模、省域科技经费投入水平是省域旅游综合竞争力提升的最基本影响因素，对应创新生产理论中的创新人才和创新资本投入 2 个基本要素；其次为省域旅游发展水平、省域旅游产业基础、省域经济发展水平、省域教育发展水平、省域旅游科技人员规模等要素，而省域旅游科技经费投入规模要素未产生显著影响。

（二）政策建议

省域旅游人力资源规模、省域科技经费投入水平要素对 4 种类型省市均产生显著影响，说明二者是我国省域旅游创竞争力提升的基本要素，与创新生产理论中的创新人才和创新资本投入 2 个基本要素对应；同时，二者也表现出地区差异性，其中省域科技经费投入的效果对于旅游综合竞争力弱型省市推动作用最好，且随省市旅游综合竞争力水平的提升效果减弱；省域旅游人力资源规模要素也表现出地区差异性，对旅游综合竞争力一般、较强和强型省市产生正向显著推动作用，对旅游综合竞争力弱型省市产生抑制作用；因此，对于 4 种类型省市，要因地制宜地制定相关旅游综合竞争力政策，对于旅游综合竞争力一般、较强和强型省市，应做到扩大省域科技经费投入和省域旅游人力资源规模并重，对于旅游综合竞争力弱型省市而言，一方面应努力扩大省域科技经费投入，另一方面要加大省域旅游从业人员的教育培训和服务水平提升工作，激发其创造力。省域旅游发展水平要素对旅游综合竞争力一般、较强和强型 3 类省市均产生显著影响。省域旅游产业基础要素对旅游综合竞争力弱、一般、较强型 3 类省市均产生显著影响。省域经济发展水平要素对旅游综合竞争力弱、较强 2 类省市产生显著影响。省域教育发展水平要素只对旅游综合竞争力一般型省市产生显著影响，而省域旅游科技人员规模只对旅游综合竞争力强型省市产生显著影响。我国省域旅游综合竞争力各影响要素作用表现出明显的地区差异和类型差异，相关旅游综合竞争力政策的制定要因地制宜。

第三节　基于聚集经济的我国旅游目的地发展战略

中国共产党第十九次全国代表大会的报告明确指出，我们社会的主要矛盾已经转变为人民对美好生活日益增长的需求与发展不足的不平衡发展之间的矛盾。相应地，我国旅游发展的主要矛盾已经转变为人民日益增长的美好旅游体验需求与旅游发展不平衡不充分之间的矛盾，旅游目的地作为满足游客美好体验的空间载体，不断推动目的地发展转型升级具有重要意义。世界各地对旅游业在经济社会发展中的地位日益重视，日本、西班牙、美国、俄罗斯等纷纷制定国家旅游战略，实现旅游可持续发展。

近年来，我国迅速提出了明确的国家旅游发展策略，形成了旅游发展体系的顶层谋划，为新时期我国旅游及相关产业的发展奠定了战略本底和策略支持。旅游国家战略体系的构建将凸显未来日益强大的战略效应。中国旅游业规模不断扩大，已成为新常态下经济增长的新引擎。值得注意的是，在旅游业转型升级的过程中，市场需求将促进从分散到集中的空间格局。逐步形成"主题公园""度假综合体""示范园区"等旅游产业集群。

一、旅游产业培育经济增长新动能战略

旅游业的快速发展直接促进了国民经济的发展。长期以来，"客户群很受欢迎、旅游频率高、需求质量高"将成为中国旅游业发展趋势和旅游业持续快速增长的三大动力。可以说，旅游业正成为越来越多人的正常生活选择。旅游者对一线城市旅游品质的追求越来越成为主流，这种需求升级的趋势将在长期内迅速推广到其他旅游目的地，这是支持中国旅游业和宏观经济发展的重要推动力。旅游业不仅发展迅速，而且还通过"旅游＋文化""旅游＋体育""旅游＋互联网""旅游＋大数据"甚至人工智能的创新整合。生成新产品和服务，改善供应系统，培养新的工业动态。例如，资本驱动的创业浪潮通过经济型酒店、中端酒店、住宿、在线旅游服务、百度地图、出租车软件、特色巴士服务等，除了更多的文化创意和商业创新外，旅游业也越来越倾向于开放的系统。旅游特定产业与非特色产业之间的界限越来越模糊，旅游经济发展的动力越来越大。

二、文化旅游融合战略

首先，结合该地区的优质发展，规划和建设具有旅游特色的小城镇。依托独特的地域文化、地方民俗、历史遗迹、传统工艺、舌尖美食等，打造出风味浓郁、休闲聚集区，具有鲜明的旅游特色，丰富的文化氛围，优美的生态环境。其次，引入国际视野和全球平台，创新旅游文化资本再生产。从文

化旅游的特点到文化旅游体系的价值链，包括景观、活动、产品、品牌等维度，通过以市场为导向的渠道和内容，推广新的消费模式，创造新的本地精神，并掌握未来的消费市场。最后，立足乡土文化和乡土情怀，全面推进农村振兴。传统文化的内在张力表现出永恒生命力的内涵。在当代中国经济变迁引起的"文化转向"背景下，文化传统只有不断更新才能保持强大的生命力。怀旧意识作为一种集体记忆，触发了民族文化意识。乡村旅游已成为中国新型城镇化建设的新途径。

三、旅游外交战略

国务院"十三五"旅游发展规划提出实施旅游外交战略，通过"一带一路"倡议实现国际旅游互联互通，加强民间交流与合作，创新和改善旅游合作旅游外交首先出现在国务院发布的"十三五"规划中，这表明旅游外交将由一个部门提升为国家战略，这将进一步提升旅游业的地位和作用，促进旅游业的交流与合作。一是在边疆国家相似的民族文化和便利的旅游交通的基础上，大力发展"地缘旅游"；二是在旅游资源差异和全国人民互信的基础上，大力发展"互利旅游"；三是大力发展"地缘旅游"。基于中国出境旅游市场的巨大增长优势，发展"援助旅游"；四是在新时期国家战略的基础上，大力发展"援助旅游""文化旅游"。"旅游外交"不仅要"走出去"，还要进来。在完善双边、多边旅游对话机制，建立多层次、多元化的旅游合作平台的同时，要建立全国旅游营销机制。提高国际旅游便利性，完善国际旅游服务体系，增强国际旅游吸引力。旅游业要实现经济互惠、文化交流和国家间的互信。

四、旅游促进乡村振兴战略

乡村旅游作为旅游与农业融合发展的创新业态，对于农村构建现代产业体系、改善农村居住环境、推进乡村现代化治理等方面具有重要作用。要做好乡村旅游发展的顶层设计，推动乡村旅游产品、市场和目的地规划的系统化、规范化，防止乡村旅游无序开发。要充分发挥农村创新创业的积极性，通过引进、培育市场化主体、社会化组织等形式，形成乡村旅游发展的市场活力。要加强旅游政策的创新，在土地、宅基地、集体资产、经营方式等方面加强创新，盘活农村闲置资产，推动乡村旅游大发展。要深入挖掘本地乡村文化、民俗和非物质文化遗产，加强文化和旅游融合，推动乡村旅游产品的文化品牌化，提升乡村农附产品的附加值。

第四节　我国旅游目的地品牌建设与产品创新

旅游目的地品牌研究始于 20 世纪 90 年代晚期，西方关于旅游目的地品牌分析侧重于旅游目的地品牌案例的剖析，包括目的地品牌发展战略与政策设计，目的地市场形象定位和目的地细分市场分析，新媒体技术下的目的地品牌构建和市场推广、品牌管理、目的地品牌资产核算、品牌利益相关者研究等。国内研究侧重于目的地品牌形象定位、目的地品牌设计和建设、目的地独特的身份评价、市场定位主题口号评价、目的地标语策划与推广、旅游形象标志标识设计、城市旅游品牌形象要素分析，国内缺乏对国家的研究。

旅游目的地品牌是通过有形的标语、标识、歌曲、卡通人物等和无形的目的地产业文化、当地老百姓休闲生活文化等打造的区别于其他目的地独特个性的标识。通过社会交往活动和特色旅游产品，建立起游客和目的地之间亲密的互动联系，能够增强游客对于目的地的亲切感和附属感，增强旅游目的地的品牌黏性。

一、我国旅游目的地品牌构建

旅游目的地品牌定位的根本目的是将旅游目的地与提供其他度假选择的其他竞争目的地分开。目的地的所有促销和促销工作都围绕品牌进行并有效地反映出来。并根据这一定义，加强这一定位，分析中国 20 多年来的旅游主题定位（见表 10 – 6）。

表 10 – 6　　　　1992～2018 年中国历年旅游主题定位和宣传口号

年份	旅游主题	宣传口号
1992	中国友好观光	游中国、交朋友
1993	中国山水风光游	锦绣河山遍中华、名山圣水任君游
1994	中国文物古迹游	五千年的风采、伴你中国之旅：游东方文物的圣殿：中国

续表

年份	旅游主题	宣传口号
1995	中国民俗风情游	中国：56 个民族的家；众多的民族、各异的风情
1996	中国度假休闲游	96 中国：崭新的度假胜地
1997	中国旅游年	12 亿人喜迎 97 旅游年：游中国：全新的感觉
1998	中国华夏城乡游	现代城乡、多彩生活
1999	中国生态环境游	返璞归真、怡然自得
2000	中国神州世纪游	文明古国、世纪风采
2001	中国体育健身游	体育健身游、新世纪的选择：游山川、强健体魄等
2002	中国民间艺术游	民间艺术、华夏瑰宝；体验民间艺术、丰富旅游生活等
2003	中国烹饪王国游	游历中华胜境、品尝天堂美食等
2004	中国百姓生活游	游览名山大川、名胜古迹、体验百姓生活、民风民俗等
2005	中国旅游年	2008 北京——中国欢迎你；红色旅游年
2006	中国乡村游	新农村、新旅游、新体验、新风尚
2007	中国和谐城乡游	走进乡村、走进城市、促城乡交流
2008	中国奥运旅游年	北京奥运、相约中国
2009	中国生态旅游年	走进绿色旅游、感受生态文明
2010	中国乡村游	回归自然，休闲度假
2011	中国文化游	游中华、品文化；中国文化、魅力之旅
2012	中国快乐健康游	旅游、欢乐、健康；欢乐旅游、尽享健康；欢乐中国游、健康伴你行
2013	2013 中国海洋旅游年	"美丽中国，海洋之旅""体验海洋、游览中国""海洋旅游，精彩无限"
2014	美丽中国之旅——2014 智慧旅游年	"美丽中国，智慧旅游""智慧旅游，让生活更精彩""新科技，旅游新体验"
2015	美丽中国——2015 丝绸之路旅游年	"游丝绸之路，品美丽中国""新丝路，新旅游，新体验"
2016	丝绸之路旅游年	"漫漫丝绸路，悠悠中国行""游丝绸之路，品美丽中国""神奇丝绸路，美丽中国梦"
2017	旅游促进发展，旅游促进扶贫，旅游促进和平	爱旅游、爱生活
2018	美丽中国——2018 全域旅游年	新时代，新旅游，新获得，全域旅游，全新追求

除了 1997 年和 2005 年的"中国旅游年"外，基本没有重复的主题。中国旅游年的定位很难评价效果，很多没有准确表达有关旅游目的地的讯息。中国国家、地区境外旅游形象宣传和入境旅游推广存在不接地气、渠道不畅等问题，国内过境免签地区之间联动不足。近年来，中国各省市到欧洲来做旅游推介会的活动非常多，仅奥地利金源假期一家华人旅游公司每年收到的相关活动询问就超过 10 余个省市。然而，此类活动可能是政绩表象比实际宣传效果对主办方来说更重要，活动开展往往以推介会为主，推出的产品和活动不符合欧洲游客需要，效果甚微。72 小时过境免签、144 小时过境免签、30 天海南全岛免签对于提升我国入境旅游具有积极意义，但是当前过境免签机场入关往往要 2~3 个小时，便利化不足，同时，过境免签地区如青岛、厦门、海南等之间往往不能联动游览，这限制了境外游客游览中国的积极性。

针对一些我国入境旅游目的地推广中的现实问题，既要研究现阶段的对策，也要进行中长期的谋划。要理顺海外华人旅游产业的生态圈，将游客和导游的合法权益平等对待，保护好游客、导游等弱势群体的权利。管好国内出境组团社这个生态链的源头，规范经营行为，严查国内出境组团社零负团费的现象，对于拖欠华语导游费用等失信企业进行严惩。要重视 72 小时过境免签、144 小时过境免签、30 天海南全岛免签对于入境旅游的重要，加强过境免签入关程序的便利化，利用好京津冀协同发展、长三角经济带、粤港澳大湾区等国家战略实施的契机，积极推动过境免签地区之间的入境游客自由流动，做好一程多站产品开发。要引导我国各地对于入境旅游奖励政策的透明化、公开化操作，让海外华人旅行社以及相关机构能够有的放矢地设计入境旅游产品，实现多赢。

要协调做好欧洲为代表的重点区域华人导游的合法化工作，开展海外华语导游与华人旅行社常态化培训。因为虽然意大利本地导游证难以获得，但是意大利官方是认可中国国际领队证的，即中国领队在意大利带领团组在开放性的户外游览期间，可以合法地进行类似导游的讲解，因此，要利用好 2004 年欧盟与中国签订的 ADS 旅游双边开放协议，在意大利等国家推出"中国领队证"海外服务人员申请与考核的试点项目，并且逐渐在全欧洲乃至全球推广实行。这不仅能有效改变目前欧洲和全球华人旅游工作者没有标准、良莠不齐、鱼龙混杂、缺乏必要质量监管的局面，对中国游客的旅行安全与体验提供有力的保障，同时也可让居住海外的华侨伴随中国的国家强盛获得更多相应的就业机会和经济利益。中国文化和旅游部门要牵头组织海外华语导游和华人旅行社返回中国国内开展专业旅游业务培训，积极设立海外旅游从业人员常规培训和再培训机制，提升海外华人旅游从业者的专业素质。

二、创新我国旅游产品体系

顺应大众旅游对美好生活的诉求，调整旅游产品构成，加快我国从观光旅游产品向观光、度假、休闲并重的旅游产品体系转变，扩展城市旅游的空间，打造精品乡村旅游、民宿经济新产品，加快全域旅游产品体系的打造。

（一）推动传统和非传统旅游资源产品协调开发

积极加快 A 级景区等传统旅游资源产品的升级，用全域旅游的理念优化提升现有景区的基础设施和公共服务。加快国家级旅游度假区、国家公园等现代休闲度假景区的建设，丰富旅游产品的类型。要积极开发文化创意街区、菜市场、图书馆等非传统旅游资源的开发，将时尚、科技等元素加入非传统旅游资源开发中去。

（二）加快休闲度假产品的转型升级

要充分开发顺应我国旅游产业发展阶段和大众旅游需求的休闲度假产品，要利用好山地、海洋、森林、草原等资源，开发出一大批海滨度假、草原休闲、山地度假等产品。要利用好城市、乡村的空间载体，开发出更多满足现代人生活需求的产品。

（三）大力发展乡村旅游和民宿经济

坚持品质化、个性化、专业化的发展方向，推动传统乡村旅游产品的转型升级，在乡村智慧化、乡村精品化上做好顶层设计。加强乡村文化与旅游业的融合深度，大力推行乡村旅游品牌化工程，加快具有个性和文化的民宿经济品牌建设，各地区形成若干精品民宿。实施乡村旅游从业者素质提升计划，通过引智入乡、引才入乡提升乡村旅游人才水平，通过志愿者、技术人员等培训活动提升乡村旅游从业者的素质水平。

（四）提高红色旅游的发展水平

要挖掘红色旅游的市场潜力和文化内涵，培育具有活力的市场主体，建设符合现代年轻人需要的红色旅游产品。要提升红色旅游与体育旅游、温泉旅游、山地旅游、乡村旅游等融合的深度和广度，提升红色旅游产品的综合吸引力。要改造红色旅游的解说系统，形成适合中老年人、年轻人、外国人等不同群体的解说系统，让红色文化更具魅力。要改革红色旅游管理体制机制，发挥红色旅游社会效益的同时，更要发挥好对革命老区的经济带动作用。

（五）加快自驾游、房车旅游的发展

要建立一批自驾游和房车旅游基地，形成若干精品自驾游线路。要完善房车旅游的配套设施，在餐饮、供水点、标识标志等配套设施和服务建设上形成突破，要完善驾驶执照等相关手续，让房车旅游轻松上路。要加强自驾车风景道的建设，特别是在云南、新疆、西藏、青海等地区形成若干主题的风景道品牌。要构建自驾车、房车旅游的产业引导机制和研究报告，引导产业健康发展。

（六）大力发展避暑旅游

避暑旅游是我国新型的旅游类型，具有区域广、产业带动作用大、涉及人群多等特点。要加强避暑旅游城市和服务的标准化体系，满足更多游客高品质服务需求。要形成一批避暑旅游产品品牌和精品线路，开发适合青少年、中老年、家庭游客等不同细分市场的产品。要创新避暑旅游发展机制体制，让避暑旅游形成自发增长的内生动力。

（七）大力发展冰雪旅游

以 2022 年北京张家口冬奥会为契机，发展京张冰雪文化旅游带和奥运遗产旅游区。大力发展寒地冰雪经济，推动吉林、黑龙江、内蒙古等政策创新，创建若干国家级冰雪旅游示范区。要实施冰雪旅游景区精品工程，通过建设一批国家级滑雪场、冰雪旅游景区、特色冰雪村落等，引领地方冰雪旅游跨越发展。加强冰雪旅游的国际化交流合作，推动西方发达国家滑雪装备、技术、管理等与我国滑雪市场互换计划，加速我国冰雪旅游强国建设步伐。

第五节　我国旅游目的地公共服务体系完善

随着我国经济的快速发展，旅游活动日益普及、分散和规范化。人们对旅游目的地旅游公共服务的需求不断上升。加强旅游公共服务功能已成为提高旅游业效率的重要手段。旅游目的地公共服务建设是建设服务型政府的必然要求，是建设中国旅游强国的必然选择。旅游目的地公共服务建设研究不仅对提高旅游目的地的竞争力和影响力具有积极作用，而且对旅游公共服务的科学建设具有重要意义。要加强土地等重要生产要素的政策创新，以土地创新增强旅游产业发展效率和质量。

一、加强全域旅游服务体系的建设

全域旅游服务区即为在国道、省道、通景区道路等非高速公路上建设六位一体的旅游服务区，集旅游咨询、旅游餐饮、加油站、旅游厕所、景区游览、旅游购物等功能于一体。大力建设全域旅游集散中心服务体系，各省、市、县区必须建设旅游集散中心，并配备省、市集散中心通往县集散中心通往各景区两条线路，以全面推进旅游配套建设。以机场、高铁站、长途客运总站为依托，建设一级全域旅游集散中心；以各县区客运站为依托，建设二级全域旅游集散中心；以旅游强乡镇客运停靠点或重点景区为依托，建设三级全域旅游集散中心。在公共交通枢纽、主要景区、商业中心等旅游者集中场所设立全域旅游咨询服务中心。

（一）旅游厕所体系建设

实施旅游厕所建设与提升工程，使各地主要旅游度假区、饭店、旅游城镇、风景道沿线的旅游厕所达到国家星级旅游厕所标准。响应国家"厕所革命"行动，在我国的旅游景区景点、旅游风景道沿线、旅游集散中心、旅游度假区、旅游餐馆、特色小镇和民俗乡村、旅游娱乐场所、休闲步行区等的旅游厕所要达到优良标准，积极采用节水、节能、除臭新技术、新材料，适应地区大规模、大流量游客需求，发展"免冲式厕所""生态厕所"。厕所整体要达到"数量充足、干净无味、实用免费、管理有效"的要求；具体建设过程中要简约、卫生、实用、环保，反对豪华。对现有不合格的厕所，进行整治。

增加旅游厕所的投入，按照全域旅游创建导则，科学合理安排厕所体系，外观应与周围景区景观协调，力求新颖、美观、大方，特色要鲜明。化粪池修建应符合环保及卫生防疫要求，旅游厕所的建筑及装修符合环境保护要求达到验收标准。创建第三卫生间，打造厕所文化、厕所联盟、探索以商养厕的新模式。旅游厕所突破公共服务设施的局限，根据所在区域的发展主题，将设施变成景观，实现功能化和景观化的高度融合，实现"厕所革命的突破"，厕所也可以成为旅游吸引物。

（二）旅游标识体系建设

旅游标识标牌体系建设要形成形象识别标志、交通引导标志、景区标识、服务提醒标志四大标志体系，努力形成中国旅游的良好形象，引导广大游客快速便捷地寻找到目的地和景区，方便游客快乐出行，保证广大游客的安全。

（三）智慧旅游体系建设

在各地现有信息数据库的基础上，我国要通过标准化予以引导和整合，建成我国旅游公共信息服务平台和公共信息数据库。逐步建立政府和市场双轮驱动的旅游信息采集机制，及时准确全面地采集旅游及涉旅行业基础信息，打通企业、政府、游客信息终端各环节，做到及时更新、实时发布。

（四）旅游住宿体系建设

引导发展星级酒店，提升星级酒店服务品质，鼓励经济型酒店发展；鼓励发展度假酒店和特色文化主题酒店，并依托传统村落民居特色改造，鼓励大力发展特色精品民宿和乡村客栈。引导发展汽车营地、露营地、帐篷宾馆、房车等新业态。优化住宿业布局，建设布局合理、组配合理的住宿接待服务体系。丰富我国旅游接待体系，形成层次化、差异化、主题化、特色化、体验化的住宿体验格局，重点打造特色农家乐、高端度假酒店、精品主题民宿、汽车帐篷营地、木屋营地住宿、国际精品酒店等特色住宿设施。

（五）旅游餐饮体系建设

以特色鲜明、经济实惠、安全卫生、布局合理为原则。形成由"街区、餐饮店、餐饮点"的相互构成的、点线面层次鲜明的餐饮布局空间体系。餐饮业要突出特色，推行认证，强化监管。重点推出我国"非吃不可"十大美食系列和我国"八大特色养生宴"系列。旅游餐饮体系建设突出了地方特色，推动"餐饮＋文化＋娱乐"等复合多样化发展，构建若干地方特色的餐饮博物馆、综合体。实施"老品牌""老字号"工程，发挥好行业示范作用。形成品牌体系，全面提升品位，引导和支持各地精品食品的发展，打造中国名牌宴会品牌，推向市场。举办我国美食节，我国烹饪竞赛。出版《我国美食旅游地图》，激发旅游餐饮消费潜力。

（六）旅游购物体系建设

扎实推进旅游商品工作，着力开发具有艺术性、实用性、创新性、纪念性的中国特色旅游商品，培育旅游商品企业，培育中国不同地域特色鲜明的商品品牌。加强免税商品和购物体系建设，倒逼中国旅游商品走品牌化之路。引导鼓励多元主题化购物业态：依托未来产业发展特色，积极发展多元化主题性购物业态，例如婚庆主题、艺术主题、养生养老主题、田园主题、运动主题等业态产品，并以主题精品店、体验坊、体验柜等形式推出。积极引入和打造高品质的购物品牌：积极引入中高端休闲购物品牌，提升旅游产业品质，加强我国商品品牌建设，由政府带头构建良好的营销平台。注重形象包装，提升品牌识别度。

（七）旅游娱乐体系建设

形成田园观光、运动健身、休闲农业、民俗体验、文化创意、滨水休闲、养生度假、节庆活动等特色休闲娱乐活动，构建我国旅游娱乐体系。要从突出地方特色、推进业态创新、培育优质主体等几个方面进行提升。办好文化旅游节会活动，开发大型旅游演艺精品，发展戏曲、武术表演等富有我国文化特色的文化旅游娱乐产品。改革现有旅游演艺团队，加强市场化运作机制，释放新的市场活力。引导茶馆、酒吧、咖啡厅、会馆等城市第三空间的文化特色休闲项目的开展。推出城市和景区的夜游产品，打造以夜市、夜场、夜景、夜店等为代表的经济类型，延长游客及市民夜间的消费时长，营造城市的夜生活氛围。重点优化提升4A级以上旅游景区夜游体验项目。

（八）旅行社服务体系建设

按照"稳定数量、扩大规模、提升品质"的要求，培育一批规模、实力强的龙头企业和集团企业，建立批发商、代理商、零售商的销售网络体系。积极引进品牌国际旅行社，探索联合重组，优势互补。加快建设游客招揽体系建设，支持大型旅行社依靠市场优势和供给链优势，进行兼并重组，走专业化发展之路。加强与国内大旅行社合作，加强旅游产品线路创意开发，加强与外地旅行社合作，分批在重点客源地、旅游区、社区建设游客中心、服务中心、咨询中心开发组织和服务。以进一步优化和平衡组团、地接关系为目标，通过市场机制，实现旅行社的健康持续发展。以"大型旅行社集团化、中型旅行社专业化、小型旅行社网络化"为发展路径。加大对人才的培养和管理，发展旅游职业教育，与我国大学、我国职业技术学院合作，扩大旅游职业教育规模，提升旅游职业教育水平。

二、以旅游就业统计完善为入口推动大国旅游统计体系建设①

我国旅游业正从"摸着石头过河"阶段向科学发展阶段演进。可靠、完备的旅游统计数据是我国迈向世界旅游强国进行科学顶层设计的基础，也是政策制定者自我纠错、产业自发成长的依据，更是我国千千万万旅游研究者提升全球学术话语权的资料支撑。旅游业是劳动密集型产业，它的低门槛、季节性等特征为第一次进入劳动力市场或者众多低技能的劳动者提供了就业机会，同时，旅游业也为家庭妇女、长期失业者、少数民族、老年人等群体提供了工作岗位。旅游是围绕人开展的社会经济活动，供给和需求的主体都是人，在一定意义上，旅游劳动力市场状况决定了旅游业的发展质量，统计好国内权威、国际兼容的旅游就业数据对于旅游业健康持续发展至关重要。

从现实看，我国开始认识到旅游就业数据的重要性。在机构设置上，我国成立了国家旅游局数据中心，从国家层面组建大国旅游战略下的旅游统计专业化人才队伍。在权威资料出版上，2014 年中国旅游统计公报中发布了旅游就业的总量数据，这在历史上尚属首次。在旅游产业引导政策上，国家旅游局将旅游就业指标作为创建国家全域旅游示范区的重要标准，优先支持旅游业对本地新增就业贡献率达到 20% 以上的地区。在区域旅游定位上，全国31 个省区市均提出要把旅游业打造成支柱产业，其中 24 个省区市提出要建设成战略性支柱产业。大国旅游产业体系已经由共识走向实践，但是与大国旅游地位相适应的旅游就业统计体系还处于起步阶段，国内只是初步核算了旅游就业的总量数据，缺乏反映旅游就业总量和质量的结构性、系统性的综合数据，构建与我国旅游经济总量和地位相符的大国旅游就业统计体系迫在眉睫。

当前，我国旅游就业统计体系严重滞后于大国旅游产业实践。国内旅游就业统计和测算方面存在较多亟须解决的问题：一是就业指标较为单一，缺

① 韩元军，徐涵. 构建开放的大国旅游就业统计体系 [J]. 中国旅游评论，2016（4）：13 – 17.

乏相对完整的指标体系，当前的旅游就业指标体系仅仅核算直接就业、间接就业的总量指标，缺乏分层次、分类别的关于就业质量和就业结构的指标，工资水平、工作强度、就业人员素质、性别比例、年龄结构、工作流动性等指标均没有体现；二是现有就业数据核算的科学性有待加强，我国最新的旅游业统计公报显示，2014 年旅游直接就业为 2 779.4 万人，旅游直接和间接就业为 7 873 万人，测算方法基于统一性假定的前提条件，也就是"某旅游特定产业销售给游客的产品和服务占比，与该产业就业人员中属于旅游就业的比例相等"，由于旅游业周期性、季节性等行业特征，在没有抽样调查等方法支撑基础上，通过统一性假定测算出来的旅游就业数据仅能作为参考，权威性和科学性需要进一步加强；三是就业数据涵盖单位的局限性强，现有旅游就业数据往往主要来源于旅游局主管的旅行社、星级酒店和 A 级景区等类型的企业，既没有有效覆盖非星级酒店、非 A 级景区以及旅游交通等旅游企业，也没有覆盖乡村旅游、红色旅游、邮轮旅游等类型的新业态，更没有核算政府部门、非政府组织、上市公司、协会、学校等类型多样的部门；四是就业数据的来源较为单一，现有分行业旅游就业数据可以在《中国旅游统计年鉴（副本）》中查到，这是数据主要来源于各地方从旅行社、星级酒店和 A 级景区自行申报获得的就业总量数据，企业抽样调查、人口普查、家庭抽样调查、家庭劳动力调查等国外常用的旅游就业数据获取方式在国内并没有使用；五是就业数据统计的连续性较弱，特别是统计类别没有保持连贯性，我国早期以入境旅游为主的模式使得旅游就业统计以国际旅游就业人员为主，随着 1999 年国内旅游的爆发式增长，2000 年我国开始统计整个旅游业就业人数，而不再统计国际旅游就业规模，就业类别也发生了明显改变，从旅游企业就业统计类型看，随着时间变化要统计的企业类型也在不断改变，2000年开始以旅游住宿设施项目（包括星级饭店、社会旅游和个体旅馆等）取代旅游涉外饭店项目，并增加了旅游车船公司、旅游景区两项，2001 年后删除了旅游车船公司和旅游景区两项，只统计旅行社、旅游住宿设施、其他旅游企业，近年来则变为统计旅行社、星级酒店和旅游景区三类，旅游就业统计的企业类别连贯性不足导致纵向可比性较差；六是就业数据兼容性没有很好体现，与国内其他服务行业兼容性较差，与国外主要国家旅游就业数据兼容更无从谈起，无法有效将旅游就业与国内外进行横向和纵向比较。

　　只有坚持问题导向才能更好推进我国现代旅游就业统计体系的建立。当前，我国正进入全面深化改革新阶段，国家也正开展旅游行业统计革命，努力构建适应大旅游需要的符合战略性支柱产业地位的大国旅游统计体系，旅游作为围绕人开展的经济社会活动，就业统计体系的重要性不言而喻。大国旅游就业统计体系不同于小国，涉及指标体系更加复杂，劳动力结构更加多元化，政策含义更加丰富，旅游就业统计与核算需要系统地设计和推进。在掌握旅游就业统计工作已有问题的基础上，我们也要充分了解大国旅游就业统计体系构建过程中面临的诸多挑战，由于旅游产业关联性强，涉及产业众多，既有直接服务于游客的旅行社、景区等，又有同时服务于居民和游客的交通、餐饮等行业，旅游就业人数既可能过多估算也可能过少估算，同时，旅游就业具有高度流动性、季节性、兼职人员多、非正式就业多等特征，因此，构建科学的旅游就业统计体系不仅在我国，在世界都是个难题。

　　大国旅游就业统计体系需要兼顾科学性、完备性、连续性以及国际兼容性特征，完整的体系涉及统计指标完善、测算框架建立、数据来源体系搭建、统计协调机制设计等。我国要以开放和共享理念重构现有旅游统计指标体系，在此基础上，建立领域完善、方法科学、标准规范的旅游就业统计调查系统，建立国内权威、符合国情、国际兼容、前瞻性强的旅游就业核算体系，同时，构建操作方便、方法科学的数据采集系统，为服务好政府科学决策提供保障。为此，第一，需要构建大国的旅游就业指标体系，该体系能反映旅游就业的总量特征、发展质量、结构状况、变化趋势等，具体指标既包括直接和间接就业总人数等总量指标，又包括薪资水平、劳动生产率、劳动者素质、劳动强度、劳动流动率等质量指标，还包括年龄结构、性别特征、城乡差异等结构指标；第二，构建符合国情、国际兼容的旅游就业核算框架，国际上目前通用的有三个框架，分别是旅游卫星账户（TSA）、经济合作与发展组织就业框架（OECD EM）、2008年旅游统计的国际建议（IRTS 2008），这三个框架各有利弊，侧重点不同，中国作为旅游经济大国，可以吸收三个框架体系的优点，从大旅游角度构建符合中国特色的大国旅游就业核算框架；第三，构建科学、便捷的就业数据采集系统，该系统要体现多元化，既要有旅游行政管理部门自建的企事业单位样本抽样调查、旅游部门就业年度上报等数据来源，又要积极将就业数据纳入全国人口普查、全国经济普查、第三产业普查等国家经济社会普查体系中，还要形成农业、林业等部门提供的旅游就业的数据来源；第四，构建覆盖旅游各个部门的大旅游就业体系，除了旅游行政部门管理的旅行社、星级酒店、A 级景区的就业数据，还要将旅游交通、农家乐、社会酒店、非 A 级景区等企业以及高校、政府部门、非政府组织等所有涉旅部门纳入其中；第五，做好旅游就业数据统计的协调机制设计，在全国层面做好顶层设计，形成以国家旅游局数据中心为核心，地方旅游数据中心为节点，构建自上而下与自下而上相结合的数据采集协调机制，积极采用世界旅游组织与国际劳工组织的旅游就业测算的指导意见，做到国内特色与国际兼容相统一，旅游部门要充分利用好国务院旅游工作部际联席会议制度，将包括就业统计在内的议题尽快纳入国家和地方联席会议的重要议题，在此基础上，加强与统计、农业、体育、文化等涉旅部门的协调配合，构建大旅游统计齐抓共管的格局。

|第十一章|
以现代旅游治理体系提升政府旅游管理效率

第一节 用发展方式倒逼旅游管理体制改革

随着经济的发展，旅游业在国民经济中的地位越来越重要。但是，随着目前旅游产业的重要性不断提升、旅游业中乱象不断、管理体制机制问题凸显等问题要求我们必须采用发展的眼光倒逼体制改革，以责任落实、问题解决、目标实现为强有力约束，引导改革方向，规范改革措施，推动改革不断深化。

一、旅游产业在国家产业体系中的地位迫切需要改革

当前，旅游产业已经成为我国文化、经济的重要组成部分，在国家发展中具有重要地位。突出表现在以下几个方面。

（一）旅游产业已成为国家经济的重要增长点

当前，我国旅游业发展的速度远高于 GDP 增速，也远远高于许多其他的经济社会发展指标。从表 11 - 1 可以看出，2014～2018 年全国旅游产业总收入逐年上升，5 年时间内由 2014 年的 3.73 万亿元上升至 2018 年的 5.97 万亿元，对 GDP 的综合贡献由 6.61 万亿元上升至 9.94 万亿元，占 GDP 总量分别由 10.39% 上升至 11.04%；直接就业和间接就业人数逐年增加，分别稳定在 2 800 万人和 7 900 万人左右，占全国人口总就业的 10.2% 左右。从数据可以看出，旅游产业已经成为国家经济的重要增长点，在整体经济增速放缓的大背景下，旅游经济成为拉动国家经济增长的新引擎，其重要性毋庸置疑。2017 年国家加大供给侧改革，不断地对过剩产能进行化解，进而带来了大量产能过剩行业人员的失业，与此同时，我国每年新增高校毕业生约 800 万人，近年来面临着重大的就业压力。旅游产业的高速发展直接拉动就业，创造了

成千上万的就业创业岗位，缓解就业压力，带动就业，为就业和社会稳定做出巨大贡献。

表 11 - 1　　　　　　　2014～2018 年旅游产业发展总体情况

年份	总收入（万亿元）	GDP 综合贡献（万亿元）	占 GDP 总量（%）	直接就业（万人）	直接和间接（万人）	占全国就业总人口（%）
2014	3.73	6.61	10.39	2 779.4	7 873	10.19
2015	4.13	7.34	10.8	2 798	7 911	10.2
2016	4.69	8.19	11.01	2 813	7 962	10.26
2017	5.4	9.13	11.04	2 825	7 990	10.28
2018	5.97	9.94	11.04	2 826	7 991	10.2

资料来源：2014～2018 年中国旅游业统计公报。

（二）旅游产业已成为人民群众对美好生活向往的重要载体

当前，我国人民已经解决了温饱问题，正处于全面进入小康社会阶段，旅游作为人们满足生活所需、体现对美好生活向往的载体发挥了重要作用。表 11 - 2 可以看出，2014～2018 年国内旅游人数逐年上升，5 年时间内由 2014 年的 36.11 亿人次上升至 2018 年的 55.39 亿人次，城镇居民旅游人数从 24.83 亿人次上升至 41.19 亿人次，农村居民旅游人次由 11.28 亿人次上升至 14.20 亿人次；国内旅游收入由 2014 年的 3.03 万亿元上升至 2018 年的 5.13 万亿元，城镇居民花费由 2.42 万亿元上升至 4.26 万亿元，农村居民花费由 0.61 万亿元上升至 0.87 万亿元；中国公民出境旅游人数由 2014 年的 11 700 万人次上升至 2018 年的 14 972 万人次。

表 11 - 2　　　　　　　2014～2018 年国内旅游发展总体情况

年份	国内旅游人数（亿人次）	城镇居民旅游人数（亿人次）	农村居民旅游人数（亿人次）	国内旅游收入（万亿元）	城镇居民花费（万亿元）	农村居民花费（万亿元）	中国公民出境旅游人数（万人次）
2014	36.11	24.83	11.28	3.03	2.42	0.61	10 700
2015	40.0	28.1	11.9	3.42	2.76	0.66	11 700
2016	44.4	31.95	12.40	3.94	3.22	0.71	12 200
2017	50.01	36.77	13.24	4.57	3.77	0.80	13 051
2018	55.39	41.19	14.20	5.13	4.26	0.87	14 972

资料来源：2014～2018 年中国旅游业统计公报。

（三）旅游产业已成为大国崛起与国家形象塑造的重要渠道

进入 21 世纪以来，国家高度关注大国崛起和国家形象塑造。近年来，海外对中国整体形象好感度持续上升，国家形象在海外得到高度的认可。旅游产业在不断提升经济的同时，也在国家形象塑造方面发挥了重要作用。近年来，来华旅游的人数逐渐增多，旅游产业的发展，更有利于向国际社会展示中国形象，通过讲述好中国新征程故事，传播好中国新时代声音，让国际社会了解一个真实、立体、全面的中国。从表 11 - 3 可以看出，2014 ~ 2018 年入境旅游总人数从 12 850 万人次上升至 14 120 万人次，其中外国人入境旅游人数由 2 636 上升至 3 054 万人次，说明随着中国的崛起，我国的旅游产业蓬勃发展；香港同胞入境旅游人数由 2014 年的 7 613 万人次上升至 2018 年的 7 937 万人次，澳门同胞入境旅游人数由 2014 年的 2 064 万人次上升至 2018 年的 2 515 万人次，台湾同胞入境旅游人数由 2014 年的 537 万人次上升至 2018 年的 614 万人次。与此同时，入境过夜数也在持续增长，说明旅游产业的吸引力逐年加大，进而带来了更多的旅游收入。其中，入境过夜总人数由 2014 年的 5 562 万人次上升至 2018 年的 6 290 万人次，外国入境过夜人数由 2014 年的 2 081 万人次上升至 2018 年的 2 364 万人次，香港同胞入境过夜人数由 2014 年的 2 587 万人次上升至 2018 年的 2 820 万人次，澳门同胞入境过夜人数由 2014 年的 421 万人次上升至 2018 年的 553 万人次，台湾同胞入境过夜人数由 2014 年的 473 万人次上升至 2018 年的 553 万人次，国际旅游收入由 2014 年的 1 054 亿美元上升至 2018 年的 1 271 亿美元。

（四）旅游产业已成为"一带一路"发展的重要纽带

2013 年 9 月和 10 月由中国国家主席习近平分别提出建设"新丝绸之路经济带"和"21 世纪海上丝绸之路"的合作倡议，致力于通过古代"丝绸之路"的历史符号，积极发展与沿线国家的合作伙伴关系，通过贸易往来与人文交流等共同打造共同体。目前，"一带一路"已成为我国区域合作的重要战略和平台。其中，旅游产业发挥了重要作用。从表 11 - 4 可以看出，2014 ~ 2018 年境外游客数量逐年增大，由 2014 年的 2 636.1 万人次增加到 4 795 万人次，其中亚洲游客人数由 2014 年的 62.1% 上升至 76.3%，说明"一带一路"政策引领下旅游产业取得了较大的成功，同时旅游产业也为"一带一路"注入了新的活力。在旅游目的选择方面，会议商务占比逐年下降，

表 11-3

2014~2018 年入境旅游发展总体情况

年份	入境旅游人数总人数（万人次）	外国人入境旅游人数（万人次）	香港同胞入境旅游人数（万人次）	澳门同胞入境旅游人数（万人次）	台湾同胞入境旅游人数（万人次）	入境过夜总人数（万人次）	外国人入境过夜人数（万人次）	香港同胞入境过夜人数（万人次）	澳门同胞入境过夜人数（万人次）	台湾同胞入境过夜人数（万人次）	国际旅游收入（亿美元）
2014	12 850	2 636	7 613	2 064	537	5 562	2 081	2 587	421	473	1 054
2015	13 382	2 599	7 945	2 289	550	5 689	2 029	2 709	467	484	1 137
2016	13 800	2 815	8 106	2 350	573	5 927	2 165	2 772	481	509	1 200
2017	13 948	2 917	7 980	2 465	587	6 074	2 248	2 775	522	529	1 234
2018	14 120	3 054	7 937	2 515	614	6 290	2 364	2 820	553	553	1 271

资料来源：2014~2018 年中国旅游业统计公报。

表 11-4

2014~2018 年境外游客来源及目的类别总体情况

年份	外国游客人数（万人次）	亚洲占比（%）	美洲占比（%）	欧洲占比（%）	大洋洲占比（%）	非洲占比（%）	会议商务占比（%）	观光休闲占比（%）	探亲访友占比（%）	服务员工占比（%）	其他占比（%）
2014	2 636.1	62.1	11.8	20.8	3.1	2.3	20.5	33.9	2.3	12.5	30.9
2015	2 599	64.0	10.4	18.8	3.0	2.2	20.7	31.7	3.1	13.5	31.0
2016	3 148	67.5	10.7	17.3	2.6	1.9	18.4	33.4	3.1	15.0	30.1
2017	4 294	74.6	8.2	13.7	2.1	1.5	13.3	37.1	2.6	14.8	32.3
2018	4 795	76.3	7.9	12.5	1.9	1.4	12.8	33.5	2.8	15.5	35.3

资料来源：2014~2018 年中国旅游业统计公报。

服务员工逐年增加，其他占比逐年增加，说明旅游目的呈现出较大的多元化。

二、旅游产业自身问题迫切需要改革

（一）体制机制方面

长期以来，我国政府旅游管理机构的设置、职责与其管辖内容相比，长期处于"小马拉大车"的局面。在实际工作中，难以对旅游所覆盖的所有事务进行管理，甚至出现遇到问题需要求助于其他部门动用执法权进行执法。对于旅游行政管理部门来说，最大的难题是没有执法权，因此对于涉及执法的问题，只能通过与有执法权的部门进行合作解决，造成了效率的下降。以乡村旅游为例，分别涉及国土、农业、林业、工商等多个部门，相应的权利也集中在这几个部门，旅游部门貌似对所有的旅游事务都能进行管理，但事实上均无法管理。因此，体制机制问题迫切需要进行改革。

（二）旅游乱象频出倒逼改革

长期以来，旅游乱象都成为引爆舆论的热点，使得旅游业、旅游地甚至旅游者本身都遭受了巨大损失。以 2018 年为例，雪乡"宰客"事件暴露出部分旅游服务人员发展短视、政府监管缺位问题；张掖丹霞被踩踏、茶卡盐湖变垃圾场暴露出景区管理问题；携程旅游在线杀熟宰客问题暴露旅游行业潜规则问题；南昌喜来登酒店脏浴巾"一抹到底"暴露行业协会、卫生部门消费者协会、旅游管理协调度不够的问题；马蜂窝虚假点评和华住酒店客户信息泄露暴露管理部门对新业态管理乏力的问题；陕旅集团景区低俗营销暴露旅游景区监管问题。

站在旅游产业发展的全局来看，旅游开发无疑是个多重因素纠缠而成的综合问题，涉及所有权与经营权的关系、多部门之间的运行整合以及相关主体之间利益的合理分配等。发展中的新问题只有在改革中能解决。因此，《"十三五"旅游业发展规划》将"推进旅游综合管理体制改革"放在重要位置，明确要求旅游业的管理要采取跨部门合作常态化运行，从而使推动旅游业持续发展的动力得以释放。

三、国内旅游体制改革实践及存在问题

（一）国内旅游体制改革实践

针对国内旅游市场仍不甚规范、旅游管理体制机制落后的问题，迫切需要深化改革。2017 年，《"十三五"旅游业发展规划》中，把"推进旅游综合管理体制改革"放在了深化改革的首位。全国各省、自治区和直辖市党委政府均在积极探索建立适应大旅游、大产业、大市场要求的旅游宏观管理体制，主要实践内容包括：

成立省旅游发展委员会。截至 2018 年 2 月，国内先后有 25 个省（区、市）成立了旅游发展委员会，其目的是希望能够通过发展来倒逼旅游体制机制改革，进一步增加旅游发展的动力和活力。在机构设置上，传统的旅游局改变为旅游发展委员会，由原来的政府直属机构转化为政府组成部门，其管理职能得到了释放，可在多个部门之间进行协调，共同推进产业的发展。

综合协调职能得到了有效地增强。新成立的省级旅游发展委员会均增加了其综合协调职能，希望从统筹、监督、审核、开发、监管、决策等角度进行与其他部门的沟通协调，进一步解决部门之间分割管理、效率低下的问题。

（二）体制机制改革中存在的问题

一是"局改委"仍只是表面上的改革。目前，大多数省份的"局改委"只是进行了名称的改变和简单的机构整合。涉及旅游的各项职能、审批权依然集中在各个部门之中，并未对整个旅游业管理体制改革有根本性的转变。二是机构职能与设置尚不合理。目前省级部门内设机构一般为办公室、综合协调处、财务统计处、政策法规处、产业促进处、规划发展处、公共服务处、市场开发处、行业管理处、文化会展处、旅游消费促进处、人事教育处等。看似包含了各个方面，但最关键的是与其他部门的职责边界并未得到确认。

四、发展倒逼旅游体制改革的对策建议

（一）创新工作机制

一是建立综合协调会议制度。在省级、市级、县级旅游发展委员会中应加快建立兼职委员制度，将发改、财政、交通、国土、住建、工商、应急等职能部门主要领导列为兼职委员，建立常态化例会制度、设立应急反应机制，

对突发事件进行迅速回应，充分发挥其协调能力，对发展中出现的问题进行及时的调整。二是建立考核制度和问责机制，对旅游产业发展中涉及的相关部门进行考核，对不作为或相互推诿的情况进行及时的问责。

（二）以文件的形式对职责进行确定

要明确文化和旅游部门的行政边界，明确行政职责和分工，明确权利的边界，政府部门要在旅游顶层设计、旅游政策制定、旅游规划编制、旅游公共服务提供、旅游市场秩序维护、旅游营销、旅游产品打造等方面积极作为，市场能做的政府积极放手，发挥好政府部门和市场的协同作用。

（三）对行业协会进行规范化指导

指导各级涉旅行业协会，如旅游协会、酒店协会、旅游景区协会、旅游商品协会等建立旅游行业协会联合体，搭建大平台，形成既有专业性，又能发挥优势互补的作用。与此同时，推动政府部门的职能转移和权力下放，加强对行业协会的规范化指导，形成共同促进旅游业发展的合力。

第二节　以现代化理念推进我国旅游市场治理体系构建[①]

建立与我国大国地位相称的现代旅游市场治理体系，关键在于实现政府主导、社会协调、公众参与、法治保障的社会治理体系，其核心在于精细化治理和全民共建共享。

一、旅游产业的高速发展迫切需要大国旅游市场治理体系

目前，我国旅游业在出入境旅游方面发展迅速，在出境旅游消费方面处于世界第一位，在入境旅游接待人数方面处于世界第四位，面对庞大的国际旅游市场，如何提高旅游产业软硬件，从制度规范、便捷服务、营商环境等方面建立完善的旅游市场治理体系显得尤为重要，旅游市场治理对打响品牌、提高我国旅游国际竞争力具有重要作用。

---

① 韩元军. 构建现代化的大国旅游市场治理体系 [N]. 中国旅游报, 2017 – 08 – 08 (3).

二、提高治理能力推进市场治理体系建设

（一）观念上从"管理"转向"治理"

对于旅游市场而言，传统的政府行政部门多从管理的角度展开，政府部门多以行政命令对旅游市场进行种种规定。但是，由于旅游市场的复杂性和特殊性，单一的旅游部门难以对其进行有效的管理，进而出现了一系列的矛盾。随着人民群众权利意识的不断提升，旅游从业者组建各类社会组织的不断增加，旅游市场新业态的不断出现，传统的"管理"模式出现了越来越多的弊端，导致越管问题越多，越管越复杂。因此，相关政府部门应充分依托人民群众、社会组织和各类市场主体，抛弃传统的管制行为，针对问题进行积极的沟通、协商，与各方共同制定各类契约进行行为的约束，最终促使各类利益相关者形成利益共同体，达成各类合作，实现国家治理的自组织良性发展。

（二）充分发挥市场调节的作用

在传统的政府管理中，市场在资源配置中的作用较低；随着改革开放的不断深入，市场在资源配置中的作用不断涌现，其重要性不断提升，目前处于起决定性作用的阶段，旅游市场由于其市场化程度较高，其决定性作用更为明显。随着市场调节重要性的不断提升，政府对市场的态度也处于一个不断变化和深入的过程。因此，政府部门需要不断地对自身进行改革，探索政府和市场的关系，减少对市场的各类管制和干预，充分发挥市场在资源配置中的自我调整功能，提高旅游市场治理体系的建设水平。

（三）建立功能明确的多元化治理队伍

旅游市场的组成多样，分别包括了政府部门、相关企业、各类社会组织、社区、相关从业人员和游客。因此，仅凭政府部门单一的对其组成进行管理难以开展工作，需要对相关组成部分进行组织并进行治理。一是建立分工明确的多元化治理队伍，政府部门从规划制定、立法、执法和监管等方面持续发力，充分行使其相关权利；相关企业从完善自身管理水平、建立服务型企业、维护旅游市场正常制度角度久久为功；相关社区充分发挥其维护、管理能力，对社区内的旅游硬件设施进行管护，对旅游便捷性等软件进行系统提升；大力发挥行业协会等社会组织的功能，对企业、从业人员进行系统化的

治理，如对酒店、旅游景点、导游及游客进行相关的监管、服务等。二是加快政府职能转移，将对行业协会、相关企业的部分管理、监督、教育职能下放，积极发挥市场主体的现代契约约束功能，共同推动市场化治理体系的良性进程。

（四）充分运用现代化手段推进旅游市场治理体系建设

传统的社会管理现代化程度较低，部门之间不能进行有效的信息传递，为了能够实现管理制定出了一系列的规定，同时也给旅游者出游带来了不便。随着互联网和大数据的不断发展，社会治理也已经进入了一个新的阶段，旅游市场治理体系现代化建设也成为可能。一是政府部门要充分运用治理现代化思维，充分发挥互联网和大数据技术在网格化管理、各相关主体利益诉求、监管等方面的优势，向公众提供高效便捷的政务服务和公共服务；二是多方共同推进旅游市场治理由静态管理向动态治理转变。随着大数据技术的不断发展，对数据进行分析、预警及相关管理成为可能。以热门旅游城市在黄金周的治理为例，当前政府部门、相关企业对大数据的利用极为滞后，未与火车、汽车、酒店预订等信息进行联网，导致政府部门、相关企业多从经验数据对游客数量、游客目的地进行估算，无法根据大数据实现预警预测，针对性地对人员流量进行控制，容易引起各类问题。

第三节　基于可持续理念提升旅游发展营商环境

一、旅游发展营商环境是旅游企业发展的根基

（一）提升旅游发展营商环境是党中央、国务院部署的重要改革任务

近几年，我国政府对营商环境提升工作的重视程度不断提升。近年来，习近平总书记多次要求要持续改善投资和市场环境，降低市场运行成本，营造稳定、公平、透明、可预期的营商环境。国务院工作会议上，李克强总理在 2017 年和 2018 年也多次部署进一步优化营商环境的工作计划，目的是持续激发市场活力和社会创造力。这几次会议和讲话均从政府层面表达了国家对提升营商环境、增强投资吸引力的决心。

（二）提升旅游发展营商环境是促进国民经济增长的重要手段

旅游业是我国的支柱产业，2018 年旅游业 GDP 占全国 GDP 总量的 11.04%。因此，提升旅游业发展营商环境对提升旅游业生产总值进而提升国民经济增长具有重要意义。近年来，我国的营商环境持续改进，在全球的排名稳步上升，目前居第 46 名。营商环境与投资增长、经济增长正相关，好的营商环境可极大地促进企业投资和拉动 GDP 增长，是衡量经济体发展潜力的重要参照，是以国家或地区为经济体的软实力的重要体现，与开展经济交流与合作、参与竞争息息相关。公信力高的营商环境会被投资方、企业和机构进行参考和借鉴，对经济体的发展起到正向的推动作用。

（三）提升旅游发展营商环境是建设服务型政府的重要内容

营商环境是伴随企业活动整个过程（包括开办、营运到结束各环节）的各种周围境况和条件的总和，包括开办企业，获得场地，日常运营，获得融资、纳税、执行合约以及关闭等方面遵循政策法规所需的时间和成本等条件。2018 年 4 月黑龙江亚布力滑雪场事件引起了国内对黑龙江营商环境的大讨论，"投资不过山海关"成为舆论热词。十九届三中全会指出，要建设人民满意的服务型政府。旅游业是我国的支柱产业，营造良好的环境有助于企业发展，进而带动旅游业的发展；同时，为企业营造良好的发展环境也是政府职能转变的重要标志，是建设服务型政府的重要内容。

二、提升旅游发展营商环境政策体系

（一）营造综合成本适宜的产业发展环境

确立竞争中性原则，打破地方保护主义，外地客商投资负面清单以外的旅游项目，切实做到法律上平等、政策上一致。对其设立登记、变更等手续按照流程进行规范办理。优化产业空间资源配置，对旅游业所涉及的建设用地、设施用地给予相应支持，对旅游景区的开发部设立关卡。与传统工业相比，旅游业更具有绿色、环保等特征，因此应多举措降低企业运营成本，在用地、用房、用工、用电、用水等方面对旅游产业给予相应扶持。深化"互联网＋税务"服务，推进国税、地税业务网上通办。设立严格的企业收费目录清单管理，严禁政府部门越权收费、超标准收费、自设收费、重复收费，营造良好的产业发展环境。创新金融体系政策，缓解企业发展中遇到的"融资难、融资贵"等问题。

（二）营造更具吸引力的人才发展环境

实施更优惠的人才住房政策，扩大旅游业高层及人才住房和保障性住房覆盖面。对引进人才的配偶、子女在住房、医疗、教育、社会保险、创新创业等方面享受市民待遇或给予补助。

（三）营造更加高效透明的政务环境

推进政府服务向更高层次迈进。一是建立更深层次的清单制度，将政府部门的责任清单、权力清单以及企业的负面清单制度建立健全并加快推进实施，提高清单制度的效用；二是实行"一站化"管理，加快旅游行业和政府部门的信息化建设，加快政府部门的办事效率，简化办事流程；三是加快建立服务型政府，将"两随机一公开"落到实处，发挥对政府部门的监督监管作用。

（四）营造公平公正的法治环境

建立更加规范的涉企执法制度。加强营商环境改革，规范监管市场执法行为。一是对执法部门的"双随机一公开"监管模式做到全面覆盖，不留死角；二是规范执法行为，对执法的仪器配备、全流程进行全程监督监管，避免执法的随意性和执法扰民行为；三是对滥用执法权扰民的行为坚决进行查处；四是全面落实行政复议登记立案制度，拓宽行政复议受理渠道，依法维护企业正当权益。五是充分发挥政法机关保护合法、打击违法的职能作用，依法保护各类市场主体合法权益，对破坏市场经济秩序和营商环境的违法犯罪活动加大打击力度。六是深化"放管服"和司法责任制改革，提升执法效率，切实做到便民利企。

第四节 以文化和旅游融合为契机提升旅游综合管理效率

一、新时代对旅游综合管理效率提升提出了新要求

（一）以文化和旅游融合为代表的"旅游＋N"是时代发展的新特征和新要求

当今对于旅游业而言，目前已进入大众旅游时代。随着人民生活水平和

知识层次的不断提升，旅游已经从传统的看风景转化为对内在文化的挖掘。文化资源是旅游景点打造中的重要组成部分，旅游市场则是文化领域需要面对的重大市场。在市场细分的大背景下，旅游与文化、农业、林业、水利、工业、体育、教育等紧密地连接在一起，不断地拓展着旅游产业的范围、内涵与功能，进而也增加了需要的服务与管理，衍生出许多新产品。

（二）以文化和旅游融合为代表的"旅游＋N"综合管理效率成为当前面临的重要课题

旅游业与其他产业的融合并非是简单的相加，也有各自的特色，也有各自的发展规律，是有机融合在一起的，这对旅游管理部门及其他管理部门的综合管理效率形成了严峻的考验。因此，"旅游＋N"的出现更是对设立"1＋3＋N"旅游综合管理机构和运行机制的回应。从产业经济的角度来进行分析，融合发展下的旅游经济已经完全转变为消费服务经济。其中，对服务的管理和协调是旅游管理部门需要持续跟踪的重点。随着共享经济、合作经济、网红经济的不断涌现，传统旅游业面临着重大的变革。因此，旅游综合管理成为前所未有的新课题。

二、"旅游＋N"综合管理效率低下的原因分析

（一）产业融合下的管理复杂化

近年来，随着旅游业的快速发展和旅游者需求的多元化，旅游业与其他产业不断融合，新业态新需求不断出现，尤其是移动化"互联网＋"社群形式下对旅游的选择又呈现出许多新特征，进而形成了一个庞大的产业体系。这就导致旅游产业在事实上的管理中涉及的产业和部门逐步增多，旅游管理部门在实际管理中需要与农业、林业、渔业、工商、文化、环保、体育等多个部门进行权限上的交流，导致管理部门长期面临着"大产业、小管理"的局面。虽然目前已有25个省对旅游的管理体制进行了改革，成立了旅游发展委员会，但目前尚流于表面，并未真正实际有效运作起来。

（二）部门、地区之间的利益冲突与分割

旅游业的发展不但要与各职能部门进行紧密的配合与协作，很多时候也会产生利益冲突。以部门之间的利益冲突为例，乡村旅游事实上依然属于农业厅、自然资源厅和旅游局共管，其中农业局负责乡村建设和休闲农业开发、

自然资源厅负责部分自然资源的管理，旅游局负责旅游线路的开发、管理。在实际运作过程中，乡村旅游建设用地难以得到解决，导致配套设施无法配置，致使项目资金无法下达或下达后无法使用，旅游部门负责旅游线路的评价和管理，但大部分休闲农业网点又属于农业部门管理；民宿经济由旅游部门进行评选认定，但又是农业部门集体经济产权改革中的重要内容。种种利益冲突和分割并非仅仅成立一个旅游发展委员会能够解决的。

（三）多要素整合的综合管理难度大

随着旅游业的不断发展，旅游业已经涵盖了几乎所有传统意义上的产业，其发展必须更加关注于旅游要素的整合，具体包括运营主体、旅游发展、社会背景、旅游环境、旅游产品等多个要素的整合。同时，在实际发展过程中，其综合管理必须对其进行系统化的综合管理，具体到部门而言，需要做到宏观管理不缺位，微观管理不越位，其难度尤其之大。

（四）多元化的旅游客体综合管理难度大

与传统旅游管理部门重点关注旅行社、导游、星级酒店、核心景区等不同，现行的旅游业态融合需要管理的旅游客体更显多元化。以乡村旅游为例，其旅游客体还包括了农业行业管理、农业产业管理、农业资源管理、环境整治、旅游公共物品的提供、旅游从业者的服务、旅游者的素质提升。因此，面对多元化的旅游客体，其综合管理难度进一步增大。

三、"旅游 + N" 提升综合管理效率的建议

（一）加快体制改革的真正落地实施

虽然目前各省的旅游管理体制改革已经取得了一定的进展，但其综合协调能力仍显不足，不足以应对复杂的旅游与其他产业的大融合。因此，要采取系列措施促使旅游管理体制改革的真正落地实施。首先，明确各个部门的责权利，并且建立相应的工作机制及应急保障机制，保障其综合管理能力的不断提升；其次，是建立类似三防办的领导机构，对于重大问题进行提前的预警与准备；最后，是采取动态评估机制和问责机制，对相关责任进行严格落实。

（二）将产业融合下的旅游综合管理效率提升作为重要课题进行研究

伴随着产业融合的不断深入，迫切需要学术界对旅游综合管理的提升进

行系统研究。探讨在供给侧结构性改革背景下，管理部门的综合管理效率提升路径。对接人民群众的旅游需求，引导市场细分，加快培育文化旅游、乡村旅游、农业旅游、科普旅游、健康养生旅游、海洋旅游、邮轮旅游、在线旅游、民宿旅游、自驾车和房车旅游等一批专业性强、特色化服务鲜明的新业态旅游企业。完善星级饭店、A级景区、国家级旅游度假区等行业标准，探索制定在线旅游、共享经济等新业态标准。加快旅行社行业改革开放，推进中外合资旅行社经营出境游业务、外商独资旅行社经营出境游业务范围等改革创新。

（三）善于采用新技术提升旅游综合管理效率

以采用云计算和大数据技术，通过移动互联网手段，构建全域的旅游信息系统，通过信息化建设提升旅游综合管理水平。充分利用遥感影像、无人机航测、地理信息技术等、地理信息技术如空间分析、制图技术、空间展示等技术，为游客及相关从业者提供随时随地的旅游信息服务，并对旅游管理部门的数据查询及管理进行服务。

第五节　以移动互联网革命激发旅游创新活力[*]

大众旅游需求、散客化趋势与移动互联网技术相结合，促使旅游创新创业常态化。移动互联网加速旅游业态、旅游产品、旅游管理体制、传统营销等领域创新。移动互联网还提供了旅游产业链上下游企业改变市场势力、技术势力的机遇，引发旅游产业链重构，推动我国正由旅游产业链向旅游圈的转换，大型企业通过延伸产业链，提升市场影响力和主导权，中小企业通过嵌入产业链特定环节，获得成长机会。未来，政府要构建充分竞争的在线旅游创新创业环境，企业要紧跟大众旅游需求变化，根据要素禀赋采用适时技术，利用好出境旅游市场势力，提升全球旅游产业链的控制力。

随着4G和移动智能通信设备的普及，移动互联网技术正在引发旅游产业组织和行业服务方式的革命。以携程、艺龙、阿里旅行等为代表的在线旅游代理商（OTA）正在向移动旅游服务商（MTA）转变，让游客真正可以实

---

[*] 韩元军，徐涵. 移动互联网革命与旅游创新大时代［J］. 中国旅游评论，2017（1）：82-88.

现说走就走的旅行，企事业部门纷纷将智慧旅游作为行业服务的现代手段。在产业供给创新红利下，游客出游行为正在朝着自组织方式转变。移动互联网技术与国内巨大的市场需求、企业内部组织变革一起成为推动我国旅游创新的三大要素。在移动互联网技术推动下，我国旅游业增长方式将加快由资本、劳动力等原始要素驱动向高技术、效率提升引领的创新驱动转变。

一、移动互联网革命推动旅游创新大时代的来临

移动互联网加速旅游业态创新。在大众旅游阶段，旅游业态分工更加专业化，形成了面向旅游者和面向旅游企业两类新业态。在面向旅游者层面，根据消费内容，形成了社区点评（马蜂窝）、在线旅游代理商（携程、艺龙、阿里旅行）、在线旅游搜索（去哪儿网）等，特别是近年来共享经济与移动互联技术结合形成了滴滴打车、途家网等与旅游密切相关的新业态，它们通过搭建平台使闲置社会资源利用效率达到最大化。在面向企业层面，形成了旅游企业技术支持、旅游咨询服务等类型的 B2B 企业，它们专注于旅游信息化、智慧旅游、旅游分销系统等技术解决方案，形成了主要从事酒店信息系统管理服务的石基信息、服务于在线旅游产业综合运营商的八爪鱼等企业，旅游咨询服务企业主要是以旅游圈、环球旅讯、来也股份等为代表，为旅游企业提供智力服务。

移动互联网推动旅游产品创新。当前，我国已经步入散客化时代，游前、游中和游后需要旅游者自主完成信息搜索、购买、游览、点评等环节，特别是旅行中便捷、及时的信息获取需要更加周到和可靠的服务，移动互联技术创新实现了消费需求和信息供给的对接。旅游产品创新的痛点就是高效解决游客的需要，比如携程推出的"微领队"，适应了散客化的需要，通过加入微信群聊，就能实现旅游目的地的相关信息服务；阿里推出的"未来酒店—信用住"能够快捷、贴心地帮助游客完成住宿免押金、结账免查房事宜；途牛、去哪儿、驴妈妈等推出的牛分期、拿去花、小驴分期等金融产品，则有效地扩大了游客的金融消费能力。

移动互联网倒逼旅游企业管理创新。新技术革命往往能够带来巨大的市场需求，同时隐藏着企业重新划分市场份额的机遇。在移动互联网效应逐步放大背景下，以携程为代表的旅游代理商遇到了管理体制老化、企业经营

X‐非效率（X-inefficiency）挑战，为了适应移动技术发展，实施业务移动化、组织小型化成为它们必需的选项，事业部往往也根据项目划分若干小团队，通过给予足够的自主权、容错空间去快速推出创新产品，可以说，新技术革命带来的巨大市场空间正逼迫在位旅游企业加快管理体制创新。

移动互联网助力旅游企业数字营销创新。随着移动智能技术、大数据的运用，原本由旅游企业营销部门主导的市场话语权已经被旅游者的消费体验所取代，自媒体平台的发布者取代企业公关部门成为品牌形象塑造者。在大众点评网、马蜂窝等应用的旅游商户服务评价系统让消费者成为主宰，产业在位者需要提供附加值高的服务才能获得良好效益，产业新进入者有了迅速进行市场传播的手段，满足消费者个性化需求并获得良好消费体验成为市场传播的主要手段。企业在收集、构建旅游者消费行为大数据基础上，根据游客消费习惯进行精准数字营销成为现实。

二、移动互联网革命引发旅游产业链重构

旅游产业链是一种介于企业与市场的组织形式，通过上下游链条的合作竞争关系实现资源配置。移动互联网革命使旅游企业面临着充分划分市场势力范围的格局，有一定市场势力和技术能力的在线旅游企业通过兼并、重组能够尽可能占据产业链的核心环节，扩展自己的业务范围和市场规模，实现旅游经营的范围经济和规模经济。一批面向蓝海细分市场的针对特定旅游者类型、特定旅游活动环节创业的在线旅游企业开始涌现，他们有的获得风险资金投资，逐渐成长起来或者被携程、阿里等大型企业收购，有的商业模式不明确，遭遇困境。

我国正由旅游产业链向旅游圈转换。随着移动互联网网络效应的扩大以及互联网金融的繁荣，信息流、服务流和资金流共同串联起"吃住行游购娱"等产业链条，形成闭环，将旅游链的条块结构通过信息、服务、资金形成网络化通道，形成涵盖旅游全要素的生态圈。移动互联网能够有效获取游客旅游活动全过程的数据，并通过大数据在旅游产业圈中共享、交互利用，形成更好的游客体验。移动互联网不仅能够提供旅游活动的服务，还能够通过信用共享、消费能力评估等提供游客在异地的购房、养老、教育等衍生服务。在线旅游企业借助互联网金融发展的大势，充分利用客流量大的入口优

势，延伸旅游服务平台，表 11 - 5 是主要在线旅游企业的旅游金融业务，它们通过推出分期付款、消费小额等提前释放旅游者的消费能力，通过发行理财产品给旅游相关企业投融资，加强对旅游产业链条的控制能力。

表 11 - 5　　　　　　　　　主要在线旅游企业的旅游金融业务

	理财产品	基金	旅游消费借贷
途牛	途牛宝、定期理财、基金理财、预约理财等	具有基金牌照	首付出发、牛分期、牛担保
携程	携程宝、程涨宝、趣游宝		
去哪儿			拿去花
驴妈妈			小驴分期、小驴白条
同程	同同宝		程程白条

资料来源：韩元军，徐涵. 移动互联网革命与旅游创新大时代 [J]. 中国旅游评论，2017 (1).

　　大型企业通过延伸产业链，提升市场影响力和主导权。包括两类：一类是大型在线旅游企业经营能力的自我扩展，它们利用市场优势和移动互联网技术服务能力，向下游产业链延伸，争夺旅游目的地落地商业主导权。比如围绕普遍存在的旅游购物不规范，携程积极布局特产购物，引导旅游地特色商品的线上购买趋势，打造规范化的旅游商品供应链，意图重构旅游购物链；此外，针对全球旅游市场，推出全球购频道，通过与境外知名购物店合作，推出游客到认证品牌商店购物返现 10% 左右的活动。另一类是在线旅游企业作为战略投资者对其他旅游企业的资源控制，携程用车方面投资了易到用车、一嗨租车，在目的地方面收购途风，战略入股同程、途牛、华远国旅，收购了去哪儿网、艺龙，携程通过系列战略资本运作，成为与 BAT（百度、阿里巴巴、腾讯）并驾齐驱的互联网四大巨头之一。除携程外，途牛于 2015 年接受京东 3.5 亿美元投资，众信旅游于 2014 年收购竹园国旅 70% 股权，7 000 万元整合悠哉旅行网等。如表 11 - 6 所示，近年来我国旅游投资数量和规模呈现井喷式增长，这些密集的战略投资掀起了产业链整合的高潮。

　　中小企业通过嵌入产业链特定环节，获得成长机会。移动互联革命颠覆了传统旅游商业模式，实体企业利润率被在线旅游企业不断压缩，OTA 与实体企业渠道竞争越发激烈。巨大的国内外旅游市场和先进移动技术也给细分市场初创企业带来了大量商机，从初创企业层面看，截止到 2015 年 12 月，

已经成立并发布融资需求计划的企业已经超过 900 家，创业创新企业更趋于
细分领域，如周边游、定制游、家庭小团队游、主题公园、精品酒店、行业
B2B 等，对市场切分的颗粒度更高。

表 11 - 6　　　2010～2015 年我国旅游行业投资事件次数和融资金额

时间	投资事件次数	融资金额
2010	13	约 14 亿美元
2011	16	约 60 亿美元
2012	23	约 20 亿美元
2013	68	约 50 亿美元
2014	110	约 190 亿美元
2015	205	约 280 亿美元

资料来源：韩元军，徐涵. 移动互联网革命与旅游创新大时代 [J]. 中国旅游评论，2017 (1).

三、进一步推动旅游创新发展的建议

构建充分竞争的在线旅游创新创业环境。绝对垄断会导致企业创新积极
性不够，自身变革的动力不足。充分竞争有利于激发企业家创新创业热情，
提升旅游企业内部创新的主动性。要进一步引导在线旅游企业通过兼并重组
等方式提升自身竞争力，形成若干个在线旅游寡头组成的市场结构，同时，
要及时评估在线旅游企业的产业集中度，防止绝对垄断导致企业创新低效率
现象。要建立适度容错的旅游创新激励机制。创新是高风险的行为，发生错
误的概率很高，要鼓励中小企业普遍参与到创新的商业实践中来，形成开放
的创新氛围。

紧跟大众旅游需求变化，根据要素禀赋采用适时技术。人工智能技术是
未来的潮流，在旅游产品创新、服务流程创新、营销创新、企业管理变革等
方面具有广阔应用价值，但是当前只是人工智能的初级阶段，企业研发和大
规模商业应用成本较高，因此，要平衡好短期投资和长期收益的关系，根据
社会和地区技术禀赋结构应用合理技术，分阶段、分旅游产业链环节推进应
用，做到不过度超前、不落后，根据地区、行业不同资本及技术禀赋积累程
度，及时调整自己的技术策略，因地制宜采用原始创新、模仿创新和集成创
新等差异化战略。

利用好出境旅游市场势力，提升全球旅游产业链的控制力。当前，在线旅游市场已经由标品竞争走向非标品竞争，境外旅游被看做巨大蓝海市场。在国内市场发展起来的在线旅游企业，要以全球化为引领，创新国内企业战略布局形式，在与境外旅游目的地合作中，根据企业自身对当地环境和制度熟悉程度、目的地社会稳定情况等灵活采用兼并、重组、收购、合作、直采、设置服务分中心等不同模式接入到境外旅游产业链中，控制好企业在海外轻资产和重资产的比例结构，逐步加强我国出境旅游产业链核心环节的市场势力，不断提升我国旅游产业的全球竞争力。

| 第十二章 |

提升全球旅游产业的中国话语权

第一节　企业走出去战略和我国旅游企业效率提升

　　自我国于 2001 年正式加入世界贸易组织后，我国大型旅游企业开始实施"走出去"战略。在"走出去"初期，其主要模式是跨国经营旅行社、景区、旅行社和餐饮方面。在线下经营方面，主要代表包括了海航集团对旅行社、酒店的经营和万达集团对传统旅游酒店的海外扩张。在线上经营方面，携程旅游网等对旅游产业下端产业链的布局也是主要亮点。

一、企业"走出去"加快发展的背景

（一）出境旅游市场的快速发展为"走出去"提供了机遇

　　随着人民生活水平的提高，出境限制的不断放宽，再加上人民币升值影响，国内出境旅游市场活跃，我国于 2012 年成为出境游第一大国。出境游人数的增多为企业"走出去"带来了重要的机遇，由于语言、风俗习惯、生活方式的不同，与境外旅游企业相比，境内旅游企业的组织与运营对于游客而言具有天然的优势，因此，出境旅游市场的不断扩大为企业"走出去"带来了最原始的发展动力和发展空间。

（二）国外经济增速放缓为"走出去"提供了条件

　　目前，我国旅游企业"走出去"大多用于布局国内外的酒店业和旅游地产方面。其原因有二：一是国内酒店业发展近乎饱和，部分旅游地产业务受限（如赌场等），使得行业内的投资者纷纷把目光投向海外。通过收购海外目标，一方面扩大了自身的经营市场，另一方面也把企业自身推上"国际型"企业的高度。二是随着国外经济增速放缓，传统的旅游地产包括高级旅游度假区、旅游娱乐设施与原有价格相比有一定程度的降低，这就为我国旅

游企业的收购或并购提供了良好的条件。

二、企业"走出去"未能有效地提高我国旅游企业效率

(一)当前的"走出去"处于一种低层次的水平

当前,我国旅游企业的海外战略重点为酒店和旅游地产,其战略水平较低。主要表现为股权类交易占主导、房地产商是海外投资主力、单体物业及酒店集团类项目较受欢迎。主要是根据国家"走出去"战略的政策红利和外汇储备,充分利用国内出境市场,采用资金的简单收购,只是一种资产的收购。从本质上来讲,它是一种对于地产类的投资,极易受到国内外政策的影响。

(二)当前的"走出去"一系列问题制约了其发展

虽然当前的旅游企业在境外的业务经营不断拓展,在全球的覆盖面不断扩大,但问题也逐步凸显。如以地产投资为目的的企业在投资后最易产生产权、股权问题,导致企业在实际运营中举步维艰;受国内外文化和思维方式的影响,目前人才问题成为最大的制约,国内人才在国外从事相关经营容易遭遇"水土不服",国外人才又因文化差异难以与企业进行有效的融合;目前国内企业"走出去"多服务于国内出境游客,品牌影响力弱,无法与当地的旅游企业构成共同竞争的态势。

(三)当前"走出去"未能有效提高企业效率

如上述两点所述,我国旅游企业"走出去"战略的初衷较为简单,因此并未将吸收国外旅游企业的先进经验、管理模式作为提升企业经营水平的重点,因此其企业效率长期处于低下的水平。从某种程度而言,我国旅游企业境外投资仅仅处于"我有客源、我有钱"的水平,在市场营销、经营管理、服务网络等方面处于低端水平。

三、对策建议

(一)将"走出去"战略从采购调整为吸收以提高企业效率

随着国家政策对从国内举债到国外投资旅游地产的不断收紧,国内旅游企业"走出去"战略需要进行相应的调整,从采购期调整为吸收期。一方面是要进行投资后整合,逐步消化因频繁并购导致的高负债率问题;另一方面

是需要根据当地文化、制度、法规等进一步对企业的经营进行改进，提高企业效率应对国际化竞争。

（二）将国外经验引入国内市场提高企业效率

国内市场拥有广大的资源和客源，而且不存在语言、风俗、法律法规等制约，旅游企业需要在完成国际化布局的同时，也要高度关注国内市场。旅游企业需要将国外的旅游企业先进经验吸收转化到国内旅游市场来，包括行业服务模式、商业运作模式、专业规范、市场网络布局等，最终以提高企业效率为目的。在逐步掌握并创造出更有效率的运作模式后，在失去政策优势、人口红利、生产要素优势下也能在国外市场拥有较高的竞争力，才是真正的"走出去"。

第二节　全球价值链控制和我国旅游产业国际竞争力

旅游贸易是服务贸易的重要组成部门，历来都是各国关注的焦点，在全球价值链中具有重要的作用。近年来，我国旅游业高速发展，出境旅游人数、外国游客入境旅游人数和消费在全球旅游贸易中排名第一，为全球旅游贸易贡献了很大的份额，2017年我国旅游业的国际竞争力位于全球第15位。但是，从全球价值链角度来看，我国旅游产业竞争力还处于相对较低的层次，需要采取多种措施进行提升。

一、国内旅游业在全球价值链中的地位和参与度较低

国内学者对我国旅游业在全球价值链中的地位和参与度进行了较多的分析，许多结论已经成为业内的共识，其中旅游生产要素、购物、陆路运输的地位较高，说明景点游览和购物是我国入境游客的主要目的，发达的以高铁为代表的陆路运输系统发挥了重要作用；航空运输虽然在全球价值链中参与度较高，但地位较低，说明入境游客对于航空运输的选择还是以国外航空公司为主，市场竞争力较低。旅游娱乐业在全球价值链中的地位和参与度均较低，说明娱乐业是我国旅游业中最大的短板。总体而言，我国的旅游业在全球价值链中还是高度依赖资源禀赋的差异性，精神和文化等较高端的旅游需求并未得到满足。

二、"三链"国际竞争力较低

与国外典型的旅游强国相比,目前我国旅游业的国际竞争力较低,其核心在于消费链不完整、服务链不健全、产业链水平较低。在消费链领域,旅游产品长期处于停滞不前的局面,游客长期处于游览观光的低级水平,高品质的旅游产品少,导致游客黏度较低。在服务链领域,国内面对入境游客的高端旅行社较少、旅游经营者素质较低,针对入境游客的基础设施、服务水平长期处于低端水平,如小语种境外游客的服务长期处于低水平。产业链水平较低突出表现为关联部门参与度极低,食品、文娱和零售部门等未能深入融合到整个旅游产业链中。

三、提升我国旅游产业国际竞争力对策建议

(一)完善"三链",提升旅游产业竞争力

针对消费链不完整、服务链不健全、产业链水平较低的现状,逐项进行改进。一是在面对国内游客旅游需求的基础上,积极对标国外游客,积极开发针对国际游客的娱乐旅游产品,不断增加高附加值的旅游产品和服务能力,推动我国旅游业深度参与跨国旅游产品生产。二是积极协调旅游业相关主体,如政府部门、旅游产品供应商、旅游产品服务商之间的密切合作,对整个产业链进行有效的整合,满足不同国家、不同兴趣和旅游目的的游客的差异化需求,增加游客入境游览的黏度。三是加强国内移动"互联网+旅游"的先进经验,并有效应用到国外游客中,促进互联网与旅游产业的深度融合,提高旅游便利性。

(二)引导旅游关联行业转型提升旅游产业竞争力

当前,我国旅游产业面临着国际旅游业的全面竞争,我国旅游业的竞争力不强,在全球价值链中的地位和参与度处于较低水平。旅游业是一个高度关联的产业,在管理部门上分别涉及旅游、出入境、经信、民政、交通等多个部门,在产业上分别涉及农业、林业、工商等多个行业,产品上分别涉及国土、工商、经信交通等多个部门,旅游服务上分别涉及教育、工商等部门。因此,旅游业的转型升级涉及了各个行业部门的转型升级,一是要在基础设施等硬条件和管理等软条件上进行转型升级,为旅游产业竞争力的提升奠定

基础。二是要加强旅游服务业的供给侧结构性调整，从仅仅用于满足国内游客的低端产品上进行转型升级，从旅游产品开发、营销、经营管理、危机应对等各个方面提升旅游产品竞争力。三是要持续优化旅游业发展环境，在出入境通关、通信、交通运输、短期居住等方面为入境游客提供便利，同时也要优化企业的营商环境，鼓励其参与国际化竞争，进一步提升旅游产业的竞争力。四是积极引导旅游服务企业的战略结构调整、组合和竞争力打造。旅游服务企业是旅游业发展的重要组成部门，其经营能力的高下直接影响着我国旅游业竞争力水平的提高，因此需要积极引导其对战略结构进行调整，开发高附加值的旅游产品，延长产业链。

（三）加快旅游品牌建设，促进由全球价值链的中低端走向中高端

随着人民生活水平的不断提高，我国的出入境旅游数量和消费能力逐年提升。针对我国旅游业竞争力较弱，在全球价值链中处于中低端的现状，在逐步完善消费链、产业链后，还需要多渠道、多手段推动旅游业转型升级，其中加快旅游品牌建设，提高国际化旅游服务能力是最重要的渠道。我国要积极加快旅游品牌打造，不仅仅是旅游景点品牌的打造，还包括了文化、服务能力的打造，积极创新国际营销宣传渠道，提升运营水平，促进我国旅游业由中低端走向中高端。

第三节　旅游效率提升与旅游国际影响力扩大

世界经济论坛 2017 年的旅游业竞争力报告显示，我国的旅游国际竞争力和影响力逐步扩大，说明我国在硬基础和软实力两方面均得到了极大地增强，旅游效率也得到了提升。与之相类似的是，我国重要城市的旅游国际影响力在逐年扩大，有必要对其进行深入分析。

一、我国旅游业国际影响力提高的影响因素分析

世界经济论坛 2017 年的旅游业竞争力报告显示，排名前 10 位的国家和地区分别是西班牙、法国、德国、日本、英国、美国、澳大利亚、意大利、加拿大、瑞士，大多是旅游竞争力一直居前的国家。前 20 名中，中国位居第15，中国旅游竞争力指数的总分是 4.7 分。

对其系统分析可以发现，我国的自然与文化资源是最重要的影响因素，文化资源和自然资源分列第 1 名和第 5 名；其次是航空运输基础设施（24 名）、人力资源与劳动力市场（25 名）、价格竞争力（38 名）、地面和港口基础设施（44 名）、旅游业的优先程度（50 名）、信息技术与通信技术的准备（64 名），排名位于后半程的分别是健康与卫生（67 名）、国际开放度（72 名）、商业环境（92 名）、安全防范（95 名）、环境可持续性（132 名）。

二、我国重要旅游城市排名及影响因素分析

2018 年，界面新闻、今日头条等发布了 2018 年中国旅游城市排行榜，分别从旅游总人数、总收入、人均消费、GDP、交通便利度、旅游基础设施等进行了排名，排名前 20 位的分别为北京、重庆、上海、广州、天津、杭州、成都、武汉、苏州、南京、贵阳、西安、青岛、宁波、丽江、长沙、上饶、合肥、深圳、昆明。从基础设施建设来看，排名前 5 名的分别是北京、重庆、上海、青岛、杭州，从交通便利度来看，排名前 5 名的分别是广州、北京、武汉、重庆、上海。从特异性数据挖掘可以看出，潍坊总体得分位居第 37 名，排名在大量传统旅游城市之前，其主要得益于基础设施建设；贵阳排名的提升主要得益于交通便利度的提升。因此，结合世界经济论坛影响因素的分析可知，影响旅游效率提升和影响力提升的关键在于基础设施和交通便利度。

三、对策建议

（一）加强旅游资源打造与基础设施建设

一是对特色旅游资源进行深度挖掘，做到人无我有、人有我新、人新我特，通过最基础的旅游资源来扩大影响力，此类适合于北京、桂林、贵阳等旅游资源特异型城市；二是加快旅游基础设施建设，分别从交通、信息化、餐饮、饭店等硬件角度进行加强，不断提升入境游客的便利性程度，进而扩大国际影响力。同时从环境可持续性角度进行改进，增加游客的回头率。

（二）推进旅游产品与服务优化升级

一是优化高端旅游产品结构，使得旅游产品能够满足不同层次的个性化需求；二是实现旅游产业之间的深入融合，将其与独特的文化产业、健康产业、创意产业、农业产业、体育产业等紧密融合，逐步输入我国的文化、商

业模式及相关产品，提升我国旅游服务能力；三是不断增强旅游服务能力，加强各级部门和市场主体的培训，对行业经营管理等紧缺人才进行培训，提供强大的智力支持和人才保障。

第四节　以旅游便利化推动我国出入境旅游可持续增长

近年来，我国出入境旅游人数逐年增长，出入境旅游已经成为我国旅游业快速发展中的亮点，但是，在旅游便利化方面还存在较大的制约，极大地限制了我国出入境旅游的快速发展。

一、我国出入境旅游便利化制约严重

（一）出入境赤字逐年加大

近年来，我国的出入境旅游人数虽已有较大的增长，但发展并不均衡，突出表现为出入境赤字逐年加大。2018 年我国公民出境旅游人数 14 972 万人次，入境旅游人数 14 120 万人次，但外籍入境游客仅 3 054 万人次，赤字高达 11 918 万人。巨大赤字的背后，是经济效益和社会效益的巨大损失。业界普遍认为，出入境便利程度尤其是签证制度的滞后是出入境赤字不断拉大的根本因素。

（二）我国签证政策全面落后于全球

根据《旅游竞争力报告（2017）》数据显示，我国在签证开放度方面得分较低，在国际上处于极低的层次，位于 129 位。与大多数国家相比，我国签证政策相对落后，主要体现在：种类相对传统且不丰富、签证政策缺乏细化与创新。如签证费用普遍为其他国家的 1 倍以上、申请材料相对复杂、手续相对烦琐，还在使用人工邮寄签证等。尽管现在已经有了 144 小时过境免签和海南省 59 国免签政策，但在吸引力度上与互免和单方面免签政策仍有差距，需进一步探索适合中国发展的互免签证政策和单方面免签政策，更好地体现国家的外交实力。签证与出入境管理需要统筹。能否既提升出入境便利度，又有效识别和防范风险，对国家移民管理局与外交部、使领馆等相关管理部门在新一轮改革开放下统筹协作提出了新的要求。

二、通过便利化建设加强出入境旅游的对策建议

目前，我国出入境旅游尤其是入境旅游的关键制约在签证政策的开发上，需要从三个方面进行改革。

（一）多角度创新签证体系

根据国家的发展需要，对现有的签证政策进行创新，主要包括：一是对目前不同国家的签证制度进行创新，采取适度放宽，不断加大签证类别的使用范围。二是对现行的免签入境政策适度放宽，对现有的海南、粤港澳大湾区及其他区域的免签政策适度放开，设立大湾区人才自由通关政策；放开更多单方面免签通道，增加单方面免签国家数量。三是加快对商务旅行、家庭游等制定更为便捷的签证政策，鼓励入境消费的增加，倡导并推动类似"APEC商务旅行卡"功能的"丝路旅行卡"；增加家庭旅游签等细化的签证类型。

（二）增强签证数字化建设

全球化时代，在信息化、智能化技术飞速发展，大数据技术不断应用的大背景下，传统的纸质证件在便捷、精准等方面存在较大的弊端，某种意义上而言，传统的纸质证件也是基于数据库技术进行识别，因此，需从发展理念上打破传统的思维模式与思维定式，追赶并引领时代潮流，加大签证的数字化。建议尽快实行签证体系改革，提升签证开放程度，推动出入境便利化发展。建立中国签证自助申请平台，支持在线填写个人信息、在线收费等，从而实现签证申请的便利化，减少海外人工成本，提升管理水平。推动签证电子化发展。建立电子签证系统，对短期类签证进行电子化改革，实现现代化签证申请流程。

（三）加强旅游服务便利化建设

旅游服务便利化建设主要包括两个方面：一是加强信息获取便利化建设，使外国游客可通过大数据平台、移动互联网等手段获取相应旅游信息，通过宣传模式创新更好地在入境前期进行宣传，更好地吸引外国游客入境旅游。二是加强无障碍化建设，使外国游客在旅途中实现无障碍化，个人权益得到良好的保障。同时加强人性化、国际化的公共设施设备建设，如公共卫生间、母婴室、无障碍设施建设等。三是加快旅游服务国际化、正规化、透明化建

设，加强旅游服务管理与运行的国际化接轨程度，提高其正规化水平。

第五节　全球旅游治理与我国参与的路径和重点[*]

"一带一路"倡议是新时期我国主导的对外开放战略，是实现大国崛起梦想的重要依托，我国要积极参与并主导全球旅游治理必须紧紧依靠"一带一路"倡议及其相关共识。随着"一带一路"经济带与"一带一路"旅游带的形成，双带叠加效应将显现力量，我国通过旅游潜移默化传递东方文明、实现利益共享的渠道更加通畅。当然，"一带一路"旅游发展倡议目前还处在我国自说自话阶段，要形成国际共识，实现战略落地，各方必须从国家利益和民众内心出发，与沿线国家一道形成息息相关的旅游命运共同体。大国旅游地位决定了我国在"一带一路"全球旅游治理中的主导性，未来要在遵循旅游产业演进规律基础上，尽快构建起治理主体—治理机制—治理评价的完整全球旅游治理体系，以常态化制度设计为基础，搭建起我国主导的合作机制，在签证便利化、跨境旅游合作区和边境旅游试验区创新等层面率先突破，用好旅游投资和出境旅游供需两方面市场力量，构建起我国主导的"一带一路"全球旅游治理体系。

一、构建全球旅游治理新秩序是服务国家战略大局要求

（一）"一带一路"倡议要求旅游业发挥重要作用

"古丝绸之路"因商贸交流和人文交流而兴。"一带一路"倡议提出后，文化部、国家卫计委、教育部等国家相关部门纷纷出台了贯彻落实举措，福建、广东、广西、西安、成都等省市出台了建设实施方案。国之交在于民相亲，旅游能够潜移默化拉近国家民众之间的距离，旅游外交具有落实"一带一路"倡议天然的优势。此外，旅游业作为我国战略性支柱产业，因其在拉动经济增长、文化传承保护、促进民众交流、提升国家形象等方面的综合作用，必然要承担起"一带一路"倡议先头兵的重任。

---

* 韩元军. 基于"一带一路"构建全球旅游治理新秩序［J］. 旅游学刊，2017，32（5）：10 - 11.

（二）"一带一路"倡议是构建全球旅游治理新秩序的契机

"一带一路"历史渊源、沿线旅游治理机制缺失以及交通、经济、政治对话平台等后发优势决定了构建全球旅游治理新秩序的条件初步成熟。"一带一路"沿线很多国家经济基础薄弱，随着政策沟通、设施联通、贸易畅通、资金融通、民心相通等五通不断推进，基础设施建设、经贸合作、能源资源合作、金融合作、人文合作、生态环境等方面的一批重大项目已经实施，沿线国家交通可进入性、民众经济能力有了较大提升，"一带一路"旅游带供需基础条件不断成熟。上合组织框架、中国东盟合作机制、中东欧合作机制、中非合作机制等建立为我国建立"一带一路"全球旅游治理秩序提供了良好对话平台。

（三）大国旅游地位决定了我国在全球旅游治理中的主导性

构建现代大国主导的全球治理体系是我国迈向世界旅游强国的必由之路，也是我国旅游业从国内治理向全球治理转变的依托。2016 年我国出境旅游人数达 1.22 亿人次，旅游花费达 1 098 亿美元，保持世界最大出境旅游消费市场地位，我国成为"一带一路"沿线的泰国、韩国、越南、俄罗斯、马尔代夫等国第一大客源输出国。2016 年，我国入境外国游客人数为 3 148 万人次，主要客源市场前 17 位国家中"一带一路"沿线国家占了 11 席。[①] 我国强大的出境旅游力量以及与沿线国家密切的入境旅游交流可以强化自身在"一带一路"旅游治理中的主导性。

二、构建"一带一路"旅游治理新秩序的关键"瓶颈"和价值取向

（一）战略落地需要突破众多障碍

"一带一路"旅游发展倡议从宏观概念提出到战略落地还有较长的路要走。尽管我国主动举办了联合国世界旅游组织"丝绸之路"旅游国际大会、"丝绸之路"国际旅行商大会等系列活动，但是成果更多是愿景、理念性活动和商业行动，"一带一路"全球旅游治理的机制、路线图和实施步骤都停留在抽象的概念，缺乏广泛拥护的强有力的主导者出现。发展诉求不一影响

---

① 韩元军. 基于"一带一路"构建全球旅游治理新秩序 [J]. 旅游学刊, 2017 (5).

了沿线许多国家发展旅游的意愿，65 个沿线国家中 19 个国家还不是中国被批准的旅游目的地国家（ADS），其中，中亚 5 国中的 4 个国家、中东欧 16 国中的 3 个国家、西亚 18 国中的 7 个国家、独联体 7 国中的 3 个、中亚 5 国中的 3 国不在 ADS 名单中。由于中东欧、东南亚、独联体国家与中亚、西亚国家的旅游市场化和产业化程度、基础设施、经济社会发展程度等差异较大，政策贸易壁垒、签证便利化低等人为障碍也广泛存在，这些都影响了旅游产业合作和跨区域开发的意愿。安全保障成为影响"一带一路"旅游发展的又一个重要因素，"三股势力"长期在中亚地区活动，严重抑制了旅游者的跨境出游需求。

（二）以动态比较优势实现三个超越

构建"一带一路"旅游治理新秩序的目的是推动各国旅游业繁荣发展，解决阻碍游客自由流动的因素，为游客提供安全、便捷、舒适的旅游活动。根据我国与沿线国家的动态比较优势，按照要素禀赋差异，"一带一路"旅游带需要实施梯度—层级发展模式，确定优先发展国家顺序和优先发展领域，初期形成东南亚—独联体和中东欧—中亚和西亚的三梯度开发态势，并根据比较优势动态变化及时调整。我国参与"一带一路"的 18 个重点省和 10 个重点城市要根据自身实际，确定沿线国家优先发展层级和内容，在旅游资源开发、在线旅游开拓、旅游酒店并购、旅游航线开通等方面率先实现突破。与旅游资源丰富、经济基础薄弱的地区合作，可以实行用出境旅游市场换石油等资源、出境旅游市场换基础设施等战略，与旅游资源丰富、经济基础较强地区合作，也可以用出境旅游市场换入境旅游市场、旅游资源和旅游投资对等交换等战略。"一带一路"旅游治理新秩序的构建要实现三个超越：超越空间，率先实现与旅游基础好的国家的交通互联互通，不限于 65 个国家，拓展沿线国家空间范围，通过创新跨境旅游合作区等超越国界；超越文化，找到文化交叉点，开展丰富的旅游文化交流活动；超越官方，实现民间和官方多方交流。

三、发挥"一带一路"旅游治理中的大国主导力

（一）搭建我国主导的常态化合作机制

利用好老平台，创造新平台。利用好已有的上海经合组织、中国—东盟、

中国—中东欧、中非合作平台，特别是借助"一带一路"国际合作高峰论坛，增加"一带一路"旅游治理议题，推进重大旅游项目落地。在更广泛范围内，构建"一带一路"倡议合作机制，依托国内地方政府，成立由中国主导的"一带一路"国家旅游联盟性质的实体组织，推动治理行为制度化、常态化，率先从旅游部长级、旅游城市市长级和业界领袖常态化对话机制方面形成突破，并逐渐向广泛参与的区域性国际旅游组织过渡。以我国在"一带一路"沿线国家旅游影响力和沿线国家旅游竞争力评价为导向，制定科学的旅游治理效果评价制度。

（二）以综合性政策设计提升旅游吸引力

以签证便利化政策推动沿线国家人员往来。主动与沿线未签订 ADS 国家接触，尽快签署双边协议。加强旅游市场互换，积极将沿线国家列入我国相关城市 72 小时过境免签范围。加大对沿线后发国家国情、旅情的系统研究，用市场化力量加强国家旅游形象传播和市场推广，将"现代化的东方文明"和"美丽中国"形象传递出去。积极寻求第五航权甚至更高层级航权开放政策，在"一带一路"沿线串联起多个目的地国家的"一程多站"式国际旅游产品。积极落实我国市内免税店、边境免税店和离境退税政策，提升跨境旅游购物吸引力。以跨境旅游合作区和边境旅游试验区改革创新为契机，推动跨境旅游的异地办证、车辆互通、税收减免、货物互通、交通互联、导游互派等，形成若干个边境和跨境旅游集聚区。

（三）实现从部门到政府主导的治理主体多元化

构建"一带一路"全球旅游治理新秩序，需要改变旅游行政主管部门单打独斗局面，形成旅游部门牵头，国家相关部委广泛参与，地方积极主导的发展格局。突出地方党委、政府在沿线全球旅游治理中的作用，旅游基础好的地方政府要联合建立"一带一路"旅游治理综合协调工作机制，形成旅游治理发展合力。要发动社会力量参与我国主导的"一带一路"全球旅游治理，使企业、协会、民间组织、新闻媒体、公民个人等都成为全球旅游治理的参与者、推进者。

参 考 文 献

[1] 曹霞，于娟. 创新驱动视角下中国省域研发创新效率研究——基于投影寻踪和随机前沿的实证分析 [J]. 科学学与科学技术管理，2015，36（4）：124 – 132.

[2] 钞小静，薛志欣. 新时代中国经济高质量发展的理论逻辑与实践机制 [J]. 西北大学学报（哲学社会科学版），2018，48（6）：12 – 22.

[3] 陈雪钧. 基于创新理论的乡村旅游创新路径——以重庆市为例 [J]. 江苏农业科学，2012，40（9）：391 – 393.

[4] 陈治，张媛. 基于投影寻踪的省域经济转型评价 [J]. 统计与决策，2017，（23）：95 – 99.

[5] 崔家善. 构建"旅游创新 + 公益养老"融合发展模式的对策 [J]. 学术交流，2017，（9）：172 – 177.

[6] 丁焕峰，陈烈. 大城市边缘山地旅游创新系统初步研究——以深圳凤凰山为例 [J]. 山地学报，2002，20（3）：307 – 312.

[7] 樊华，周德群. 中国省域科技创新效率演化及其影响因素研究 [J]. 科研管理，2012，33（1）：10 – 18.

[8] 甘萌雨，保继刚. 城市旅游竞争力研究初步 [J]. 现代城市研究，2003，18（4）：22 – 25.

[9] 高艳红，高彦梅. 旅游经济增长宏观环境分析——以 PEST 模型为例 [J]. 中国商贸，2011（3）：159 – 160.

[10] 关雪凌，丁振辉. 日本产业结构变迁与经济增长 [J]. 世界经济研究，2012（7）：80 – 86 + 89.

[11] 郭峦. 国内外旅游创新研究综述 [J]. 创新，2012，6（2）：47 – 51.

[12] 郭为, 黄卫东, 余琴. 旅游共享经济与非正规就业: 对供给侧改革下就业问题的思考 [J]. 旅游论坛, 2017, 10 (4): 76 - 85.

[13] 国务院关于加快发展旅游业的意见 [J]. 司法业务文选, 2010 (7): 3 - 8.

[14] 韩元军. 城市旅游产业效率的静态特征、动态演进与政策取向 [J]. 中国旅游评论, 2014 (S1): 75 - 84.

[15] 韩元军, 吴普, 林坦. 基于碳排放的代表性省份旅游产业效率测算与比较分析 [J]. 地理研究, 2015 (10): 1957 - 1970.

[16] 胡亚光. 基于 DEA 扩展模型的江西旅游产业效率研究 [J]. 江西社会科学, 2017, 37 (3): 73 - 83.

[17] 黄松, 李燕林, 戴平娟. 智慧旅游城市旅游竞争力评价 [J]. 地理学报, 2017, 72 (2): 242 - 255.

[18] 黄志龙. 中国传统服务业的转型与升级 [A]. 中国国际经济交流中心, 2011: 10.

[19] 江金波, 高娟. 中国旅游创新的回顾与展望: 基于文献的研究 [J]. 人文地理, 2011, 26 (4): 29 - 34.

[20] 江金波, 唐金稳. 国外旅游创新研究回顾与展望 [J]. 经济地理, 2017, 37 (9): 215 - 224.

[21] 黎耀奇, 刘必强, 宋丽红. 制度环境、创业动机与旅游创新——基于全球创业观察调查的证据 [J]. 旅游论坛, 2018, 11 (3): 70 - 80.

[22] 李金华. 中国现代教育的发展与创新竞争力的比较研究 [J]. 北京师范大学学报 (社会科学版), 2017, (4): 5 - 14.

[23] 李俊佳, 应晓惠, 石斌. 供给侧改革背景下我国旅游产业发展对策研究 [J]. 中国高新区, 2017 (16): 2.

[24] 李林, 刘毅. 旅游信息化综述 [J]. 中国经贸导刊, 2009 (13): 55 - 56.

[25] 李文兵, 吴忠才. 旅游创新演进之路: 从企业创新到区域创新 [J]. 地理与地理信息科学, 2015, 31 (5): 97 - 101.

[26] 李晓标, 解程姬. 文化资本对旅游经济增长的结构性影响 [J]. 管理世界, 2018, 34 (11): 184 - 185.

[27] 李燕. 现代服务业系统研究 [D]. 天津大学, 2011.

[28] 林寿富, 苏也夫, 孙吉. 环境创新竞争力的内涵与评价体系构建——兼对 G20 国家的评价与比较 [J]. 福建论坛: 人文社会科学版, 2017, (6): 18 - 26.

[29] 刘成林. 现代服务业发展的理论与系统研究 [D]. 天津大学, 2007.

[30] 刘春济, 冯学钢, 高静. 中国旅游产业结构变迁对旅游经济增长的影响 [J]. 旅游学刊, 2014, 29 (8): 37 - 49.

[31] 马晓冬, 翟仁祥. 论旅游文化资源及其开发——以苏北地区为例 [J]. 人文地理, 2001 (6): 89 - 92.

[32] 马晓龙. 国内外旅游效率研究进展与趋势综述 [J]. 人文地理, 2012, 27 (3): 11 - 17.

[33] 马晓龙. 中国主要城市旅游效率及其全要素生产率评价: 1995 - 2005 [D]. 中山大学, 2008.

[34] 马修·法维拉. 签证便利: 通过旅游刺激经济增长与发展 [J]. 社会科学家, 2013 (12): 7 - 9.

[35] 马勇, 王佩佩. 旅游产业效率评价体系构建与提升策略研究 [A]. 中国管理现代化研究会、复旦管理学奖励基金会. 第九届 (2014) 中国管理学年会——管理与决策科学分会场论文集 [C]. 中国管理现代化研究会、复旦管理学奖励基金会: 中国管理现代化研究会, 2014: 6.

[36] [美] 迈克尔·波特, 著, 李明轩, 邱如美, 译. 国家竞争优势 [M]. 北京: 华夏出版社, 2002. 65 - 162.

[37] 秦娟. 在线旅游的崛起及对传统旅游的影响探析 [J]. 对外经贸实务, 2015 (3): 85 - 88.

[38] 任保平. 新时代高质量发展的政治经济学理论逻辑及其现实性 [J]. 人文杂志, 2018 (2): 26 - 34.

[39] 任瀚. 基于行动者网络理论的区域旅游创新发展研究 [J]. 开放导报, 2012, (6): 87 - 90.

[40] 石建中, 董江春. 城市旅游网络下社会资本、旅游创新与旅游绩效的关联协调研究——以山东省为例 [J]. 中国海洋大学学报（社会科学

版），2018，（3）：87 – 95.

[41] 石培华. 构建国家旅游创新体系，加快推进中国旅游 4.0 战略 [J]. 旅游学刊，2015，30（11）：13 – 14.

[42] 宋慧林，宋海岩. 国外旅游创新研究评述 [J]. 旅游科学，2013，27（2）：1 – 13.

[43] 唐任伍，徐道明. 新时代高质量旅游业发展的动力和路径 [J]. 旅游学刊，2018，33（10）：11 – 13.

[44] 唐书转. 我国旅游产业转型升级路径 [J]. 改革与战略，2017，33（7）：74 – 76.

[45] 王超，蒋萍，孙茜. 金融发展，产业结构水平对地区创新绩效的影响 [J]. 西安建筑科技大学学报（社会科学版），2017，36（6），30 – 37.

[46] 王栋，曹艳英，李凤霞. 旅游产业技术效率及其影响因素实证分析 [J]. 财务与金融，2011（2）：90 – 95.

[47] 王丽华，孟玉慧. 近年国内旅游创新研究进展 [J]. 旅游研究，2015，7（1）：28 – 33.

[48] 王茜. 生态旅游资源分类与评价体系构建 [J]. 旅游纵览（下半月），2015（12）：243.

[49] 王毅，陈娱，陆玉麒等. 中国旅游产业科技创新能力的时空动态和驱动因素分析 [J]. 地球信息科学学报，2017，19（5）：613 – 624.

[50] 王兆峰，杨琴. 技术创新与进步对区域旅游产业成长的演化路径分析 [J]. 科技管理研究，2011，31（6）：132 – 136.

[51] 魏江，黄学. 高技术服务业创新能力评价指标体系研究 [J]. 科研管理，2015，36（12）：9 – 18.

[52] 魏守华，吴贵生，吕新雷. 区域创新能力的影响因素——兼评我国创新能力的地区差距 [J]. 中国软科学，2010，（9）：76 – 85.

[53] 温碧燕，梁明珠. 基于因素分析的区域旅游竞争力评价模型研究 [J]. 旅游学刊，2007，22（2）：18 – 22.

[54] 吴鸣然，赵敏. 中国区域创新竞争力的综合评价与空间差异性分析 [J]. 上海经济，2018，（1）：78 – 90.

[55] 辛安娜，李树民. 国外旅游创新问题研究的前沿述评 [J]. 经济

管理，2015，(6)：110－122.

[56] 薛燕. 我国旅游产品开发中存在的问题与对策研究 [J]. 中国市场，2017 (21)：278＋280.

[57] 阎波，刘佳，刘张立，等. 绩效问责是否促进了区域创新？——来自中国省际面板数据的证据 [J]. 科研管理，2017，38 (2)：68－76.

[58] 杨基婷. 长江经济带旅游产业效率评价研究 [D]. 安徽大学，2016.

[59] 杨天英，李许卡，郭达. 不同旅游资源对区域旅游经济增长的影响研究——基于中国省际面板数据分析 [J]. 生态经济，2017，33 (6)：105－109.

[60] 杨颖，庄德林. 旅游创新体系构建及相关要素分析 [J]. 生态经济，2011，(1)：41－44.

[61] 杨志祥. 城市旅游核心竞争力与旅游创新 [J]. 辽宁财专学报，2004，6 (1)：20－21.

[62] 余凤龙，黄震方，曹芳东. 制度变迁对中国旅游经济增长的贡献——基于市场化进程的视角 [J]. 旅游学刊，2013，28 (7)：13－21.

[63] 郁培丽，刘锐. 区域产业结构对创新绩效影响的实证研究 [J]. 东北大学学报 (自然科学版)，2011，32 (12)：1786－1789.

[64] 袁潮清，刘思峰. 区域创新体系成熟度及其对创新投入产出效率的影响——基于我国 31 个省份的研究 [J]. 中国软科学，2013，(3)：101－108.

[65] 曾艳芳. 近二十年国外旅游创新研究述评与展望 [J]. 华东经济管理，2013，27 (3)：161－165.

[66] 张辉. 全域旅游助力旅游业进入新时代 [N]. 中国旅游报，2017－11－15 (3).

[67] 张凌云，黎巎，刘敏. 智慧旅游的基本概念与理论体系 [J]. 旅游学刊，2012，27 (5)：66－73.

[68] 张鹏杨. 旅游经济增长的低效锁定与路径依赖研究 [D]. 云南大学，2017.

[69] 张先起，刘慧卿. 项目投资决策的投影寻踪评价模型及其应用 [J]. 南水北调与水利科技，2006，4 (3)：62－64.

［70］张艳. 河南省旅游产业集群构建［J］. 经济地理，2009，29（2）：332-335.

［71］张钰瑜. 供给侧视域下乡村生态旅游创新模式探析——以广东佛山为例［J］. 云南民族大学学报（哲学社会科学版），2018，35（2）：110-115.

［72］张振山，赵新力，王丹. 基于直接评价法的省域科技创新竞争力及其影响因素研究［J］. 科技管理研究，2016，36（7）：76-82.

［73］赵莹，肖建华. 服务与制造业创业企业的创新竞争力关键要素比较研究［J］. 中国科技论坛，2017，（11）：99-106.

［74］钟海生. 旅游科技创新体系研究［J］. 旅游学刊，2000，15（3）：9-12.

［75］周业安，程栩，赵文哲，等. 地方政府的教育和科技支出竞争促进了创新吗？——基于省级面板数据的经验研究［J］. 中国人民大学学报，2012，26（4）：53-62.

［76］Alzua-Sorzabal，A et al. Obtaining the Efficiency of Tourism Destination Website Based on Data Envelopment Analysis［J］. Procedia-Social and Behavioral Sciences，2015，175：58-65.

［77］Anderson R I，Fish M，Xia Y，Michello F. Measuring efficiency in the hotel industry：a stochastic frontier approach［J］. Hospitality Management，1999，18（1）：45-57.

［78］Anderson R I，Fok R，Scott J. Hotel industry efficiency：an advanced linear programming examination［J］. American Business Review，2000，18（1）：40-48.

［79］Anderson R I，Lewis D，Parker M E. Another look at the efficiency of corporate travel management departments［J］. Journal of Travel Research，1999，37（3）：267-272.

［80］Ashrafi，A et al. The efficiency of the hotel industry in Singapore［J］. Tourism Management，2013，37：31-34.

［81］Assaf，A G and A. Josiassen. European vs. U. S. airlines：Performance comparison in a dynamic market［J］. Tourism Management，2012，33（2）：317-326.

［82］ Assaf, A G and E G Tsionas. Incorporating destination quality into the measurement of tourism performance: A Bayesian approach ［J］. Tourism Management, 2015, 49: 58 – 71.

［83］ Assaf, A G, D Gillen and E G Tsionas. Understanding relative efficiency among airports: A general dynamic model for distinguishing technical and allocative efficiency ［J］. Transportation Research Part B: Methodological, 2014, 70: 18 – 34.

［84］ Assaf, A. The cost efficiency of Australian airports post privatisation: A Bayesian methodology ［J］. Tourism Management, 2010, 31 （2）: 267 – 273.

［85］ Baker M, Riley M. New perspectives on productivity in hotels: someadvances and new directions ［J］. International Journal of Hospitality Management, 1994, 13 （4）: 97 – 311.

［86］ Barros, C P, Airports and tourism in Mozambique ［J］. Tourism Management, 2014, 41: 76 – 82.

［87］ Barros C P. Analysing the rate of technical change in the Portugese hotel industry ［J］. Tourism Economics, 2006, 12 （3）: 325 – 346.

［88］ Barros, C. P et al. Performance of French destinations: Tourism attraction perspectives ［J］. Tourism Management, 2011, 32 （1）: 141 – 146.

［89］ Barros C P. Evaluating the efficiency of a small hotel chain with a Malmquist productivity index ［J］. International Journal of Tourism Research, 2005, 7 （3）: 173 – 184.

［90］ Barros C P, Matias A. Assessing the efficiency of travel agencies with a stochastic cost frontier: a Portuguese case study ［J］. International Journal of Tourism Research. 2006, 8 （5）: 367 – 379.

［91］ Barros C P. Measuring efficiency in the hotel sector ［J］. Annals of Tourism Research, 2005, 32 （2）: 456 – 477.

［92］ Bell R, R Morey. Increasing the efficiency of corporate travel management through macro benchmarking ［J］. Journal of Travel Research. 1995, 3 （Winter）: 11 – 20.

［93］ Bhattaeharya, A, Lovell, C A K, Sahay, P. The impact of liberalization on the productive efficiency of Indian commercial banks [J]. European journal of operational Research, 1997, 98: 332 – 345.

[94] Booyens I. Global-local trajectories for regional competitiveness: Tourism innovation in the Western Cape [J]. Local Economy, 2016, 31 (1 – 2): 142 – 157.

[95] Brida, J G, M Deidda and M Pulina. Tourism and transport systems in mountain environments: analysis of the economic efficiency of cableways in South Tyrol [J]. Journal of Transport Geography, 2014, 36: 1 – 11.

[96] Brooke J. The development and management of visitorattractions [M]. Beijing: China Travel & Tourism Press, 2003.

[97] Charles K N, Paul S. Competition, privatization and productive efficiency: evidence from the airline industry [J]. The Economic Journal. 2001, 111 (473): 591 – 619.

[98] Charnes A, Cooper W W, Rhodes E. Measuring the Efficiency of Decision Making units [J]. EuroPean Journal of operational Researeh, 1978, 2: 429 – 444.

[99] Chen J S, Kerr D, Chou C Y, et al. Business co-creation for service innovation in the hospitality and tourism industry [J]. International Journal of Contemporary Hospitality Management, 2017, 29 (6): 1522 – 1540.

[100] Chin-wei Huang, C, F N Ho and Y Chiu. Measurement of tourist hotels' productive efficiency, occupancy, and catering service effectiveness using a modified two-stage DEA model in Taiwan [M]. Omega, 2014, 48: 49 – 59.

[101] Christopher C M. A simple measure of restaurant efficiency [J]. Cornell Hotel and Restaurant Administration Quarterly, 1999, 38 (6): 31 – 37.

[102] Cook W D, Kress M, Seiford L. On the use of ordinal data envelopment analysis [J]. Journal of the operational Research Soeiety, 1993, 44 (2): 133 – 140.

[103] Costas Z, Vasiliki V. A framework for the evaluation of hotel websites: the case of Greece [J]. Information Technology & tourism, 2006, 3 (8): 239 – 254.

［104］ Crouch G I, Ritchie J R B. Tourism, competitiveness, and societal prosperity ［J］. Journal of business research, 1999, 44 (3): 137 – 152.

［105］ Fernandes E, Pacheco R R. Efficient use of airport capacity ［J］. Transportation Research Part A. 2002, 36 (3): 225 – 238.

［106］ Fragoudaki, A, D Giokas and K Glyptou. Efficiency and productivity changes in Greek airports during the crisis years 2010 – 2014 ［J］. Journal of Air Transport Management, 2016, 57: 306 – 315.

［107］ Fuentes, Ramón. Efficiency of travel agencies: A case study of Alicante, Spain ［J］. Tourism Management, 2011, 32 (1): 75 – 87.

［108］ Furman J L, Porter M E, Stern S. The determinants of national innovative capacity ［J］. Research policy, 2002, 31 (6): 899 – 933.

［109］ Gabarda-Mallorquí, A, X Garcia and A Ribas. Mass tourism and water efficiency in the hotel industry: A case study ［J］. International Journal of Hospitality Management, 2017, 61: 82 – 93.

［110］ Glaeser E L, Kallal H D, Scheinkman J A, et al. Growth in cities ［J］. Journal of political economy, 1992, 100 (6): 1126 – 1152.

［111］ Gomezelj D O. A systematic review of research on innovation in hospitality and tourism ［J］. International Journal of Contemporary Hospitality Management, 2016, 28 (3): 516 – 558.

［112］ Goncalves, Olga. Efficiency and productivity of French ski resorts ［J］. Tourism Management, 2013, 36: 650 – 657.

［113］ Hilary Cheng, Y Lu and J Chung. Improved slack-based context-dependent DEA-A study of international tourist hotels in Taiwan ［J］. Expert Systems with Applications, 2010, 37 (9): 6452 – 6458.

［114］ Hjalager A M. A review of innovation research in tourism ［J］. Tourismmanagement, 2010, 31 (1): 1 – 12.

［115］ Hjalager A M. Innovation patterns in sustainable tourism: An analytical typology ［J］. Tourism management, 1997, 18 (1): 35 – 41.

［116］ Hjalager A M, Nordin S. User-driven innovation in tourism—A review of methodologies ［J］. Journal of Quality Assurance in Hospitality & Tourism,

2011, 12 (4): 289 - 315.

［117］ Hjalager A M. Repairing innovation defectiveness in tourism ［J］. Tourism management, 2002, 23 (5): 465 - 474.

［118］ Hu Jin-Li, et al., A stochastic cost efficiency analysis of international tourist hotels in Taiwan ［J］. International Journal of Hospitality Management, 2010, 29 (1): 99 - 107.

［119］ Hwang S N, Chang T Y. Using data envelopment analysis to measure hotel managerial efficiency change in Taiwan ［J］. Tourism Management, 2003, 24 (4): 357 - 369.

［120］ Irsag, B, T Pukšec and N Duić. Long term energy demand projection and potential for energy savings of Croatian tourism-catering trade sector ［J］. Energy, 2012, 48 (1): 398 - 405.

［121］ Kang-Ting Tsai Tsai, K, et al. Carbon dioxide emissions generated by energy consumption of hotels and homestay facilities in Taiwan ［J］. Tourism Management, 2014, 42: 13 - 21.

［122］ K. Ksal C, Aksu A. An efficiency evaluation of a-group travel agencies with data envelopment analysis (DEA): a case study in the An-talya region, Turkey ［J］. Tourism Management. 2007, 28 (3): 830 - 834.

［123］ Lee C K, Han S H. Estimating the use and preservation values of national parks' tourism resources using a contingent valuation method ［J］. Tourism Management. 2002, 23 (5): 531 - 540.

［124］ Lipscy, P Y and L Schipper. Energy efficiency in the Japanese transport sector ［J］. Energy Policy, 2013, 56: 248 - 258.

［125］ Liu, J, J Zhang and Z Fu. Tourism eco-efficiency of Chinese coastal cities-Analysis based on the DEA-Tobit model ［J］. Ocean & Coastal Management, 2017, 148: 164 - 170.

［126］ Marianna S. The information amd communication technologies productivity impact on the UK hotel sector ［J］. International Journal of Operations & Production Management, 2003, 23 (10): 1224 - 1245.

［127］ Martínez-Román J A, Tamayo J A, Gamero J, et al. Innovativeness and business performances in tourism SMEs [J]. Annals of Tourism Research, 2015, 54 (9): 118 –135.

[128] Mei X Y, Arcodia C, Ruhanen L. Towards tourism innovation: A critical review of public polices at the national level [J]. Tourism Management Perspectives, 2012, 4 (12): 92 –105.

[129] Morey R C, Dittman D A. Evaluating a hotel GM's performance: a case in benchmarking [J]. Cornell Hotel Restaurant and Administration Quarterly, 1995, 36 (5): 30 –35.

[130] Nooreha H, Mokhtar A, Suresh K. Evaluating public sector efficiency with data envelopment analysis (DEA): a case study in road transport department: Selangor, Malaysia [J]. Total Quality Management. 2000, 11 (4): 830 –836.

[131] Novelli M, Schmitz B, Spencer T. Networks, clusters and innovation in tourism: A UK experience [J]. Tourism management, 2006, 27 (6): 1141 –1152.

[132] Oukil, Amar, N Channouf and A Al-Zaidi. Performance evaluation of the hotel industry in an emerging tourism destination: The case of Oman [J]. Journal of Hospitality and Tourism Management, 2016, 29: 60 –68.

[133] Panchal, G B, V Jain and S Kumar. Multidimensional utility analysis in a two-tier supply chain [J]. Journal of Manufacturing Systems, 2015, 37: 437 –447.

[134] Peng, Hongsong, et al. Eco-efficiency and its determinants at a tourism destination: A case study of Huangshan National Park, China [J]. Tourism Management, 2017, 60: 201 –211.

[135] Perelman, S and T Serebrisky. Measuring the technical efficiency of airports in Latin America [J]. Utilities Policy, 2012, 22: 1 –7.

[136] Porterm E. The competitive advantage of nations [M]. New York: The Free Press, 1998: 127.

[137] Preda P, Watts T. Improving the efficiency of sporting venues through capacity management: the case of the Sydney (Australia) cricket ground trust [J]. Event Management. 2003, 8 (2): 83 –89.

[138] Roh, E Y and K Choi. Efficiency comparison of multiple brands within

the same franchise: Data envelopment analysis approach [J]. International Journal of Hospitality Management, 2010, 29 (1): 92 – 98.

[139] Romão J, Nijkamp P. Impacts of innovation, productivity and specialization on tourism competitiveness-a spatial econometric analysis on European regions [J]. Current Issues in Tourism, 2017, 20 (11): 1 – 20.

[140] Sarkis J, Talluri S. Performance based clustering for benchmarking of US airports [J]. Transportation Research Part A. 2004, 38 (5): 329 – 346.

[141] Sundbo J, Orfila-Sintes F, Sørensen F. The innovative behaviour of tourism firms—Comparative studies of Denmark and Spain [J]. Research policy, 2007, 36 (1): 88 – 106.

[142] Sun S, Lu W M. Evaluating the performance of the Taiwanese hotel industry using a weight slacks-based measure [J]. Asia-Pasific Journal of Operational Research, 2005, 22 (4): 487 – 512.

[143] Tsaur S H. The operating efficiency of international tourist hotels in Taiwan [J]. Asia Pacific Journal of Tourism Research, 2000, 6 (1): 29 – 37.

[144] Tsionas, E G and A George Assaf. Short-run and long-run performance of international tourism: Evidence from Bayesian dynamic models [J]. Tourism Management, 2014, 42: 22 – 36.

[145] Tsui, W H K, A Gilbey and H O Balli. Estimating airport efficiency of New Zealand airports [J]. Journal of Air Transport Management, 2014, 35: 78 – 86.

[146] Volo S A. consumer-based measurement of tourism innovation [J]. Journal of Quality Assurance in Hospitality & Tourism, 2006, 6 (3 – 4): 73 – 87.

[147] Wang F C, Huang W T, Shang J K. Measuring pure managerial efficiency of international tourist hotels in Taiwan [J]. The service industries journal, 2006, 26 (1): 59 – 71.

[148] Wang F C, Huang W T, Shang J K. Measuring the cost efficiency of international tourist hotels in Taiwan [J]. Tourism Economics, 2006, 12 (1): 65 – 85.

［149］ Weiermair K. Product improvement or innovation: What is the key to success in tourism ［C］ //Innovations in tourism UNWTO conference, 2004.

［150］ Yinghua Huang, Y, et al. Dynamic efficiency assessment of the Chinese hotel industry ［J］. Journal of Business Research, 2012, 65 (1): 59 –67.